조선 여성의 일상

일러두기

단행본과 학술지, 잡지 등은 『』로, 논문과 단편, 시조, 그림은 「」로 표기했다.

국학자료 심층연구 총서 28

조선 여성의 일상

한국국학진흥원 인문융합본부 기획
정해은 정기선 한효정 한상우 하여주 지음

은행나무

책머리에 • 006

1장
조선 후기 어느 경상도 양반 남성의 외가 왕래와 그 정서
정해은 • 009

머리말 | 노철의 가족과 처세 | 노철의 어머니와 외가 | 외조부와의 왕래와 봉양 | 외가에 대한 정서 | 맺음말

2장
불안한 현재, 익숙한 과거 : 한국국학진흥원 소장 『오륜가라』 소재 가사 〈오륜가라〉의 창작 목적과 그 의미 정기선 • 061

머리말 : 현재적 과거 | 『오륜가라』의 서지적 특징 | 〈오륜가라〉의 향유자 | 〈오륜가라〉의 창작 목적과 그 의미 | 맺음말

3장
할머니의 선택 : 17세기 가계계승 분쟁 속 연장자 여성의 권력
한효정 • 109

머리말 : 조선시대 할머니, 왜 주목해야 하나? | 황여일 처 전주 이씨의 결혼과 가족 | 후계자를 둘러싼 갈등과 선택 | 첩손·차남의 반발 | 파국, 골육정의를 헤아리지 않고 법대로 | 조선시대 연장자 여성, 그리고 모권母權

목차

4장

족보 속 여성 정보로 본 조선시대 여성의 삶:『안동김씨세보』를 중심으로 한상우 • 159

머리말 | 여성 정보, 한국 족보의 특징 | 족보 데이터의 구성과 여성 정보의 특징 | 족보 데이터로 본 여성의 생사와 출산 | 맺음말

5장

병록病錄으로 본 여성의 질병과 의료 일상 하여주 • 207

병록, 남녀노소를 가리지 않은 조선의 '진료 차트' | 병록의 개념과 특징 | 조선 사회가 여성의 몸을 읽는 방식 | 한국국학진흥원 소장 병록 현황 | 양반 여성의 질병과 의료 일상 | 조선 (여성)의료사 연구와 병록

책머리에

조선시대 여성의 삶을 어떻게 이해할 수 있을까? 흔히 유교 이념이 지배하던 조선시대를 부계 중심의 사회로 이해하고, 여성을 가부장제 속에 종속된 존재로만 생각해왔다. 그러나 최근 발굴되고 있는 일기, 가사, 유서, 족보, 병록 등 다양한 기록들은 여성들이 단순히 수동적 존재가 아니라 가족 관계망의 중심에서 능동적으로 삶을 영위했음을 보여준다. 이번 『조선 여성의 일상』을 통해 역사의 행간에 숨어 있던 여성들의 목소리와 그들의 구체적인 삶의 모습을 확인할 수 있을 것이다.

『조선 여성의 일상』은 한국국학진흥원 국학자료 심층연구 포럼의 결과물로, 양반 남성의 외가 왕래를 통해 본 가족 관계망, 여성이 향유한 내방가사 속 윤리 의식, 가계 계승 분쟁에서 드러난 할머니의 권력, 족보 데이터로 본 여성의 삶, 병록을 통해 본 여성의 질병과 의료 일상 등에 대한 심도 깊은 논의를 담고 있다. 『선고일기』, 『오륜가라』, 평해 황씨 가문의 한글 유서, 『안동김씨세보』, 각종 병록 등에는 조선시대 여성의 일상과 관련한 생생한 기록이 남아 있다. 이에 5명의 연구자가 모여 '조선시대 여성의 일상'이라는 대주제로 같이 공부하고 서로 질문을 던지며 논의를 심화시켜 나가면서 여성의 삶을 다각도에서 검토했다.

정해은은 '조선 후기 어느 경상도 양반 남성의 외가 왕래와 그 정서'에서 노철의 34년간 일기를 통해 부계 중심 사회 속에서도 지속된 모계 친족과의 활발한 교류를 살펴보고 그 정서적 동력을 분석하였으며, 정기선은 '불안한 현재, 익숙한 과거 : 한국국학진흥원 소장 『오륜가라』소재 가사〈오륜가라〉의 창작 목적과 그 의미'에서 3·1운동 직후 여성들이 전통 윤리를 어떻게 받아들이고 내면화했는지를 고찰했다. 한효정은 '할머니의 선택 : 17세기 가계계승 분쟁 속 연장자 여성의 권력'에서 17세기 전주 이씨가 한글 유서와 소지를 통해 가문의 운명을 좌우한 사례를 통해 여성의 실질적 권력과 법적 주체성을 조명하였으며, 한상우는 '족보 속 여성 정보로 본 조선시대 여성의 삶 : 『안동김씨세보』를 중심으로'에서 10만여 명의 족보 데이터를 통계적으로 분석하여 여성의 삶을 인구학적으로 복원하였고, 하여주는 '병록病錄으로 본 여성의 질병과 의료 일상'에서 85건의 병록 고문서를 통해 여성들이 경험한 질병과 의료 현실을 구체적으로 살펴보았다.

『조선 여성의 일상』은 수많은 기탁자분들이 소중한 선조들의 기록 유산을 한국국학진흥원에 기탁하여 연구에 활용할 수 있도록 허락해주셨기 때문에 시작될 수 있었다. 한국국학진흥원에서는 기탁 자료에 대한 기초조사사업과 함께 국역사업, 데이터베이스 구축사업을 진행하여 인문학 연구의 토대를 마련해왔으며, 이러한 본원의 사업은 이 연구의 기초로 활용되었다. 무엇보다도 이 연구가 가능했던 것은 참여한 연구자들이 각자의 전문 분야에서 많은 노력을 기울인 덕분이다. 각기 다른 사료와 방법론을 활용하는 연구자들이지만 심층연구라는 형식으로 함께 모여 토론하는 가운데 새로운 관점에서 조선시대 여성의 일상을 입체적으로 복원할 수 있는 성과를 낼 수 있었다.

앞으로도 기탁된 여러 자료에 대한 심도 깊은 연구를 통해 전통시대 여성들의 다양한 삶과 문화의 모습을 이끌어낼 수 있도록 최선의 노력을 기울이도록 하겠다.

2025년 11월
한국국학진흥원 인문융합본부

1장

조선 후기
어느 경상도 양반 남성의
외가 왕래와 그 정서

정해은

머리말

이 글은 18세기 유교 규범에 따른 젠더 의식이 자리 잡은 양반사회에서 양반 남성이 어떻게 여성 가족을 매개로 한 왕래를 끊임없이 지속할 수 있었는가에 대한 문제의식에서 출발하였다. 양반 남성의 일기에 빈번히 등장하는 여성 가족과의 교류는 부계 중심의 가족질서를 넘어서는 폭넓은 관계망을 드러내며, 당시 사회의 가족 구조가 단선적이지 않았음을 시사하기 때문이다.

조선 사회의 유교화 논의를 이끈 마르티나 도이힐러는 부계 친족 조직을 조선 왕조 출범 이래 신유학을 토대로 한 지속적인 변환의 산물로 파악하였다. 그리고 이러한 '유교적 전환'은 17세기에 장자 우대 상속제도와 함께 절정에 달했으며, 그 결과 17세기 후반의 사회상이 이전과 달라졌다고 주장하였다.[1]

이 관점은 거시적으로 사회 내부의 질적 변화를 설명하고 있어 시사하는 바가 크다. 실제로 마르티나 도이힐러의 주장처럼 학계에서도 17세기를 조선 사회가 질적으로 변환하는 터널을 빠져나온 시기로 보는 데 큰 이견이 없는 듯하다. 곧 17세기 중엽 이후 종법이라는 강력한 이데올로기 속에서 재산 상속의 관행이 자녀 균분에서 차등으로 바뀌고, 혼례 방식도 남귀여가혼男歸女家婚에서 반친영半親迎으로 변모되면서 부계 질서가 강화되었으며, 그에 따라 여성의 지위도 점차 낮아졌다는 이해가 지배적이다.

하지만 최근 개인의 일상을 세밀히 담은 조선 후기 양반 남성의 일기들이 새롭게 발굴되면서 비非부계적인 모습이 곳곳에서 확인되고 있다. 예컨대, 『주자가례』에 나오는 혼례 방식인 친영은 정착되지 못했으며, 혼인 뒤에도 신부가 일정 기간 친정에서 살다가 시가로 가는 우귀于歸(또는 신행新行)의 관행이 유지되고 있었다. 여성은 출가외인이라는 유교 젠더 규범을 따르면서도 수시로 친정을 왕래하는 모습도 자주 포착된다. 이처럼 양반 남성들이 남긴 일기에 나타난 조선 후기의 사회상은 기왕의 이해와 다르다. 가족과 친족의 모습을 부계 중심으로만 설명하기에는 훨씬 더 복잡한 양상을 보여 주고 있어서, 과연 조선 후기 사회를 부계 친족 사회라 부를 수 있는지 의문을 던진다.[2]

이 글의 주인공인 경상도 선산의 양반 노철盧澈(1721~1772) 또한 평소 외조부모와 외삼촌, 이모와 이모부, 이종사촌과 이종수姨從嫂·이종매부 등 외가 사람들과 자연스럽게 왕래하였다. 어머니를 매개로 한 이성친異姓親과도 왕래나 교류가 활발했던 것이다. 이 가운데 외조부모는 어머니의 친정 부모이며, 장인과 장모는 한 대代가 내려가면 다시 자녀의 외가가 된다. 이 글은 이 점에 주목하여 양반 남성의 외가 왕래를 검토하고, 그 왕래의 동력으로서 노철의 정서에 관심을 기울였다.

현재 양반 남성의 처가 왕래나 여성의 친정 왕래는 가족사의 새로운 주제로 주목받으며 활발히 논의 중이다.[3] 특히 사위의 처가 왕래와 관련해서는 박미해의 연구가 두드러진다. 박미해는 임진왜란 시기에 오희문이 관직에 있던 사위로부터 받은 도움을 '처가 부양'의 관점에서 분석하였다. 또한 한말-일제강점기의 일기를 토대로 구례 류씨 집안에서 사위, 고모부와 처족 사이의 물질적 교류와 심리적 연결 양상을 보여 주면서, "친족의 부계화 과정에서 비부계친 관계가 필수 기능적인 역할을 했다"라고 주장하였다. 최근에는 노상추의 고모부와 사위의 처가 왕래를 정리하여 부계친 이외의 친족들을 심정적인 가家의 구성원으로 보았다.[4]

박미해의 연구는 사위들의 처가 왕래의 모습을 통해 조선 후기의 부계 친족 사회에 대한 의문을 제기했다는 점에서 큰 의의를 지닌다. 그러나 사위 왕래의 현상적인 모습을 드러내는 데 집중하여, 양반 남성들이 처가를 끊임없이 왕래한 동력이 무엇이었는지는 충분히 설명되지 않았다. 또한 심리나 정서를 언급하고 있으나, 그 근거와 실체는 뚜렷하지 않은 편이다.

이에 이 글은 선행 연구를 토대로 논의를 확장하기 위해 자녀의 입장에서 아버지의 가족 못지않게 또 하나의 중심축을 이룬 어머니의 가족으로 시야를 넓혔다. 양반 남성과 외가의 친연성은 출생 때부터 맺어진다. 모든 경우에 해당하지는 않더라도 여성이 친정에서 출산하는 사례가 흔했으므로, 자녀에게 외갓집은 특별한 정서의 대상이 되었다. 따라서 외가 왕래는 주목하지 않을 수 없는 주제다. 외가 왕래의 배경에는 친정에 대한 여성(어머니)의 친밀한 정서가 가장 중요한 요소였으나, 자녀의 정서 또한 크게 작동했음을 간과할 수 없다.

이 글의 주요 자료는 노철의 일기다. 노철은 1739년(영조 15) 1월 1일부터 사망 직전인 1772년 3월 5일(7월 12일 사망)까지 34년간의 일기를 남겼다. 그의 사후에 아들 노상추盧尙樞(1746~1829)가 이를 정리하여 '선고일기先考日記'라는 제목을 붙였으며, 현재 총 30책이 전한다. 이 연구는 일기 자료의 장점을 살려 노철의 생애 속 외가 왕래의 양상을 검토하였다. 노철의 삶에 대한 태도와 가치관이 친인척의 왕래에도 영향을 주었다고 보았기 때문이다.

먼저 노철이 어떤 방식으로 외가를 왕래했는지, 그 빈도는 어느 정도였는지 제시하였다. 이어서 노철이 외가에 대해 느낀 정서가 구체적으로 무엇이었는지를 알아보았다. 이를 통해 외가 왕래의 동력이 어디에서 비롯되었는지, 어머니의 존재가 어떤 영향을 미쳤는지 살펴보았다. 나아가 조선 후기 양반 사회의 가족 관계를 '외가'라는 관점을 통해 새롭게 조망함으로써, 부계 중심의 인식을 넘어서는 다층적 가족 구조의 가능성을 모색해 보았다. 이 글이 조선 후기 가족의 범주와 성격을 둘러싼 논의를 한층 더 넓히는 데에 기여하기를 바란다.

노철의 가족과 처세

아버지 노계정의 출사

18세기 중엽에 편찬된 전국 지방지인 『여지도서輿地圖書』에 따르면, 노철의 고향인 선산부는 18개 면面으로 이뤄졌다. 동내면, 독동동면, 신곡면, 도개면, 산내면, 해평면, 몽대면, 하구미면, 상구미면, 북웅곡면, 평성면, 망장면, 무래면, 무을동면, 신당포면, 주아면, 서내면, 산성山城이다. 이 가운데 독동동면과 도개면이 노철이 살던 마을이다. 주민의 구성은 9,012호戶에 남성 1만 8,705명, 여성 2만 3,460명으로 총 4만 2,165명이었다.

오늘날 선산에 처음 터를 잡은 인물로 알려진 노철의 선조는 노종선이다. 노종선은 군기시의 종4품 벼슬인 첨정을 지낸 무관이었을 뿐 아니라, 김종직의 문하에서 학문을 익힌 인물로 알려져 있다. 이후 그의 4세손인 노수함이 진사시에 합격하면서 그 집안 또한 주목받기 시작하였다. 그는 선산이 낳은 학자인 송당 박영의 문하에서 공부하였다. 또한 노수함은 장열의 딸과 혼인했는데, 이 여성이 당대에 전국적으로 명성을 떨친 학자인 여헌 장현광의 누나였다. 따라서 이 혼인은 노철 집안에 각별한 의미가 있었으며, 학문과 인적 관계망을 공고히 하는 계기가 되었다.

이어서 선산에서 노철 집안이 두각을 나타낸 결정적인 계기는 노수함의 다음 대에 일어났다. 마침내 문과 급제자를 배출하게 된 것이다. 노수함의 여섯 아들 가운데 셋째 아들 노경필이 생원시에 합격하는 경사가 있었고, 이어 여섯째 아들인 노경임이 문과에 급제해서 요직을 두루 거쳤다. 두 사람은 학문으로도 이름을 떨쳤다. 노경필은 한강 정구의 문하에서 학문을 닦았으며, 노경임은 장현광과 서애 류성룡의 문하에서 공부하였다. 이처럼 노수함과 그 두 아들이 학식과 과거 급제 성과를 함께 거두면서 16세기 후반에 이르러 안강 노씨는 선산에서 명문가로 발돋움하였다.

이들 중 노경필이 노철 집안의 중시조가 되었으며, 노철에게는 5대조가 된다. 그러나 노경필 이후에는 노철의 선조 중에서 두드러진 벼슬을 하거나 문과나 생원진사시의 합격자가 더 이상 이어지지 않았다. 사정이 이렇게 된 데에는 집안이 중앙의 정치 사건에 연루된 불운이 크게 작용하였다.

그 사건이란 1689년(숙종 15) 노경임의 손자인 노이익이 남인으로서 노론 세력을 비판하는 글을 올렸는데, 그로 인해 1694년 갑술옥사甲戌獄事 때 결국 죽임을 당한 일을 말한다.[5] 이 일로 일가의 벼슬길은 봉쇄당했고, 노철의 조부 노성빈과 그 형 노성보는 아예 과거시험조차 응시할 수 없게 되었다.[6] 비록 노성보와 노성빈 형제가 노이익의 직계는 아니었으나, '동고조同高祖'의 혈연을 중시하는 사회에서 7촌 조카가 되므로 연좌의 피해를 고스란히 입었던 것이다.

선산의 안강 노씨 집안에서 노경필·노경임 이후 벼슬길을 다시 연 인물이 바로 노철의 아버지 노계정盧啓禎(1695~1755)이다. 노계정은 31세에 무과에 급제하여 수군절도사까지 올랐다. 이 과정에서 그는 남인으로서 정치적 힘이 약해 수령 시절에 자주 탄핵당했고, 경상좌도 병마절도사로 임명되자마자 부임하기도 전에 파직된 적도 있으나 끊이지 않고 관직을 유지했다는 점이 중요해 보인다.

조선시대에 양반이 집안을 잘 유지하려면 두 가지 요건이 필요하였다. 하나는 제사를 받들 후사가 끊이지 않아야 하며, 다른 하나는 관료를 배출하여 양반 신분을 유지하는 것이었다. 전자의 경우 자식이 없으면 양자라도 들여 해결하면 되지만 후자는 여간 힘든 일이 아니었다. 관직도 돈으로 살 수 있었으나 이름만 대면 누군지 서로 아는 사회에서 쉽게 들통이 났다. 또 음서라고 하여 혁혁한 조상 덕분에 관직에 나갈 수도 있으나 두어 세대가 지나면 이마저도 어려웠다. 조상의 영향력이 늘 지속될 수 없었기 때문이다. 지속적이진 않더라도 중간중간 과거 급제자가 나와 입신양명해야 그 빈틈을 메울 수 있었다. 그래서 과거 급제가 매우 중요하였다.

조선 후기에 선산의 안강 노씨 사람들도 이 사실을 잘 알고 있었다. 하지만 18세기 경상도에서는 생원진사시나 문과에 급제하기가 하늘의 별 따기였다. 이는 경상도 사람들의 공부가 부족해서가 아니었다. 서울·경기 출신의 특정 정파가 조정을 장악해 다른 당파나 지역에 몸담은 사람들의 과거 급제를 제한했기 때문이다. 또 응시자가 대거 몰리면서 경쟁이 치열해진 사정도 있었다. 여기에 오늘날 논술시험에 해당하는 제술製述은 새로운 문화를 수시로 접하는 서울 양반들에게 유리하였다.

노계정 역시 처음에는 글공부로 입신양명을 꿈꿨다. 하지만 24세가 되던 해인 1718년에 아버지가 세상을 뜨고, 공교롭게도 같은 해에 글을 배우던 이모부마저 사망하면서 난관에 봉착했다. 그래서 노계정은 진로를 변경하여 활쏘기를 공부해서 1725년에 무과에 급제하였다. 그의 나이 31세였다.

당시 그의 표현에 따르면 가난이 심해 생계를 위해 선택한 '부득이한 일'이었다. 문치주의 사회에서 이 전향은 집안의 사활을 건 선택이었다. 선산의 유명 인사의 후손으로서 '글'로 성공하는 것이 명예였지만, 먹고살 경제 기반이 있어야 집안을 보존하고 양반 신분도 유지할 수 있었다.

여기에는 노이익의 일로 정치적으로 불리한 처지에 놓인 것도 영향을 미쳤을 것이다. 노계정은 앞서 과거시험에서 불이익을 당한 노성빈의 아들로서, 노이익의 8촌(7촌 조카의 아들)이 되므로 그때까지 불리한 상황에 놓여 있었다고 볼 수 있다.

삼종숙의 양자가 된 노철

노철은 경상도 선산의 독동리 문동에서 태어났다. 이곳은 선산의 동쪽 지역으로 고남평이 펼쳐져 있었으며, 노철 집안의 근거지였다. 그의 아버지가 한때 고남으로 이사한 적도 있으나 문동은 노철 집안의 오랜 터전이었다. 당시 양반 여성들은 보통 친정에서 출산하는 경향이 있었으나, 노철의 어머니인 영천 이씨永川李氏(1689~1759)는 친정에 가지 않고 문동 집에서 출산하였다.

노철은 태어난 직후 두 살 때 양자가 되었다. 태어난 이듬해인 1722년(경종 2)에 그는 노경륜의 종손宗孫이자 현손玄孫인 삼종숙 노계태盧啓泰(1680~1707)의 양자가 된 것이다. 이 일은 30대 초반까지 노철 인생에 커다란 그림자를 드리웠다.

노철이 양자로 갈 당시 양부는 이미 사망한 상태였고, 홀로 된 양어머니 여흥 민씨(?~1732)가 데려가 키웠다. 당시 본가의 상황은 노철 위로 형이 두 명 있었다. 그래서 아버지는 막내 노철을 마음 편히 양자로 보낼 수 있었다. 노철이 양자로 간 뒤에도 본가에서는 남동생 1명과 여동생 1명이 더 태어났다.[7]

노철은 12세에 양어머니 민씨의 상을 당하였다. 또 본가에서는 남자

형제 셋이 모두 요절하고 여동생만 홀로 남는 불운이 발생하였다. 이로 인해 23세(1743)에 아버지 노계정의 결정으로 파양하고, 이듬해인 1744년(영조 20)에 본가로 돌아왔다.[8] 노철은 파양 당시의 심경에 대해, "내 나이 12세에 양어머니의 상을 당해서 이미 3년이 지났는데, 그 사이에 두 형이 모두 요절하고 동생 하나도 요절하였다. 오직 내 몸 하나로 두 집의 선조 제사를 감당하니 인정이 망극한 지가 이미 14년이나 오래되었다"[9]라고 토로하였다.

노철은 10대 초반부터 30대 초반까지 20여 년 동안 무거운 마음의 짐을 지고 살았다. 입양과 파양 과정에서 주변 사람들의 이야깃거리가 되었으며, 파양 후에도 양가養家의 후사가 정해지지 않아 제사의 의무를 계속 이어가며 평안하지 않은 날들을 보냈다. 이러한 사정으로 그가 챙겨야 하는 친족의 범위는 다른 장남이나 종손보다 더 넓고 무거웠다.

양자로 있으면서 친가의 제사를 지낸 노철은 파양 후 양가의 후사가 하루속히 정해지기를 간절히 바랬다. 하지만 그의 기대와 달리 지지부진하다가 8년 뒤인 1752년에야 우여곡절 끝에 후사가 정해지면서 마음의 짐을 덜 수 있었다.[10] 그의 나이 32세였으며, 양자로 들어간 지 30년 만이었다. 그동안 노철은 도의적으로 양자의 역할을 지속하며 제사 의무를 다하였다. 본가로 돌아온 해에 양養 조모의 제사를 지낸 뒤, 그는 "내가 파양 중이나 후사가 아직 다시 정해지지 못하였다. 그래서 제사를 대신 지내면서 훗날을 기다릴 따름이다"[11]라고 적었다.

이처럼 노철은 양자로 있으면서 본가의 제사를 지냈고, 파양한 후에는 양가의 제사를 책임지는 처지에 놓였다. 노철이 매년 주관한 양쪽

집의 기제사 규모는 적지 않았다. 먼저 양가의 기제사는 종가로서 5대조 노경륜과 5대 조모 성상 이씨를 비롯하여, 고조부와 고조모, 증조부와 증조모, 조부와 조모, 아버지와 어머니 총 10회 정도였다.

본가의 기제사는 종가가 아니어서 양가에 비해서 단출한 편이었다. 5대조 노경필을 비롯하여 조부와 조모의 기제사를 지냈으며, 외증조부모의 기제사도 지냈다. 또 아버지 노계정이 본인 외가의 종가에 후사가 끊기자 외조부와 외조모의 제사를 지냈는데, 노철은 자신의 외증조부에 해당하는 이 제사도 맡아 주관하였다. 아버지가 관직 생활로 자주 집을 비웠으며, 아버지가 집에 있어도 본인이 장남으로서 그 역할을 대신했기 때문이다. 이 밖에 계부季父의 기제사도 지냈다. 그리고 가끔 본가의 종가에 일이 있을 때에는 고조부나 조모의 제사를 직접 지내기도 하였다.

입신양명에 대한 생각

18세기 노철의 집안은 아버지 노계정이 무과에 급제한 뒤로 손자인 노상추에 이어서 노상추의 아들·손자·증손까지 4대가 연이어 무과에 급제하였다. 노계정은 숙부 노성여에게 학문을 배우다 1725년(영조 1) 증광 무과에 급제하였다. 재종조 노이익이 갑술옥사로 희생되면서 문文으로는 벼슬길을 열기 어려웠기에 경제적 어려움을 타개하고자 무과를 선택하였다.

노계정은 무과 급제 이후 수문장을 시작으로 박천군수, 위원군수, 선천부사, 전라우도 수군절도사, 창성부사, 이산부사 등을 지냈다. 품계는 근무 성과로 가의대부嘉義大夫(종2품 동반 관계)까지 오르는 영예를 누렸다. 또 동지중추부사(종2품)에 올라 위로 3대의 조상들을 추증할 수 있었다. 선산에 거주하는 안강 노씨 일가를 통틀어서 선조들에게 이런 영예를 안긴 것은 6대조 노경필 이후 약 100년 만의 일이었다.

그러나 표면상 순탄해 보이는 관로와 달리 속내는 그렇지 않았다. 노계정은 수군水軍으로서 무과에 급제하였다. 왜 노계정이 양반이 무과에 응시할 때 흔히 사용하는 '한량閑良'의 자격이 아니라 수군으로 무과를 치렀는지는 알 길이 없다. 분명하게 말할 수 있는 점은 수군이란 양인도 꺼리는 군역 중 하나였다는 사실이다. 요즘으로 말하면 그는 '흙수저' 양반이었다.

노철은 10세 무렵에 이모부 송상기宋相基에게 글을 익혔다. 하지만 15세(1735)에 아버지가 박천군수로 부임하자 어머니와 함께 박천으로 가면서 학업이 중단되었고, 1739년에 이모부가 사망하면서 학업의 끈마저 끊어지고 말았다.[12] 그 사이 노철은 아버지의 진로를 좇아 활쏘기를 익혔다. 주변 사람들이 "활을 잡고 영예를 도모하시오. 기회는 두 번 다시 오지 않습니다"[13]라며 무과를 권유한 결과였다. 그러다가 19세에 활쏘기를 그만두었다. 그는 일기에 "자식이라곤 나 혼자인데 활을 잡는 것은 부모를 돌아보지 않는 것"[14]이라며 그만둔 이유를 밝혔다.

1746년에 오천운吳千運은 노철에게 "궁마弓馬를 그만두고 독서에 뜻을 두었는데, 어찌하여 영달을 즐거워하지 않고 이렇게 하였습니까?" 하고 물었다. 오천운은 노상추의 일기에 '오吳 어른'으로 자주 나오는 사람으로, 노경임의 5세 종손宗孫인 노계훈의 사위였다. 이에 노철은 "궁마가 가업이라 하지만 우리 집안은 유학을 업으로 삼았습니다"라고 하면서 다음과 같이 대답하였다.

"사람의 도리는 자식으로서 직분을 다하는 데에 달려 있다고 생각합니다. 지금 자식이 나 혼자인데 관직 진출을 일삼으면, 아버지가 관직자로서 임금 은혜에 보답하려면 병이 없으셔야 하고, 어머니가 침상에 계시면서 편안한 날이 늘 적은데 달리 약시중을 들 형제가 없습니다. 그런데도 봉양의 도리를 잊고 오직 빨리 영달하는 데에만 뜻을 둔다면 자식의 직분에 힘쓸 날이 부족합니다. 어찌 이것을 버리고 저것을 취할 수 있겠습니까"라고 하였다. 오형이 일어나 절하면서 사례하니 도리어 황송하고 부끄러웠다.[15]

이처럼 노철은 아들이 자신밖에 없었기에 부모를 봉양하기 위해 활쏘기 공부를 접었던 것이다. 이 내용을 무과에 급제하지 못한 변명이나 자신의 처지를 합리화하는 말로 해석할 수 있다. 그러나 그의 일기를 통해 이후 그의 처세나 일상을 보면 그렇게 단순하게 치부하기가 어렵다. 부모 봉양에 대한 그의 태도와 신념이 매우 복합적이고 깊기 때문이다. 이 점은 뒤에서 더 자세히 논의할 예정이다.

노철이 평소 가장 즐겨 읽은 책은 『소학』이었다. "매일 밤 『소학』을 연속해서 암송하였다. 스스로 부족한 곳을 깨닫기 위해서"[16]라며 꾸준히 탐독하였다. 사서삼경[17]과 함께 『대학연의』, 『근사록』, 『성학십도』, 『주자대전』, 『택당집』 등의 학문 서적뿐 아니라, 『고경중마방古鏡重磨方』(이황) 및 「주일잠主一箴」(주자) 등 수양 관련 글도 자주 읽었다.[18] 30대 초반에 그가 쌓은 독서량은 상당하였다.

노철의 일상은 늘 분주하였다. 아버지가 외지로 부임하면 그곳에 가서 머물면서 아버지의 조력자 역할을 하였다. 고향에 있을 때도 아버지의 지시 사항을 이행하기 위해 분주히 움직였다. 특히 그를 더 분주하게 만든 이는 어머니였다. 일기 곳곳에 어머니의 병환으로 인해 노심초사하는 그의 마음이 자주 나타난다. 그가 오천운에게 어머니의 병환으로 편안한 날이 적은데 약시중을 들 형제마저 없다고 한 말이 결코 빈말이 아니었다고 생각한다.

노철의 어머니와 외가

어머니 영천 이씨

노철의 어머니 영천 이씨는 남편 노계정과 혼인하여 해로하였으며, 노계정 사망 후 4년 뒤에 세상을 떠났다. 노계정보다 6살 위인 이씨가 언제 혼인했는지 알 수 없으나, 노철을 낳은 해가 32세가 되던 해인 1721년(경종 1)이었다. 노철 위로 아들 두 명이 더 있었으나 언제 출산했는지 확인할 길이 없다.

앞서 언급한 대로 노계정은 1725년(영조 1)에 무과에 급제하였다. 이후 노계정이 1732년 수문장으로 관직 생활을 시작할 때 이씨의 나이 44세였다. 이씨는 한글을 읽고 쓸 줄 알았으며, 남편이나 아들 등과 한글로 편지를 주고받으며 일상적인 문자 생활을 영위하였다.

이씨는 남편과의 사이가 좋았던 것으로 보인다. 1735년 남편이 박천군수로 처음 수령으로 부임했을 때 부임지에서 1년 6개월을 지내다 돌아왔다. 1748년 노계정이 이산부사 재직 중 변방에서 화폐를 사용하지 말라는 금령을 어긴 이유로 순창으로 유배되자,[19] 이씨는 바로 유배지를 찾았다. 당시 노계정이 이씨와 빨리 상봉할 계획으로 아들 노철에게 행차를 서두르게 했고, 이에 이씨가 서둘러 길을 나선 것이었다.[20] 또한 임종을 앞둔 노계정은 이씨에게 "한 번 죽는 것이 사람 이치이니, 서로 만날 날이 어찌 멀겠소"[21]라며 위로하였다.

이씨는 적극적인 성격이었다. 1749년에 이씨는 남편의 유배지를 다시 방문하면서 '황산대첩비'를 관람하였다. 6개월 전 이곳을 지나면서 구경하지 못해서 아쉬움이 컸던 이씨는 이번에는 그냥 지나치지 않았다. 노철은 어머니를 위해 그곳에 있는 승려들을 잠시 나가게 한 뒤에 비를 볼 수 있는 곳까지 함께 올라가 구경하고 내려왔다.[22] 남원에 도착한 이씨는 광한루를 구경하며 "세상살이의 생각을 털어낼 수 있구나!"[23]라며 나름의 여행을 즐겼다.

이씨는 집안의 경영에도 적극적이었다. 남편이 부재한 동안에는 집안의 기둥이었다. 노철이 회고한 어머니 이씨의 모습은 근면히 채소밭을 가꾸고 가정을 이끌어가는 버팀목이었다.

> 어머니께서는 살아 계실 때 직접 채소밭을 가꾸셨다. 아들, 손자, 며느리들이 그만두시라고 하면서 대신하겠다고 해도 엄히 꾸짖고서 그만두지 않으셨다. 그래서 채소밭에 채소가 가득하여 다 먹을 수도 없을 정도였다. 지금 (어머니의) 채소 호미를 찾아도 간 곳을 모르니 마음으로 느껴 탄식하면서 눈물을 머금는다. 집안 살림의 전성기는 진실로 어머니의 근검 덕분임을 깨닫게 되었으나 지금은 수습할 수가 없다.[24]

노철의 외가

노철의 어머니 이씨는 이시번李時蕃(1665~1746)과 야성 송씨冶城宋氏(1675~1739) 사이에서 출생하였다. 외조부 이시번은 첫 부인인 아주 신씨와 사별한 뒤에 송씨와 재혼하였다.

노철 어머니 이씨의 형제는 모두 7남매였다. 그중 남자 형제는 1명이며, 여자 형제가 6명이었다. 이씨는 이 여섯 자매 중 셋째이었다.[25] 남자 형제는 이응수李應秀(?~1746)이었다. 다섯 명의 자매의 이름은 전

〈표1〉 노철의 외가 사람

관계		성명	거주지
친외가	외조	• 외조부 이시번 • 외조모 야성 송씨	군위 석정 (현 군위군 소보면 송원리 석정)
	외삼촌	• 이응수	
	첫째 이모	• 남편 : 송상기 • 아들 : 송경석(원당동) • 딸 : 황우청과 혼인(이종매부, 망장거주)	• 망장(현 구미시 고아읍 대망리) • 원당으로 이사(1740.10.1.)
	둘째 이모	• 남편 : 민사성 • 아들 : 민정계, 민정백	원홍(현 도개면 가산리)
	셋째 이모	• 남편 : 김방중	• 평성(현 구미시 고아읍 문성리) • 신풍 남면 이사
	넷째 이모	• 남편 : 금일협 • 아들 : 금영택(생원)	상주 가사리
	막내 이모	• 남편 : 홍우훈	의홍*(대구시 군위군 의흥면)
양외가	외삼촌	• 아들 : 민광형(일방), 민일수 • 서자(아명) : 민비상, 민이상, 민상이	원홍
	이모		선주리, 송곡*

* 확실하지 않음

하지 않으나, 배우자는 각각 다음과 같다. 첫째의 남편은 송상기宋相基 (?~1739), 둘째는 민사성閔師聖, 셋째는 김방중金邦重, 넷째는 금일협琴一 協, 다섯째는 홍우훈洪禹勳이었다.26

노철의 외가 친족들이 거주한 지역은 노철의 본가가 위치한 문동을 중심으로 대부분 반나절 이내에 도달할 수 있는 곳이었다. 가장 가까운 곳에 첫째 이모가 살았다. 첫째 이모가 본래 살던 망장은 문동에서 약 8~10킬로미터 떨어진 지점으로, 걸어서 2시간 정도 소요되었다. 이후 첫째 이모는 남편이 사망한 후 문동과 인접한 원당으로 이사를 오는데, 그곳에 아들이 살고 있었기 때문이다. 그래서 이전보다 노철의 본가와 더 가까워졌다.

둘째 이모가 사는 원흥은 낙동강을 건너야 하므로 반나절이 걸리는 거리였다. 셋째 이모의 거주지인 평성은 망장에서 약 6킬로미터 떨어져 있어 도보로 1시간 30분 정도 걸렸으며, 문동에서도 반나절 내외에 도달할 수 있었다. 넷째 이모가 사는 상주의 가사리는 문동에서 약 23킬로미터 떨어져 있었으며, 외삼촌이 거주한 군위의 석정 역시 20킬로미터 내외로 비슷한 거리에 있었다. 가장 멀리 거주한 사람은 의흥에 사는 막내 이모였다. 의흥은 문동에서 60킬로미터가 넘는 곳이어서 거의 하루가 소요되는 거리였다.

조선 후기에 양반들이 말이나 도보 등 다양한 교통수단을 이용해 하루 동안 이동할 수 있는 거리는 대체로 70~90리, 즉 27~35킬로미터 정도였던 것으로 추정된다. 이 점을 고려하면, 외가 친족들이 거주한 지역은 의흥을 제외하면 몇 시간이면 갈 수 있거나 반나절, 길어야 하루 정도면 충분히 닿을 수 있는 위치였다고 할 수 있다.

[그림 1] 노철의 외가 사람들이 살던 지역.
《慶尙道地圖》

양반사회에서 인사를 다니는 '수인사修人事'는 교유 관계를 유지하고 넓혀가는 중요한 기능을 담당하였다. 고위 관료에 대한 인사는 관직을 구하거나 승진을 도모하기 위한 보편적인 방식이었으며, 스승이나 학식 있는 사람들에 대한 인사는 사회적 네트워크를 촘촘히 형성하는 필수 요건이었다. 그러나 가족이나 친인척에 대한 인사는 당장 눈앞에 보이는 이득을 얻기 위한 수단이라기보다 평상시 관계를 유지하고 유대감을 다지는 매개체로 작용하였다.

또한 친인척 관계라고 해서 만날 때마다 반드시 예를 갖추고 인사를 나누는 것도 아니었다. 무엇보다 중요한 기준은 평소 일상적인 교류의 유무였던 것으로 보인다. 어느 날 월동에 사는 척숙모가 오랜만에 노철의 어머니를 만나기 위해 방문하였다. 척숙모는 노철 집안과 인척 관계를 맺은 병마절도사 정동망의 딸로, 다른 곳을 거쳐서 밤늦게 노철의 집에 당도하였다. 마침 비가 계속 내려 돌아가지 못한 척숙모는 사흘 동안 머물렀으나, 그동안 노철은 인사를 하지 않았다. 그러다 척숙모가 직접 그를 불러서야 비로소 인사를 하게 되었다.

그 이유는 평소 인사를 나누는 관계가 아니었기 때문이다. 노철은 이에 대해 일기에 "소원한 관계로 문후를 드리지 못했다. 그러나 오늘 직접 보자고 하셨기 때문에 어쩔 수 없이 뵈었다"[27]라고 기록하였다. 이는 여성 인척에 대한 조심스러운 태도를 반영한 것이기도 하지만, 그보다 더 중요한 점은 인사가 평소의 왕래와 교류를 전제로 이루어졌음을 잘 보여 준다. 다시 말해, 인사는 단순한 예절을 넘어 일상적인 교류와 관계 유지에 기반한 행위였던 것이다.

외조부와의 왕래와 봉양

외조부와의 왕래

노철은 23세에 파양하고 이듬해 본가로 돌아왔다. 그러나 실제로는 12세에 양어머니가 세상을 뜨자 바로 본가로 돌아와 부모를 봉양하였다. 그러면서 그는 본가의 외조부를 포함하여 이모와 이모부 등 외가 사람들과도 왕래하였다. 이중 외조부와의 특별한 관계가 눈길을 끈다.

노철의 외조부 이시번은 군위의 석정에서 아들과 함께 살았다. 노철은 외조부와 수시로 왕래하거나 편지를 주고받으며 안부를 챙겼다. 외조부는 노철이 일기를 쓰기 시작한 1739년 당시 75세의 고령이기에 후손의 마음 씀씀이가 더 각별했을 것이다.

1739년(영조 15), 19세의 노철은 첫 번째 부인 완산 최씨의 졸곡을 마치자마자 아버지의 부임지인 위원으로 갔다.[28] 무더위가 심했으나 주위의 만류를 뿌리치고 아버지에게 갔다. 그곳에서 아버지가 선천부사로 임명되었다는 소식을 듣자, 그는 아버지와 함께 선천으로 갈 작정이었다. 그러나 외조부가 위중하다는 고향의 편지를 받자마자 그 이튿날 저녁에 고향으로 가기 위해 길을 나섰다.[29] 위원에 도착한 지 4개월 만에 아버지를 위한 계획까지 포기한 채 나선 길이었다.

노철은 돌아오는 길에 외조부가 아닌 외조모가 위중하다는 소식을 접했으며, 집에 도착했을 때는 이미 외조모가 세상을 떠난 상태였다. 이때 첫째 이모인 망장 이모가 며칠 전부터 노철의 집으로 와서 그의 어머니와 더불어 친정어머니를 잃은 슬픔을 함께 나누고 있었다.[30] 노철은 외조부의 부탁으로 외조모 묘역을 조성하기 위해 땅을 파기 위한

철물을 준비했고, 신주神主도 마련하였다.³¹

1741년 1월에 노철은 둘째 부인인 풍양 조씨와 혼인한 지 1년 만에 우귀례가 예정되어 있자, 우귀 3일 전에 하인과 말을 외가로 보내 외조부를 모셔 왔다.³² 이 행사를 위해 노철의 집을 찾은 친인척이 많아 다 기록하지 못할 정도였는데, 이때 외조부는 10일 밤을 묵고 돌아갔다.

같은 해 3월에 외조부는 법주사에서 아버지에게 편지를 보내 마마를 피해 집으로 오고 싶다는 뜻을 전달하였다. 그러나 이때 병으로 앓고 있던 노철은 외조부를 모셔 올 수 없었다. 4월 초, 외조부가 도리사에 도착했다는 소식을 들은 노철은 다음 날 도리사로 하인과 말을 보내 외조부를 모셔 왔다. 당시 노철은 3월 초부터 앓기 시작하여 죽을 고비를 넘겼다가 회복된 지 얼마 되지 않은 시점이었다. 이후 외조부는 한 달가량 머물다가 5월 25일 집으로 돌아갔고,³³ 외조부가 머무는 동안에 외삼촌과 이모들도 다녀갔다.

같은 해 6월 말에도 노철은 외조부를 모셔 오기 위해 하인과 말을 군위의 외가로 보냈다.³⁴ 원흥의 둘째 이모도 친정아버지가 노철의 집에서 머무르자 찾아와 7일을 묵고 갔다. 외조부는 노철의 집에 머물면서 인근의 친구를 만나거나 원당에 사는 첫째 딸의 집에도 다녀왔다. 그리고 8월 9일에 집으로 돌아갔다. 1달 10일 정도 노철의 집에서 지낸 것이었다.

이때 외조부가 집으로 돌아간 이유는 외삼촌이 향교의 교임을 맡았을 때 서책을 잃어버린 일로 관아로 끌려가 옥에 갇혔기 때문이다. 이에 노철은 외조부를 모시고 군위 수령과 사돈의 친분이 있는 해평의 진사 최수인을 찾아가 외삼촌의 석방을 도왔고, 며칠 뒤 외삼촌은 풀려났다.³⁵ 이 일이 없었다면 외조부가 더 오래 머물렀을 가능성이 높다.

1741년 12월에 노철의 아버지 노계정이 전라우도 병마절도사에 임명되었다.³⁶ 이듬해 1월, 아버지가 한양에서 하직 인사를 하고 부임지로 바로 향한다는 편지를 받은 노철은 곧바로 길을 나서 중도에서 아버지를 맞이하였다. 이후 그는 해남의 우수영에서 아버지와 함께 지내다가 이듬해 3월 초에 집으로 돌아왔다. 그가 돌아왔을 때 외조부가 천연두를 피해 이미 노철의 집으로 와서 머물고 있었으며, 5월 11일에 군위 집으로 돌아갔다.³⁷

외조부의 봉양

노철과 외조부의 왕래는 일반적인 가족 간의 왕래와는 사뭇 달랐다. 단순히 며칠 머무르는 수준을 넘어 한 달 이상을 머물거나 두 달 이상 장기 체류하는 경우도 있었기 때문이다. 아버지 노계정이 관직 생활로 집을 비운 상황에서 외조부를 모신 사람은 노철과 그의 어머니였으며, 이러한 모습은 봉양의 형태를 띠었다고 해도 이상하지 않을 정도다.

외조부는 노철의 집에만 머문 것은 아니었다. 노철의 집에 있으면서도 그곳에서 가까운 원당에 사는 딸의 집에 가서 하룻밤을 묵고 돌아오기도 하였다.³⁸ 또한 군위와 가까운 원흥에 사는 둘째 딸의 집에서도 지낸 적이 있다.³⁹

이 과정에서 작은 소동도 있었다. 1742년(영조 18) 7월 초, 원당에 사는 첫째 이모의 아들이 편지를 보내어 외조부가 원흥의 둘째 집에서 지내는 거처가 불편하여 노철의 집으로 가고 싶어 한다고 전한 것이다. 이에 노철이 바로 하인과 말을 원흥으로 보냈으나 빈손으로 돌아왔다. 외조부가 보낸 편지를 확인해 보니 이종형의 말과 달랐고, 원홍의 민씨 외삼촌도 편지를 보내 노철을 꾸짖었다. 편지 내용은 전하지 않지만, 아마도 장인(외조부)이 본인 집에서 잘 지내고 있는데 모셔 가려 한 것을 괘씸하게 여긴 것 같다. 노철은 "이 일은 송宋 이종형이 잘 알려 주지 못해서 발생한 일이니 한탄스럽다"[40]라고 하였다.

결국 7월 15일에 외조부가 원홍에서 노철의 집으로 옮겨 왔으며 9월 26일에 돌아갔다.[41] 2개월 이상을 노철의 집에 머문 것이다. 그 사이에 노철은 한 달 반가량 아버지의 근무처인 전라도 수영水營에 다녀오기도 했는데,[42] 노철이 부재한 사이에도 외조부는 계속 집에 머물렀다. 외조부가 노철의 집에 있는 동안에 여러 손님이 외조부를 찾아왔으며, 이 시기 노철은 외조부에게 『주역』을 배우기도 하였다. 그는 "오늘부터 외조부를 모시고 밤낮으로 틈틈이 『주역』의 계사전繫辭傳을 강론하여 대략 64괘의 효상(爻象)을 이해하였다"[43]라고 적었다.

이듬해인 1743년 4월, 노철은 아버지의 근무지인 전라도의 수영으로 향하면서 어머니와 외조부에게 작별 인사를 하였다. 이로 보아 당시에도 외조부는 그의 집에 머물렀던 듯하다. 이어 윤4월에 집으로 돌아왔을 때 원홍의 이모가 머물고 있었고, 외조부 역시 평안한 상태였다.[44] 노철은 집에 돌아오자마자 아버지의 인사이동으로 다시 수영으로 갔다. 그곳에서 받은 어머니의 편지에 외조부가 다녀가셨다는 소식이 있는 것으로 보아, 외조부가 다시 방문했음을 알 수 있다. 6월에 그가 다시 돌아왔을 때도 외조부는 집에 머물고 있었고, 며칠 뒤에 군위 집으로 돌아갔다.[45]

외조부는 노철의 집에 머무는 동안 인근 고남에 사는 정태세와도 교류하였다. 정태세는 노철의 일기에 '정척장鄭戚丈'으로 기록된 인물로, 고남에 사는 해주 정씨 일가 사람이다. 정척장은 외조부를 만나기 위해 노철의 집을 방문하여 담소를 나누었으며, 외조부 역시 정척장 집을 찾았다.46 노철은 일기에 "외조부가 여기에 계시므로 노인 분들이 서로 친하게 지내시는데, 피곤해하시지도 않는다"47, "외조부께서 이곳에 머물며 쓸쓸하여 노인끼리 계속 서로 만나고 있다"48라고 적어, 외조부와 정척장이 자주 왕래했음을 보여 준다.

선산에 세거한 해주 정씨들은 학식으로 문명을 떨친 신당新堂 정붕鄭鵬(1467~1512)의 후손이다. 선산에서 해주 정씨의 터전은 종가가 있는 신당포와 비非종손 세거지인 고남으로 나뉜다. 해주 정씨 집안은 정붕의 6대손인 정영鄭韺이 무과에 급제하여 수군절도사와 병마절도사까지 오르면서 무과 급제자를 다수 배출하였다. 정태세의 아들 정순도 무과에 급제하여 훈련원 주부까지 지냈다.49

1743년 12월 상순, 외조부가 독감으로 자리에서 일어나지 못한다는 소식을 듣자마자 노철은 군위의 외삼촌 집으로 갔다. 하룻밤을 머물면서 외조부 증상이 염려할 정도는 아닌 것을 확인한 노철은 집에 돌아온 뒤에도 계속 하인을 보내 환후를 살폈다. 그러나 상태가 호전되지 않자 원당 이모가 문병차 군위로 갔는데, 이때 짐말을 빌려 보내기도 하였다. 이어서 아버지 노계정도 군위로 가서 환후를 살폈다.50 이후 그는 외조부의 회복 소식을 받자 다음과 같이 적었다. "외조부의 환후가 이미 좋은 상태에 이르렀다는 소식을 들으니, 어머니의 마음도 평소보다 더욱 위안이 되는 것 같다."51

그리고 이듬해인 1744년 정월 초, 노철은 외조부를 집으로 모셔 왔다.⁵² 이때는 아버지 노계정도 집에서 지낼 때였다. 1월 27일에는 외조부의 생신상도 차렸으며, 원흥 이모도 이 시기에 방문하여 약 열흘간 머물다 2월 7일에 돌아갔다. 외삼촌 또한 1월 30일에 다녀갔다. 외조부는 새해 초부터 3개월가량 지내다 3월 13일에 군위 집으로 돌아갔다.⁵³

1745년에도 노철은 외조부의 생신에 직접 술과 안주를 준비하여 찾아갔다. 이어서 3월에는 하인과 말을 보내 외조부를 집으로 모셔 왔으나, 외조부가 급한 일이 생겨 4월 중순에 외삼촌이 모시고 갔다.⁵⁴ 이후 외조부의 환후가 좋지 않다는 소식이 오면 노철은 어김없이 외삼촌 집을 방문하였다.⁵⁵

또한 이해 외조부가 나이 80세를 넘겨 부호군副護軍(종4품 서반직)에 오르자, 노철도 고묘告廟에 함께 참석하여 기쁨을 나눴다.⁵⁶ 당시 국법에 따르면, 나이가 80 이상이 되면 양천을 논할 것 없이 1자급을 주고, 원래 자급이 있는 자는 1자급을 더 올려 주도록 했는데,⁵⁷ 외조부의 경우 1자급이 더해져 부호군이 되었던 것이다.

그러나 이러한 기쁜 와중에 같은 해 7월에 셋째 이모와 둘째 이모가 연이어 사망하는 일이 생겼다.⁵⁸ 노철은 이 일로 충격을 받은 어머니를 걱정하였다. "이번 달 4일에 신풍 이모님께서 세상을 떠나시더니, 이제 또 민씨 이모님마저 세상을 떠났다. 어머니께서 반쪽을 잃은 듯한 고통을 겪고 계시나, 위로할 길이 없어 슬픔이 멈추지 않는다."⁵⁹

같은 해 11월, 외조부는 다시 노철의 집에 와서 머물렀다. 이때 외조부가 밤마다 설사를 해서 저녁을 먹지 않겠다고 하였다. 노철과 그의 어머니가 여러 차례 만류했으나 그대로 했더니 증세가 멈췄다.⁶⁰ 이 사례는 외조부의 왕래가 단순히 방문이 아니라, 노철과 그의 어머니로부터 봉양을 받는 과정이었음을 잘 보여준다. 이때도 외조부가 집에 머무는 동안에는 생신상을 차렸으며, 외삼촌은 물론 이모, 이종형 등이 문안을 왔다.[61]

이듬해인 1746년 3월에는 외삼촌이 돌림병으로 사망하였다. 그러나 노철은 외조부에게 바로 알리지 못하였다. 외조부가 천연두를 피해 다른 곳에서 지내면서 기력이 쇠한 상태였기 때문이다. 결국 그는 다음날 외조부를 집으로 모셔 와 2주가 지나고서야 그 사실을 알렸다.[62]

이때도 원당 이모를 비롯해 군위의 인척들이 찾아와 외조부를 문안하였다.[63] 원당 이모는 5월에 감기 증세가 심해져 집으로 돌아갔다는 기록으로 보아 상당 기간 노철의 집에서 머문 것으로 보인다.[64] 이 당시도 외조부는 노철의 집에서 두 달 넘게 지내다가 6월 초 마을에 천연두가 창궐하자 다른 곳으로 옮겨갔다.[65] 그리고 이해 9월, 노철은 아버지 노계정의 부임지인 초산부에서 외조부가 지난 8월에 세상을 떠났다는 부음을 들었다.[66]

이모와 외삼촌의 왕래

노철에게는 다섯 명의 이모가 있었는데, 이 가운데서도 가장 왕래가 빈번한 이모는 가까이에 거주한 첫째 이모였다. 노철은 10세 무렵 첫째 이모부 송상기宋相基에게서 글을 배웠다. 그러나 15세가 되던 해인 1735년(영조 11)에 아버지가 박천군수로 부임하자 어머니를 모시고 박천으로 가게 되면서 수업이 중단되었고, 1739년에는 이모부마저 세상을 떠나고 말았다.[67]

첫째 이모는 노철의 집에 와서 나흘을 묵고 가기도 하였다.[68] 노철의 어머니도 큰언니의 집을 찾았다. 대표적으로 1740년에 입춘을 맞이하여 노철은 어머니를 모시고 망장으로 가 나흘 밤을 묵고 돌아왔다.[69] 같은 해 4월에도 큰이모가 집으로 와서 아흐레 동안 머물다 돌아갔다.[70] 망장에 살던 첫째 이모는 그해 10월에 아들이 사는 원당으로 이사했으며, 이모의 딸인 이종매는 망장에 사는 황우청과 혼인해서 그대로 망장에 거주하였다.

1741년 4월에도 첫째 이모의 방문이 있었다. 당시 외조부가 노철의 집에서 지내고 있었는데, 이는 외조부가 천연두를 피해 도리사에 있다가 노철의 집으로 옮겨왔기 때문이다. 첫째 이모는 앓고 있는 딸을 보려고 망장으로 가는 길에 친정아버지의 안부를 살피기 위해 노철의 집에 들렀고, 이후에도 친정아버지의 안부를 위해 자주 방문하였다.[71] 또한 첫째 이모는 외조부가 머물지 않을때에도 노철의 집에 들르기도 하였는데, 이모가 온다는 전갈이 오면 노철은 이모의 집 가까운 감천교甘川橋 근처까지 나가 기다린 적도 있었다.[72]

이처럼 가까이 사는 첫째 이모는 여러 이유로 노철의 집을 자주 들렀으며, 다른 이모들 역시 이만큼은 아니지만 끊이지 않고 왕래하였다. 예컨대, 원흥에 사는 둘째 이모는 1741년 7월에 와서 5일 동안 머물렀다. 이때는 양가養家 어머니의 기일이었는데 양가의 이종 민사성이 제사에 참여하기 위해 올 때 둘째 이모를 모셔 온 것이다. 둘째 이모는 민사성과 혼인했는데, 노철의 양어머니가 민사성의 고모와 일가처럼 지냈으므로 특별히 가까웠던 것이다. 이때 노철의 어머니는 둘째 언니가 집에 오자 막내 동서와 척숙모와 함께 황산荒山으로 유람을 다

녀오기도 하였다.⁷³

1742년 4월 초, 노철은 외조부가 집에 머무르고 있을 때 말과 하인을 보내 원흥의 둘째 이모를 집으로 모셔 왔다. 또 같은 달 하순에는 평성에 사는 셋째 이모도 친정아버지를 보기 위해 방문하였다.[74] 이때 노철의 집으로 온 둘째 이모는 한 달가량 머물다가 5월 14일에 돌아갔다. 이에 대해 노철은 매우 드문 일이라면서 다음과 같이 기록해 두었다.

> 민일방이 이모님을 모시고 원흥으로 돌아갔다. 외조부께서 오셔서 몇 달 동안 머무시며 원흥과 평성 두 이모와 한 자리에 단란하게 모였으니, 참으로 이러한 부녀 형제의 즐거움은 드물게 있는 일이다. 오늘 원흥 이모님이 먼저 가셨으니 서운한 마음이 갑절이나 심하다.[75]

1743년에도 둘째 이모는 친정아버지가 노철의 집에서 오래 머무르고 있을 때 다시 방문하였다.[76] 그러나 세 이모와 달리 상주의 가사리에 살던 넷째 이모와 의흥에 살던 다섯째 이모의 방문 기록은 일기에서 좀처럼 찾기 어렵다. 의흥 이모의 경우 가까이에 있는 친정은 종종 방문했으나, 노철의 집까지 찾아온 기록은 없다. 대신에 이모부들이 방문하는 편이었다. 의흥 이모부는 노철의 집을 찾아와 하룻밤씩 묵고 갔으며, 가사리의 이모부는 가끔 편지를 보내거나 직접 찾아와 묵고 가는 정도였다. 1743년에는 가사리에서 아이의 약을 구하기 위해 하인을 보냈는데, 노철은 돌아가는 하인 편에 약값을 함께 보내주기도 하였다.[77]

한편, 노철에게는 외삼촌이 두 명 있었다. 한 명은 본가 쪽의 외삼촌이고, 다른 한 명은 양가 쪽 외삼촌이었다. 본가 외삼촌은 외조부가 노철의 집을 자주 찾았던 만큼 편지나 왕래가 자연스럽게 이어졌다. 앞서 외삼촌이 향교의 교임 시절에 서책을 잃어버린 일로 곤욕을 치를 때, 노철은 외삼촌의 부탁으로 『사문유취事文類聚』를 공책에 베끼는 작업도 하였다.[78] 또 외조부가 노철의 집에서 지낼 때면 외삼촌은 종종 찾아와 안부를 살폈다.

양가의 외삼촌과 이종사촌의 왕래도 활발하였다. 양가 외삼촌과의 왕래는 주로 편지를 주고받았으며, 노철이 직접 찾아가는 방식이었다. 새해가 되면 양이모를 방문하여 문후를 드리곤 하였다.[79] 1741년 가을에는 양가 외삼촌이 노철의 집을 방문하기도 하였다.[80]

또한 양가 외삼촌의 아들인 이종사촌[81]과도 직접 왕래하였다. 노철은 양가 외삼촌의 아들인 민광형의 혼인에 물심양면으로 지원도 해 주었다. 혼례를 위해 물품을 준비하고 하인과 말을 갖추어 초례 행차를 신부의 집으로 보냈으며, 신부가 시가로 올 때도 가마와 말, 하인을 마련해 신부 집에 보내 주었다.[82] 혼인 뒤에는 직접 원홍으로 가서 새로 맞이한 신부도 보았고, 신부가 봉계 친정에서 노철의 집으로 와 묵고 가기도 하였다.[83] 민광형은 처가를 오가며 종종 노철의 집에 들렀으며, 양가 외삼촌의 서자들도 노철을 찾아왔다.

이상의 내용을 종합하면, 노철의 외조부는 지속적으로 노철의 집, 즉 딸의 집에 머물며 지냈다. 이 과정에서 수차례 한 달에서 두 달 이상 장기 체류하면서 실질적인 봉양이 이루어졌다. 또한 외조부가 집에 머무는 동안 외삼촌과 이모들이 자주 왕래하여 외가 사람들이 모이는 중심 공간이 되었다. 나아가 외조부는 노철의 집을 거점으로 삼아 주변에 사는 다른 딸의 집을 방문하거나, 주변 지인과도 교류하였다.

외가에 대한 정서

외가 중시 전통

외가란 일반적으로 본인의 어머니 집안을 의미하지만, 더 넓게는 아버지의 어머니, 즉 조모의 집안까지 포함할 수 있다. 이에 대해 이익李瀷은 "무릇 어머니의 집안과 아버지의 어머니 집안을 모두 외가外家라고 칭한다"[84]라고 하여 외가의 범위를 포괄적으로 규정하였다. 그러나 일반적으로 외가라 하면 어머니의 친정을 가리키는 경우가 많다.

순암 안정복은 외가의 존재를 중시하였다. 그는 비록 본종과 외가 사이에 경중과 친소의 차이가 있으나, 나를 낳아준 은혜는 조금도 다르지 않다고 보았다. 더 나아가 성인聖人 역시 천하를 다스릴 때 본족뿐만 아니라 외조와도 두터운 정을 나누도록 가르쳤으니, 이에 따르는 것이 도리라고 강조하였다.

> 인생의 근본에는 둘이 있으니, 부족父族을 '본종本宗'이라 하고, 모족母族을 '외가'라고 한다. 비록 경중과 친소의 구별은 있지만 나를 낳아준 은혜에는 조금도 다름이 없는 것이다. 그래서 『주례』에 목睦(동성친척의 화목)과 인婣(이성친척의 화목)의 행실과 불목不睦과 불인不婣에 대한 형벌이 있는 것이다. 성인이 천하를 다스릴 때 백성들에게 본족과 친목하고 외조와도 친목하게 했으니, 그 가르침이 중하지 않은가.[85]

외가와 관련하여 주목할 점은 조선시대 친족 용어의 변천이다. 관련 연구에 따르면, 16세기까지는 혈연 계통에 따른 위계적 구분과 차등이 오늘날 우리가 예상하는 것만큼이나 뚜렷하지 않았다. '외조'라는 용어 또한 일상 언어 속에 정착하기까지 오랜 시간이 걸렸다. 당시에는 조부나 외조부를 엄격히 구분하지 않고 모두 '대부大父' 또는 '족장族長'이라는 포괄적 용어로 지칭했기 때문이다.[86] 이와 관련하여 고려시대 문헌에서 외조를 단지 '어머니의 부모'로 기술한 점도 흥미롭다. 17세기 이후에 부계 위주의 친족 관계가 정착되는 과정에서도 외조부는 여전히 '나'의 친족 범주 안에 포함되는 존재로 인식되었다.[87] 이는 부계화의 흐름 속에서도 외가가 친족의 범주에서 주변화되지 않고, 일정한 연계를 유지하고 있었음을 의미한다.

조선시대 친족의 범주는 『경국대전』 「오복五服」 조의 복제를 통해 살펴볼 수 있다. 복제에 따른 친족의 범주는 남성의 경우 크게 본종本宗, 외친外親, 처친妻親으로 나뉘며, 여성은 본종, 외친, 부족夫族으로 나뉜다. 이 가운데 외친이 어머니의 혈족인 외가를 말한다.

오복제의 규정에 따르면, 조부는 기친期親으로 분류되어 1년 동안 상복을 입고 애도한 반면, 외조부는 소공친小功親으로 5개월 동안 상복을 입게 하였다. 조부와 외조 사이에 7개월의 격차가 존재했지만, 이는 법제상의 구분일 뿐 현실의 정서情緒와 그대로 일치하지는 않았다.

실제로 외조부모의 상을 당했을 때는 소공복을 입되, 15일의 휴가를 더 주도록 규정하였다.[88] 또한 관료들은 조상의 기일忌日에 이틀의 휴가를 받았는데, 외조부모와 장인·장모의 기일에도 동일하게 이틀의 휴가가 주어졌다.[89] 이처럼 오복친 제도는 근본적으로 부계 중심의 친족 질서를 반영하지만, 다른 규정을 통해 오복친 제도에서 포괄하지 못한 외가와의 정서적 유대를 어느 정도 반영했다고 볼 수 있다.

조선 후기에도 외가의 영향력은 크게 약화되지 않았다. 국왕 역시 외가의 존재로부터 자유롭지 못하였다. 영조는 즉위 초기에 외조부의 추숭을 시행하지 않았다. 그러던 중 1734년(영조 10) 윤신지尹新之의 문집을 열람하다가 선조와 인조가 각각 외증손의 입장에서 중종中宗의 후궁 창빈昌嬪과 선조宣祖의 후궁 인빈仁嬪의 아버지에게 모두 의정부 관직을 추증했다는 사실을 알게 되었다.

이에 영조는 "나는 선왕의 측실 아들로서 외람되이 감히 감당할 수 없는 자리를 더럽히고 있는데, 외가가 한미하여 친속 가운데 태복시에서 일하다가 그 일신을 마친 사람이 있으니, 내가 외가를 대우한 것이 너무 야박했다고 할 수 있다"라며 선대의 사례를 근거로 외조부의 추증을 단행하였다.90 이날 영조는 신하 서종옥徐宗玉을 만나 이 일을 언급하면서 목이 메어 눈물을 흘리고 한동안 말을 잇지 못하였다.

외가 또한 외손을 친손과 다름없이 대우하는 태도를 보였다. 1476년(성종 7) 『안동권씨성화보』와 1565년(명종 20) 『문화류씨가정보』에 외손이 본손과 동일하게 세대 제한 없이 수록된 점이 이를 잘 보여 준다. 예를 들어 『안동권씨성화보』는 전체 약 8,000명 가운데 남성이 380명에 지나지 않으며, 『문화류씨가정보』 역시 전체 약 3만 8,000명 중 본손 남성은 1,400명 정도에 불과하다.91 이는 외손 계열의 계보가 매우 상세하게 기록되었음을 증명하는 좋은 사례라 할 수 있다.

사조 속 외조부

조선시대 외조부는 단순히 가족 관계 속에서만 존재하는 것이 아니라, 법제로도 개인의 신원이나 출계를 입증하는 중요한 요소이었다. 이를 잘 보여 주는 사례가 바로 '사조四祖'의 범주다. 사조란 부父, 조祖, 증조曾祖, 외조外祖를 가리키는 용어로, 부계 직계 조상인 부·조·증조와 함께 외조가 나란히 포함되어 있다. 이는 외조부가 개인의 출신을 증명하는 공식적인 계보의 일부로 기능했음을 의미한다.

다만, '사조'라는 용어를 언제부터 사용했는지는 명확하지 않다. 『삼국사기』와 『삼국유사』에는 이 용어가 등장하지 않는다.[92] 이는 '사조'라는 개념이 삼국시대에는 통용되지 않았음을 시사한다.

현재까지 확인되는 가장 이른 사례는 고려시대에서 찾을 수 있다. 『고려사』에 따르면, 과거시험에 응시하는 사람들은 시험 며칠 전에 신원 확인 절차의 하나로 시험지에 사조를 기입하여 제출하는 것이 옛 제도였다고 한다. 『고려사』에 보이는 관련 규정은 다음과 같다.

> 원종 14년(1273) 10월, 참지정사 김구金坵가 지공거知貢擧가 되었다. 구제舊制에 2부府에서 지공거가 되고, 경卿·감監이 동지공거同知貢擧가 되며, 그 부시賦試하는 제생諸生은 권수卷首에 성명, 본관 및 사조를 써서 풀로 봉封하여 시험 며칠 전에 시원試院에 제출한다.[93]

실제로 1108년(고려 예종 3)에 명경업明經業과 제술업製述業의 급제자 및 삼한공신三韓功臣 자손 가운데 사조에 공工, 상商, 악樂의 명색이 있는 사람들이 관직 임명에서 어려움을 겪자 이를 해결해 달라는 상언을

올린 일이 있다.[94]

또한 현존하는 가장 오래된 호적 사본인 1237년(고려 고종 24)의 이교 李嶠 호적을 비롯하여 1391년 정의룡鄭義龍의 호적까지 총 23건 모두에 부부의 사조가 기본적으로 기록되어 있다. 더 나아가 1333년 김진 金稹의 호적에는 며느리의 사조까지 포함되어 있다.[95]

조선시대에도 이미 태종 대에 관료의 신원 확인을 위해 사조를 중시했음을 확인할 수 있다. 1403년(태종 3)에 전임과 현임 관원의 인적 사항을 정리한 관안官案을 작성하였는데, 이 관안에 성명, 나이, 출신出身, 관직 이력, 사조와 처부妻父의 직명職名, 내외향內外鄕·시거향時居鄕 등을 함께 기록하게 하여 관리 선발의 근거 자료로 활용하였다.[96] 그리고 이미 이 무렵에 호적에도 사조의 기입을 시작했던 것으로 보인다. 1408년(태조 8) 의정부에서 발표한 호구법에는 "대소 호주戶主로 하여금 내외사조內外四祖에 대해 각각 아는 바를 갖추어 기록"[97]하게 하여, 내외 사조의 기입을 명시하였다.

『경국대전』을 비롯한 조선 전기의 법전에서 사조를 요구한 공식 문서는 크게 세 종류로 나뉜다. 이러한 원칙은 조선 후기까지 변함없이 유지되었다. 첫째, 호구식戶口式이다. 호구식에는 호주뿐 아니라 부인의 사조까지 기재하도록 규정되어 있다.[98]

둘째, 관료 임용 절차에서 시행하는 서경署經의 과정이다. 서경은 새로 임명되는 관리의 신원을 심사하는 절차로, 이때 사조가 필수 기준으로 작용하였다. 나아가 『대전속록』에서는 그 범위를 확대하여 부인의 사조까지 함께 심의하도록 규정하였다.[99]

셋째, 과거시험이다. 응시자의 사조는 출신 배경을 파악하는 지표로

활용되었다. 응시자는 녹명錄名을 할 때 사조 안에 누구나 아는 현관顯
官이 없으면 보단자保單子와 같은 보증 문서를 별도로 제출해야 하였
다.¹⁰⁰ 또한 시험 답안지에 쓰는 인적 사항란에도 반드시 사조를 기재
하도록 되어 있었다.

이상과 같이 외조부는 부·조·증조부와 더불어 남성 친족 범주에서
하나의 축을 이루는 존재였다. 이러한 전통은 고려시대부터 부모 어느
한쪽의 계통만을 일방적으로 중시하지 않고, 부계와 모계를 아울러 모
두 중시한 전통에서 비롯된 것으로 볼 수 있다. 이러한 경향은 조선시
대에도 계승되어 관직 진출에 영향을 미쳤을 뿐만 아니라 재산상속 등
일상생활의 여러 측면에 광범위하게 작용하였다.

조선시대 남성이 외가와 긴밀한 관계를 유지한 배경으로는 두 가지
요인을 지적할 수 있다. 첫째, 외가는 아버지의 입장에서는 처가에 해
당하고, 둘째, 어머니의 입장에서는 친정이 된다는 점이다. 후자가 정
서적 유대 형성에 중요한 토대가 되었다면, 전자는 양반 관료 사회에
서 개인의 출세 및 처세에 실질적인 영향을 미치는 요인이었다.

이를 단적으로 보여 주는 사례가 대가代加 제도다. 대가제는 중국 왕
조나 고려시대에서는 찾아볼 수 없는 조선 고유의 제도로, 1449년(세
종 31)에 처음 나타나 세조 대에 이르러 제도화되었다. 1451년(문종 원
년)부터 그 대상에 사위가 포함되었으며, 이후 대가제는 아들, 사위, 아
우, 조카를 중심으로 운영되었다.¹⁰¹ 이로써 사위는 아들에 버금가는
혜택을 받는 존재로 인정되었다.

요컨대, 조선시대 외조와 외손의 관계는 단순히 오복친이나 부계 중
심 친족 질서만으로 설명하기 어려운 복합적인 성격을 띤다. 외조와

외손은 정서적으로 친밀한 관계를 유지했을 뿐 아니라, 실생활에서 외조의 존재는 외손의 신원과 사회 진출에 직접적인 영향을 미쳤다. 외조는 사조의 일원으로서 서경 절차에서 심의 대상이 되었고, 과거 응시자의 신원을 보증하는 기준이었다. 이와 같은 외조의 위상은 고려시대부터 이어진 전통이 조선 사회에서 제도적으로 재편, 정착된 결과라 할 수 있다.

노철의 외조부 봉양 배경

18세기 후반 경상도 선산 지역의 양반 노철은 외조부와 빈번히 왕래했을 뿐만 아니라, 외조부가 그의 집에 머문 기간도 길어 봉양의 관계를 형성했다고 해도 지나치지 않다. 노철의 집은 외조부에게 곧 사위 집이자 딸의 집이기도 하였다.

노철이 외조부를 자주 모실 수 있었던 배경에는 몇 가지 요인이 작용한 것으로 보인다. 그 가운데 핵심은 무엇보다 노철 집안의 경제력이었다고 판단된다. 특히, 외조부의 사위이자 노철 본인의 아버지인 노계정의 벼슬살이가 가족의 경제 기반을 뒷받침하는 큰 역할을 하였다. 외조부의 생존 시기에 노계정은 박천군수, 위원군수, 선천부사, 전라우수사, 이산부사 등을 역임하였다.

노계정의 관직 생활 덕분에 집안은 경제적으로 여유로웠고, 그 혜택을 비교적 많이 누린 사람이 바로 노철이었다. 이를 잘 보여 주는 사례가 노철이 27세가 되던 해에 아버지 노계정의 근무지인 평안도 이산에서 적은 일기의 내용이다.

이날은 말복이어서 술과 안주를 차려 즐겁게 지냈다. 내가 15세 무렵부터 그사이 13년 동안 아버지께서 벼슬살이하며 머무는 거처를 드나들면서, 음식과 하인들의 시중과 부리는 일이 이미 마음에 흡족했다. 하지만 여기에 맞춰서 즐거워만 한다면 나중에 아주 어리석은 사람이 되고 말 것이다.[102]

이처럼 노철은 아버지의 외방 근무에 대해 늘 노심초사하면서도 수령의 아들로서 풍족한 삶을 누려 보았다. 그래서 '영화로운 위치'에 만족해하는 어리석은 사람이 되지 말자고 다짐까지 한 것이다.

또한 그의 집안은 아버지의 관료 생활 덕분에 향촌에서 남다른 위상을 누렸다. 아버지가 수령 임기를 마치거나, 재임 중 휴가를 얻어 고향으로 돌아올 때면 어김없이 선산부사가 술이나 음식, 안부 편지 등을 보냈다. 집에 화재가 크게 났을 때도 선산 관아에서 빈 가마니 250장을 보내고 목수까지 지원해 준 것도 아버지 덕택이었다. 아버지와 인연이 있는 관료들은 선산을 지날 때면 그냥 지나치는 법이 없었고, 여러 지역의 관료들이 각종 선물을 보내왔다.

관료의 지위와 경제적 여유 덕분에 아버지는 친족들 사이에서 도움을 베푸는 존재였다. 군정軍丁으로 징집되거나 군관으로 차출된 일가 사람들을 위해 선산부사에게 청탁하여 문제를 해결해 준 사람도 아버지였다. 주변의 친족, 인척, 지인들이 말이나 안장, 혼례 물품 등을 빌리러 오는 일은 다반사였고 가마나 교자轎子, 사모와 각대[帽帶], 약재나 곡식·생선 등의 요청도 끊이지 않았다. 도망간 하인을 추쇄하기 위해 하인을 빌려 달라는 부탁도 받았다. 이로 인해 집에는 손님들이 넘

⟨표 2⟩ 이시번 살아생전 노계정의 관직 생활

연도	나이	관직	비고
1725(영조1)	31	무과 급제	
1732(영조8)	38	수문장	
1734(영조10)	40	2월: 훈련원 주부	
		10월: 훈련원 판관에 임명되었다가 당일에 도총부 도사 임명	
1735(영조11)	41	박천군수	
1737(영조13)	43	위원군수	
1738(영조14)	44	통정대부, 가선대부	정3품 당상 동반 품계, 종2품(하계) 동반 품계
1739(영조15)	45	선천부사	방어사 겸임
1740(영조16)	46	우림위장	
1741(영조17)	47	어영청 천총	
1742(영조18)	48	전라우도 수군절도사	발령일: 12월 24일
1743(영조19)	49	창성부사	
1744(영조20)	50	가의대부	종2품(상계) 동반 품계
1745(영조21)	51	1월: 곡산부사	병으로 부임하지 않음
		3월: 어영청별장	
		9월: 동지중추부사	
1746(영조22)	52	강화 중군	부임하지 않음
		금위영 천총	
		이산부사	일기에는 '초산'으로 나옴

* 자료: 『선고일기』, 『승정원일기』

쳐났고, 어느 해 설날에는 방문객이 너무 많아 모두 기록하기 어려울 정도였다. 어느 해는 종가에서 제수 마련이 어려워 증조부 기제사를 지내지 못할 상황이 되자, 노철의 집에서 제수를 준비하여 지내기도 하였다.103

그리고 이러한 지원은 사소한 일에 지나지 않았다. 노계정은 장기적으로 종족의 길흉사를 돕기 위한 기반을 조성하기 위해 계를 조직하였다. 1742년(영조 18), 노계정은 전라우도 수군절도사로 있으면서 일가 사람인 노수盧洙에게 종잣돈을 주어서 계를 만들게 하였다. 그 과정에서 노수가 횡령한 일이 드러나긴 하였으나, 나머지 자금으로 계획대로 계를 만들었다. 또한, 1746년에는 춘궁기에 어려움을 겪는 가난한 친족들에게 약 100냥을 나눠 주는 선행을 베풀었다.104

> 아버지께서 "선조들이 쌓은 은택을 내 몸이 받게 되었으나, 관직에 종사하며 남은 재물이 종족에게 미치지 못하니 이것이 개탄스럽다"라고 하셨다. 종족의 길흉사를 관리하기 위해 의고義庫를 의논해 설치하고자, 돈 200냥과 70냥 짐말을 서종형庶從兄[노수]에게 떼주어서 요량껏 마련하도록 하였다.105

노계정은 관직 생활 중 폭넓은 인맥도 쌓았다. 그중에는 국정에 대한 발언권을 가진 소론 인사들도 있었다. 대표적으로 조현명과 박문수였다. 조현명에게는 여러 차례 도움을 받았다. 노계정이 이산부사 시절에 변방에서 화폐 사용을 금지한 규정을 어겼다는 이유로 탄핵을 당했을 때 옹호해 준 사람도 조현명이었다.

박문수는 민생 분야에서 탁월한 능력을 보인 관료였다. 박문수가 조정에 이름을 알린 계기는 1728년의 무신란 당시 관군의 총사령관인 오명항의 보좌관으로 출전한 일이었다. 이때 큰 공을 세운 박문수는 영조의 신임을 얻었고, 영조의 민생 개혁을 주도적으로 뒷받침하였다. 대표적으로 영조는 1751년에 균역법을 시행하기 전에 민심의 동요를 막기 위해 사전 설명회를 진행했는데, 그때 경상도로 파견되어 주민들에게 균역법에 대해 직접 설명한 사람도 박문수였다.106

노계정은 박문수와도 친밀한 사이를 유지하였다. 노계정이 이산부사 재직 중의 일로 결국 유배를 가게 되자 당시 호조판서 겸 어영대장이던 박문수가 고향으로 가는 노자 비용으로 쌀 5말과 돈 3냥을 보내주었다. 이는 유배형을 선고받은 자가 대역죄인이 아닌 경우, 곧장 유배지로 향하지 않고 먼저 고향에 들러 행장을 꾸린 뒤 유배지로 가는 관행에 따른 것이었다. 또한 1753년에 노계정이 양자 문제로 예조의 허락을 받기 위해 상경했을 때 박문수를 방문하자, 박문수가 그의 자제들을 불러 직접 내용을 불러 주고 대필까지 시키는 등 각별하게 배려하였다.

둘째, 20대 초반의 노철이 재혼을 통해 심리적 안정을 되찾은 점도 중요한 요인으로 보인다. 노철은 세 차례 혼인하였는데, 그 가운데 재혼한 조씨와는 25년을 해로하였다.107 그는 16세가 되는 해인 1736년에 선산 해평에 사는 완산 최씨完山崔氏(1715~1739)와 혼인하였다. 최씨는 인재 최현崔晛의 4세손인 최헌崔憲의 딸이었다. 최현은 17세기에 학식과 문장으로 이름을 떨친 선산 지역의 유명 인사로, 선산의 역사와 산천·유적, 행정·토지·부세 사항 등을 담은 『일선지一善誌』라는 지방

49

지를 펴낸 사람이다. '일선'은 선산의 옛 이름을 가리킨다. 혼인 당시 최씨의 나이는 22살로 노철보다 여섯 살 연상이었다. 그러나 두 사람의 인연은 고작 4년에 불과하였다. 1739년에 최씨는 아들을 출산한 지 불과 20일 만에 산후증으로 사망하였다.

이듬해 노철은 스무 살 동갑내기 여성과 재혼하였다. 두 번째 부인은 상주 장천의 운곡에 사는 풍양 조씨豐壤趙氏(1721~1764)로, 검간공 조정趙靖의 5세손인 조달경趙達經의 딸이었다. 조씨는 22세에 첫 자녀를 출산하고, 44세의 나이에 막내딸을 출산하였다. 족보에 오른 자녀는 세 명으로 아들 노상추와 노상근, 그리고 류항조와 혼인한 딸이다. 그러나 조씨 또한 1764년에 딸을 낳은 지 1주일 만에 산후증으로 사망하였다.[108]

노철은 풍양 조씨와 약 20년을 함께 하였다. 재혼 이후 노철은 집안의 대소사를 아내에게 맡기면서 비로소 생활의 안정을 되찾은 것으로 보인다. 이 시기에는 부모가 모두 생존해 있었고, 아버지가 관직에 있으면서 분주히 공무를 수행하던 때였으므로, 노철 역시 아버지의 부임지를 쫓아 바쁜 일상을 보냈다. 더구나 그는 파양했으나 본인을 대신할 후사가 정해지지 않으면서 본가와 양가의 제사를 모두 책임지고 있었다. 이러한 상황에서 가계를 실질적으로 운영하고 살림을 책임진 풍양 조씨의 존재는 그에게 큰 버팀목이 되었을 것이다.

셋째, 어머니에 대한 효심이 외조부에 대한 봉양으로까지 확장되었다고 할 수 있다. 어머니에 대한 노철의 마음은 각별한 편이었다. 『경주노씨세보』의 기록에 따르면, 노철은 "모母 부인이 오랜 병이 있어 20년 동안 모시는 데 정성을 다하기를 하루처럼 하였다"[109]라고 한다.

〈표 3〉 노철의 부인

혼인 연도 (노철 나이)	부인			자녀
	성씨	혼인 나이	거주지	
1736년(16세)	완산 최씨(1715~1739)	22세	선산 해평	노상식
1740년(20세)	풍양 조씨(1721~1764)	20세	상주 장천 운곡	노상추, 노상근, 딸(남편:류항조)
1765년(45세)	진성 이씨(1744~1766)	22세	상주 단구 장곡	-

* 자료: 『경주노씨세보』, 『선고일기』

　이는 통상적인 표현일 수도 있으나, 그의 일기에는 어머니의 병환과 이를 간호하는 그의 모습이 자주 등장한다. 어머니가 조금만 탈이 나도 약재를 사오거나, 사방팔방으로 수소문하여 약을 처방해 줄 사람을 찾아다녔다. 어떤 때는 불안한 마음에 점占을 치기도 하였다.

　1743년 겨울, 외조부가 독감을 크게 앓은 뒤 건강이 좋지 못했을 때도 마찬가지였다. 외조부의 건강이 점차 회복되고 있다는 소식을 접하자, 그는 안도하면서 일기에 이렇게 적어 놓았다. "외조부의 환후가 이미 좋은 상태가 되었다는 소식을 듣게 되자 어머니의 기분이 평소보다 배나 좋으시다. (…) 올해는 위로 어버이를 모시고 아래로 식솔을 건사하느라 한 해를 보내는 정황을 다 기록하진 못해도 기쁘기 그지없다."110

　이상과 같이 노철이 외조부를 봉양할 수 있던 배경으로 크게 세 가지 요인을 꼽을 수 있다. 첫째, 아버지 노계정이 수령과 절도사 등을 역임함으로써 확보된 경제적 여유가 물적 기반을 제공하였다. 둘째,

20대 초반 재혼한 풍양 조씨와의 안정된 가정생활은 제사, 부모 봉양, 자녀 양육 등 가정 내 역할 분담을 가능하게 하였고, 이는 정서적 안정과 심리적 여유로 이어졌다. 셋째, 어머니에 대한 효심이 자연스럽게 외조부 봉양으로 확장되었다고 볼 수 있다.

따라서 노철의 사례는 부계 중심의 종법 질서가 지배적이던 조선 사회에서 어머니를 매개로 한 외가와의 관계가 어떠한 방식으로 연결되었는지를 보여 주는 중요한 단서라 할 수 있다. 특히 외가와의 왕래가 단순한 정서적 유대를 넘어 봉양의 형태로까지 확장된 점은 부계 중심 질서의 이면에서 작동하고 있던 복합적인 친족 관계망을 확인하게 한다.

맺음말

이 글은 조선 후기 양반 노철의 일기를 분석하여, 유교적 부계 중심 사회 속에서 외가와의 실질적 관계가 어떤 방식으로 유지되었는지를 탐구한 연구다. 노철이 남긴 개인 일기를 통해 조선 후기의 가족 질서가 제도적 이념과 일상 사이에서 어떻게 조정되었는지를 구체적으로 조명하였다. 특히 노철이 외조부와 자주 왕래하고 봉양한 사례를 통해 당시에도 비부계적인 가족 관계가 존재했으며, 그것이 중요한 정서적·사회적 기능을 수행했음을 밝히고자 하였다.

노철의 외조부는 지속적으로 노철의 집, 즉 딸의 집을 방문하였다. 이 과정에서 한 달에서 두 달 이상 체류하면서 실질적인 봉양이 이루어졌다. 외조부가 집에 머무는 동안 외삼촌과 이모들도 자주 왕래했고, 이에 따라 그의 집은 외가 사람들의 모임 공간으로 기능하였다. 이러한 관계가 가능했던 배경에는 노철 집안의 경제력, 20대 초반의 재혼 이후 회복한 심리적 여유와 가정생활의 안정, 그리고 어머니에 대한 효심이 긍정적인 영향을 미쳤다고 판단된다.

노철의 일상을 따라가다 보면 조선 후기 양반 사회가 겉으로는 철저히 부계 중심의 질서를 따랐으나, 실생활에서는 비부계적인 관계 역시 중요한 위치를 차지하고 있었음을 확인할 수 있다. 특히 노철과 외조부의 지속적인 왕래는 기존의 유교 규범, 즉 '출가외인'으로서 여성은 혼인 후 친정과의 관계가 단절된다는 전제에 도전하는 생생한 사례다.

이러한 양상은 당시 양반사회 내에 다양한 가족 관계가 존재했음을 시사한다. 노철은 외가와의 관계를 적극적으로 유지하고 돌보았다. 외조부의 병환 소식을 염려하며 여러 차례 방문하고, 약을 지어 보내는 등 적극적으로 봉양을 실천하였다. 이는 당시 사회가 부계를 강조했지만, 실제 일상에서는 외가와의 유대가 여전히 유효했음을 의미한다.

결론적으로, 노철의 사례는 조선 후기 유교 사회 내 가족 관계의 복합성과 유연성을 드러낸다. 종법에 따른 부계 중심 구조가 규범으로 존재했으나, 일상에서는 외가와의 끈을 놓지 않고 정서적·실질적 왕래와 봉양 문화를 유지하였다. 노철이 외조부의 병세를 수시로 확인하고, 소식을 기다리는 태도는 단순히 관례적인 효행의 범주를 넘어서는 것이었다.

따라서 노철의 사례는 조선 후기 유교 사회를 단일한 부계 질서로 설명하기에는 무리가 있다는 점을 다시금 상기시킨다. 실생활에서 사람들은 제도와 감정, 이념과 관행 사이에서 균형을 모색하고 있었으며, 그 과정에서 비부계적 요소가 배제되지 않고 공존하였다. 노철의 일기는 이러한 공존의 증거이자, 그 시대 가족 관계의 다양성과 복잡성을 보여 주는 귀중한 기록이다.

    이 글에서는 노철이라는 개인의 행적을 통해 조선 후기 가족 관계의 복합성을 밝혀보고자 하였다. 외조부와의 왕래, 봉양이라는 주제를 통해 우리는 당대 유교 질서가 개인의 삶에서 어떤 식으로 작동하고, 때로는 그것을 넘어서기도 했는지를 엿볼 수 있었다. 사회 구조와 개인의 감정이 교차하는 그 지점에 바로 노철이 있었으며, 그가 남긴 기록은 조선 후기 가족 구조를 복합적이고 유동적인 체계로 이해할 수 있는 근거를 제공한다.

참고문헌

『先考日記』(노철, 총30책), (사)모산학술재단 소장본.

『국역 노상추일기』(총12권), 국사편찬위원회, 2017~2020.

『終始錄』(노상추, 1책), 계명대학교 소장본.

『竹月軒文集』(노계정, 2책), 1937년 간행본.

『櫟亭逸稿』(노경필, 1책), 1937년 간행본.

『慶州盧氏世譜』(3책), 1957, 문산서당.

『慶尙道地圖』(9첩), 서울대 규장각한국학연구원(奎10512), 1872년(고종9).

김경미, 「18세기 여성의 친정, 시집과의 유대 또는 거리에 대하여」, 『한국고전연구』19, 한국고전연구학회, 2009.

김정운, 「18세기 대구 사대부의 일상을 통해 본 가족과 관계-최흥원(1705~1786)의 사례-」, 『대구사학』147, 대구사학회, 2022.

마르티나 도이힐러, 이훈상 옮김, 『한국 사회의 유교적 변환』, 아카넷, 2003

박미해, 「조선 중기 예송(例送)·증송(贈送)·별송(別送)으로의 처가부양-오희문의 『쇄미록(瑣尾錄)』을 중심으로」, 『한국사회학』42-2, 한국사회학회, 2008.

_____, 「구례 유씨가의 친정 왕래와 그 요인들」, 『지역사회학』22-3, 지역사회학회, 2021.

_____, 「구례 유씨가의 친정 왕래와 부계화」, 『학림』48, 연세사학연구회, 2021.

_____, 「노상추와 외가(外家)의 심성적 교류: '지정(至情)'과 '정담(情談)'」, 『역사문화연구』88, 한국외국어대학교 역사문화연구소, 2023.

_____,「여성의 역사적 실재와 처가 왕래」,『사회와이론』 44, 2023.

_____,「조선 후기 친정 왕래와 여성의 '관계적 실재'」,『여성과역사』 38, 한국여성사학회, 2023c.

박영희,「17세기 소설에 나타난 시집간 딸의 친정 살리기와 '出嫁外人' 담론」,『한국고전여성문학연구』 13, 한국고전여성문학연구, 2006.

손병규,「13~16세기 호적과 족보의 계보형태와 그 특성」,『대동문화연구』 71, 성균관대 대동문화연구원, 2010.

송준호,『한국사회사연구 : 朝鮮社會의 構造와 性格 및 그 變遷에 관한 硏究』, 일조각, 1987.

이종서,「14세기 이후 친족 용어의 변천과 친족관계」,『역사비평』 2003년 여름호(통권 63호), 2003.

_____,『고려·조선의 친족 용어와 혈연의식 : 친족관계의 정형과 변동』, 신구문화사, 2009.

정해은,「새 발굴 자료『선고일기(先考日記)』의 특징과 가치-노상추·노철 부자의 일기 쓰기 의미 -」,『민족문화논총』 80, 영남대 민족문화연구원, 2022.

_____,『어느 경상도 양반가의 무관 진출기』, 세창출판사, 2023.

_____,「조선시대 여성사 연구에 대한 몇 가지 질문-2000년 이후 연구성과를 중심으로」,『조선시대사학보』 105, 조선시대사학회, 2023.

최승희,「조선시대 양반의 代加制」,『진단학회』 60, 진단학회, 1985.

하명준,「정조대 영남 무관 노상추의 지역 정체성과 북방 관직활동」,『영남학』 66, 영남문화연구원, 2018.

하여주,『조선 후기 유교 젠더 규범과 양반 여성의 대응』, 부산대 박사학위논문, 2022.

주

1 마르티나 도이힐러, 이훈상 옮김, 『한국 사회의 유교적 변환』, 아카넷, 2003, 414~415쪽.
2 정해은, 「조선시대 여성사 연구에 대한 몇 가지 질문-2000년 이후 연구성과를 중심으로」, 『조선시대사학보』 105, 2023, 162~167쪽.
3 하여주, 『조선 후기 유교 젠더 규범과 양반 여성의 대응』, 부산대 박사학위논문, 2022; 김정운, 「18세기 대구 사대부의 일상을 통해 본 가족과 관계-최흥원(1705~1786)의 사례-」, 『대구사학』 147, 2022; 박미해, 「조선 후기 친정 왕래와 여성의 '관계적 실재'」, 『여성과역사』 38, 2023.
4 박미해, 「조선 중기 예송例送·증송贈送·별송別送으로의 처가부양-오희문의 『쇄미록瑣尾錄』을 중심으로」, 『한국사회학』 42-2, 2008; 박미해, 「구례 유씨가의 친정 왕래와 부계화」, 『학림』 48, 2021; 박미해, 「여성의 역사적 실재와 처가 왕래」, 『사회와 이론』 44, 2023.
5 하명준, 「정조대 영남 무관 노상추의 지역 정체성과 북방 관직활동」, 『영남학』 66, 2018, 290~292쪽.
6 『노상추일기』 1763년 9월 5일.
7 『경주노씨세보』(1957)에 오른 형제는 2명으로 서庶 아우 이완李浣과 조석화趙錫華와 혼인한 여동생이다.
8 『선고일기』 1743년 9월 3일; 1749년 4월 23일, "至于甲子, 罷繼歸本宗."
9 『선고일기』 1743년 9월 3일.
10 『선고일기』 1752년 7월 20일; 21일; 23일; 28일. 새롭게 양자가 된 노식盧湜은 노계영의 장남으로 노철과 삼종형제 사이다.
11 『선고일기』 1744년 2월 15일.
12 『선고일기』 1744년 7월 7일; 1745년 3월 26일.
13 『선고일기』 1744년 6월 29일.
14 『선고일기』 1739년 3월 29일; 『慶州盧氏世譜』 권1, 文獻錄, 養失堂考墓碣銘〈幷序〉.
15 『선고일기』 1746년 1월 6일.
16 『선고일기』 1749년 6월 17일.
17 『선고일기』 1739년 10월 25일; 1740년 10월 25일; 1749년 8월 10일.
18 『선고일기』 1751년 5월 28일; 6월 7일; 16일; 1752년 3월 9일; 1762년 4월 30일; 5월 7일.
19 『선고일기』 1748년 5월 1일; 2일.
20 『선고일기』 1748년 8월 24일.
21 『선고일기』 1755년 7월 14일.
22 『선고일기』 1749년 2월 16일; 19일.
23 『선고일기』 1749년 2월 20일.
24 『선고일기』 1768년 3월 8일.
25 영천 이씨 인터넷족보(https://ycleessi.mycafe24.com/ycLee/web/index.php).
26 노철은 일기에 외삼촌을 '구씨舅氏', 이모를 '이모씨姨母氏', 이모부를 '이모부姨母夫' 또는 '이숙姨叔' 등으로 기록하였다. 참고로 장인은 '외구外舅', 장모는 '외고外姑'로 적었다.

27 『선고일기』 1741년 4월 3일; 5일.
28 『선고일기』 1739년 6월 15일.
29 『선고일기』 1739년 10월 27일.
30 『선고일기』 1739년 11월 20일.
31 『선고일기』 1739년 12월 7일; 23일; 25일.
32 『선고일기』 1741년 1월 25일; 28일.
33 『선고일기』 1741년 4월 3일; 5월 25일.
34 『선고일기』 1741년 6월 27일; 28일.
35 『선고일기』 1741년 7월 24일; 29일; 8월 3일; 4일; 8일; 9일.
36 『승정원일기』 영조 17년 12월 24일.
37 『선고일기』 1742년 1월 12일; 13일; 3월 4일; 5월 11일.
38 『선고일기』 1741년 7월 29일; 8월 3일; 4일.
39 『선고일기』 1742년 6월 23일.
40 『선고일기』 1742년 7월 2일.
41 『선고일기』 1742년 7월 15일; 9월 26일.
42 『선고일기』 1742년 7월 23일; 9월 9일.
43 『선고일기』 1742년 9월 20일.
44 『선고일기』 1743년 4월 1일; 윤4월 16일.
45 『선고일기』 1743년 윤4월 21일; 5월 25일; 6월 26일; 29일.
46 『선고일기』 1741년 7월 24일; 1742년 9월 15일.
47 『선고일기』 1741년 5월 20일.
48 『선고일기』 1742년 4월 26일.
49 선산 지역 해주 정씨의 무과 급제자에 대해서는 정해은, 『어느 경상도 양반가의 무관 진출기』, 세창출판사, 2023 참조.
50 『선고일기』 1743년 12월 10일; 11일; 12일; 13일; 17일; 18일; 20일.
51 『선고일기』 1743년 12월 28일.
52 『선고일기』 1744년 1월 4일.
53 『선고일기』 1744년 1월 26일; 27일; 30일; 2월 7일; 3월 13일.
54 『선고일기』 1745년 1월 27일; 3월 25일; 4월 15일.
55 『선고일기』 1745년 5월 21일; 22일.
56 『선고일기』 1745년 6월 15일; 7월 10일.
57 『경국대전』 권1, 이전, 노인직.
58 『선고일기』 1745년 7월 4일; 22일.
59 『선고일기』 1745년 7월 22일.
60 『선고일기』 1745년 11월 10일; 30일.
61 『선고일기』 1746년 1월 26일; 27일; 28일.
62 『선고일기』 1746년 3월 26일; 27일; 윤3월 4일; 10일.
63 『선고일기』 1746년 윤3월 28일; 4월 20일.
64 『선고일기』 1746년 5월 16일.
65 『선고일기』 1746년 6월 6일.
66 『선고일기』 1746년 9월 16일.

67 『선고일기』 1744년 7월 7일; 1745년 3월 26일.
68 『선고일기』 1739년 11월 20일; 25일.
69 『선고일기』 1740년 1월 6일; 10일.
70 『선고일기』 1740년 4월 27일; 5월 6일.
71 『선고일기』 1741년 4월 12일; 25일.
72 『선고일기』 1742년 1월 3일.
73 『선고일기』 1741년 7월 24일; 29일
74 『선고일기』 1742년 4월 4일; 27일.
75 『선고일기』 1742년 5월 14일.
76 『선고일기』 1743년 윤4월 16일; 7월 24일.
77 『선고일기』 1743년 7월 4일; 5일.
78 『선고일기』 1742년 1월 10일.
79 『선고일기』 1742년 1월 4일.
80 『선고일기』 1741년 9월 10일.
81 노철은 일기에서 양가 외삼촌의 아들도 '이종姨從'으로 표기하였다.
82 『선고일기』 1740년 7월 25일; 26일; 27일; 8월 5일; 7일.
83 『선고일기』 1740년 8월 26일; 11월 7일.
84 이익, 『성호전집』 권37, 書, 答秉休問目〈己巳〉, "凡母家與父之母家, 皆稱外家."
85 안정복, 『순암집』 권18, 序, 寓慕通編序〈己酉〉.
86 이종서, 『고려·조선의 친족 용어와 혈연의식: 친족관계의 정형과 변동』, 신구문화사, 2009, 281~282쪽.
87 이종서, 「14세기 이후 친족 용어의 변천과 친족관계」, 『역사비평』 2003년 여름호(통권 63호), 2003, 248쪽.
88 『대전통편』 권3, 예전, 오복, "外祖父母, 小功〈加給假十五日〉."
89 『경국대전』 권3, 예전, 給假, "忌日, 則竝給二日〈曾祖母以下竝祔母, 及外祖父母妻父母, 忌日同〉."
90 『영조실록』 권37, 영조 10년 2월 18일(갑자).
91 송준호, 『한국사회사연구: 朝鮮社會의 構造와 性格 및 그 變遷에 관한 研究』, 일조각, 1987, 33쪽.
92 참고로 '사조'를 바이두(https://kdp.aks.ac.kr)에서 검색한 결과, 한국사에 보이는 사조의 의미가 없었다.
93 『고려사』 권74, 지 28, 選擧, 科目, 試官.
94 『고려사』 권13, 세가 12, 예종 1.
95 손병규, 「13~16세기 호적과 족보의 계보형태와 그 특성」, 『대동문화연구』 71, 성균관대 대동문화연구원, 2010, 13~18쪽.
96 『태종실록』 권5, 태종 3년 4월 24일(경오).
97 『태종실록』 권6, 태종 3년 7월 30일(을사); 권16, 태종 8년 11월 23일(정묘).
98 『경국대전』 권3, 예전, 戶口式.
99 『경국대전』 권1, 이전, 고신; 『대전속록』 권1, 이전, 署經, "署經時, 幷考妻四祖."
100 『대전후속록』 권3, 예전, 諸科.
101 최승희, 「조선시대 양반의 代加制」, 『진단학회』 60, 진단학회, 1985, 8~10쪽, 14쪽.
102 『선고일기』 1747년 7월 12일.

103 『선고일기』 1744년 2월 27일.
104 『선고일기』 1746년 5월 3일.
105 『선고일기』 1742년 8월 22일.
106 『선고일기』 1746년 5월 3일.
107 정해은, 「새 발굴 자료 『선고일기先考日記』의 특징과 가치-노상추·노철 부자의 일기 쓰기 의미-」, 『민족문화논총』 80, 2022, 25~27쪽.
108 1765년에 노철은 세 번째로 혼인하였다. 나이 45세였다. 신부는 진성 이씨眞城李氏(1744~1766)로 상주 단구의 장곡에 사는 생원 이원복李元馥의 딸이다. 이해 정월에 이종형 이여옥이 주선했는데, 신부 집안은 온계 이해李瀣의 후손이었다. 혼사는 일사천리로 진행되어서 3주 만에 혼례를 치렀다. 하지만 진성 이씨는 혼인한 지 1년도 채우지 못하고 후사 없이 사망하였다.
109 『경주노씨세보』 권1, 文獻錄, 養失堂考墓碣銘〈幷序〉.
110 『선고일기』 1743년 12월 29일.

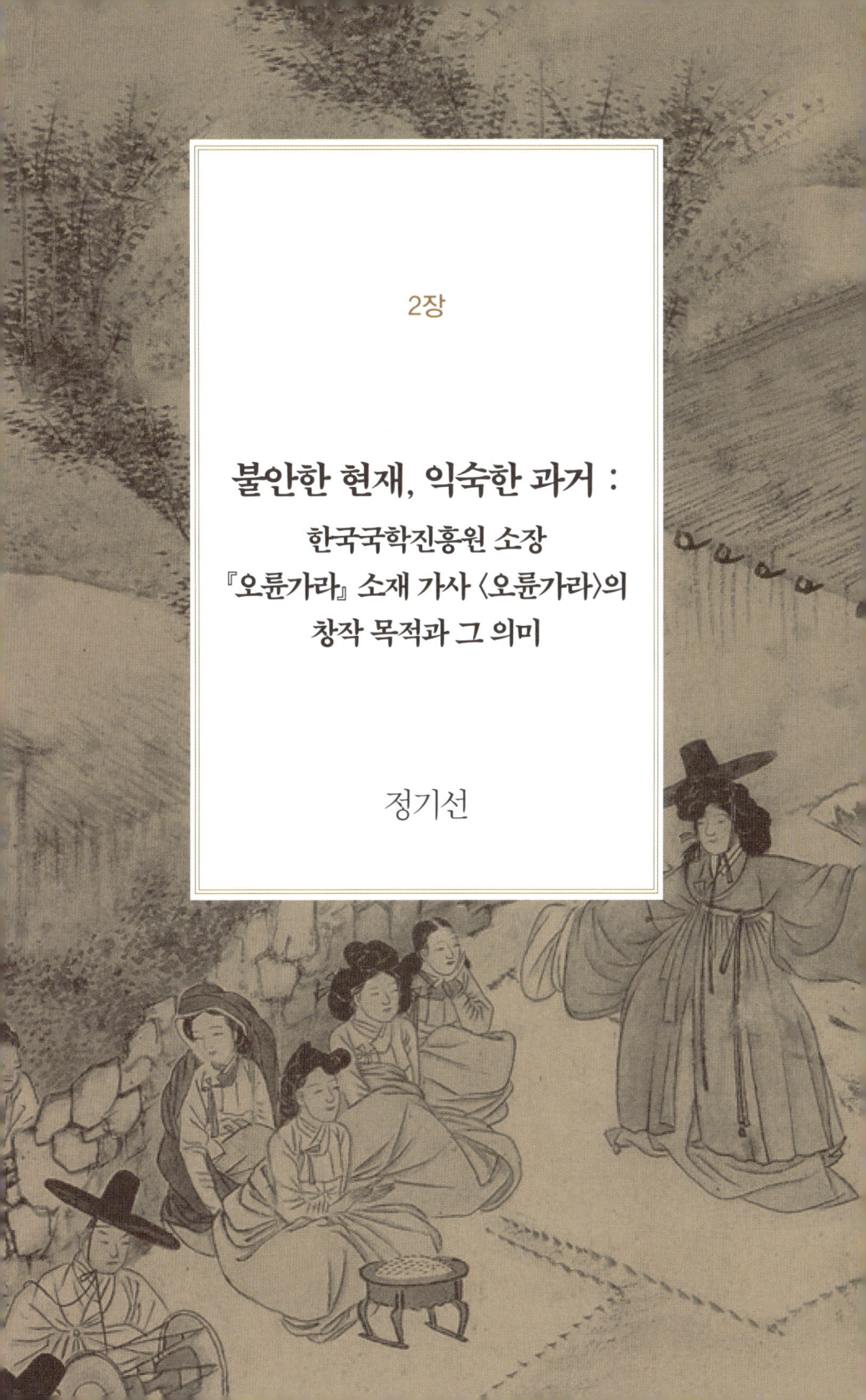

2장

불안한 현재, 익숙한 과거 :
한국국학진흥원 소장 『오륜가라』 소재 가사 〈오륜가라〉의 창작 목적과 그 의미

정기선

※ 이 글은 한국국학진흥원 소장 『오륜가라』 소재 가사 〈오륜가라〉를 학계에 소개하는 것을 목표로 『국학연구』 56집에 투고된 「가사 〈오륜가라〉의 창작 목적과 의미 – 한국국학진흥원 소장 『오륜가라』 소재 가사 〈오륜가라〉를 대상으로」를 수정 보완한 것으로, 문제의식을 보다 선명히 제시하고, 관련 자료를 대폭 보강했다.

머리말 : 현재적 과거

이 글은 풍산 김씨 설송공파 주손가에서 한국국학진흥원에 기탁한 『오륜가라』[1]에 관한 것으로, 이 책에 수록된 가사 〈오륜가라〉의 필사가 완료된 1920년이라는 시점에 주목하여 〈오륜가라〉의 창작 목적과 그것의 시대적 함의를 재조명하기 위해 작성되었다.

『오륜가라』가 필사된 1920년은 여러모로 문제적인 시기였다. 1918년에 종결된 제1차 세계대전의 여파가 계속되었고, 전 세계적 차원의 이상주의가 대두하기 시작했으며, 일본에서는 1912년부터 다이쇼[大正] 데모크라시가 한참 진행 중이었다. 이러한 시대적 분위기 속에서 한국에서는 1920년 3월 여성 잡지 『신여자』가 출범했다. 『신여자』의 편집 책임을 맡은 김일엽은 「창간사」에서 사회 개조를 위해서는 가정의 개조가 필요하고 가정의 주인이 여성을 해방해야 한다면서 다음과 같이 주장했다.[2]

개조! 이것은 5년간, 참혹한 포탄 중에서 신음하던 인류의 부르짖음이요, 해방! 이것은 누천년 암암한 방중에 갇혀 있던 우리 여자의 부르짖음입니다. 비기肥己적 야심과 이기적 주의主義로, 양춘의 평화를 깨트리고 죽음의 산, 피의 바다를 이루는 전쟁이 하늘의 뜻을 어기는 비인도非人道라 하면, 다-같은 인생으로 움직이고 일할 우리를 무리로 노예시하고 임의로 약한 자라 하여 오직 주방에 감금함도 이 역 하늘의 뜻을 어기는 비인도인 것입니다. (…) 그러면 무엇부터 개조하여야겠습니까? 무엇 무엇 할 것 없이 통틀어 사회를 개조하여야겠습니다. 사회를 개조하려면 먼저 사회의 원소인 가정을 개조하여야 하고 가정을 개조하려면 가정의 주인 될 여자를 해방하여야 할 것은 물론입니다.[3]

조선 왕조와 대한제국은 이미 사라진 지 오래, 전 세계적인 격변의 와중에 식민지 조선에서도 여성 해방의 주장이 울렸다. 당시 변화하는 사회적 분위기를 엿볼 수 있는 사건이 바로 1920년 7월 경성공회당京城公會堂 건립이다. 공회당은 일본인과 조선인을 막론하고 거의 모든 집단의 행사가 개최되는 새로운 공적 공간이었다. 계급·신분·나이를 막론하고 모든 이에게 개방되어 있고 누구나 이용할 수 있는 열린 공간인 공회당이 『오륜가라』의 필사가 끝난 한 달 뒤인 1920년 7월 경성에 건립되었다는 사실은 식민지 조선에 새로운 공공 영역이 형성되고 있었음을 보여 준다.[4] 나아가 1920년대부터 조선총독부가 국가로부터 경제를 분리하고 이를 바탕으로 사회의 성립을 주도함으로써 다양한 분야에서 하위 사회가 형성되었다는 주장도 있다. 자율성이 제한적이었고, 미성숙한 상태에서나마 행정 관료적 영역, 경제적 영역, 종교적 영역, 문화적 영역, 집합적 운동의 영역, 하위 지역적 영역 등에서 실체 사회가 형성되고 있었다는 것이다.[5] 식민지 조선에서 공적 영역이 형성되고 있었다는 '식민지 공공성'에 대한 논란은 차치하더라도, 불안하지만 '근대'라는 새로운 기류가 형성되던 이 시기에 '전근대'의 익숙한 이념인 '오륜'을 노래한 가사가 창작, 향유된 현상은 매우 이례적이다.

그러나 1920년을 살아가던 많은 사람들은 여전히 과거의 이념인 오륜을 윤리적 판단의 기준으로 삼고 있었다. 이 사실은 1921년 8월부터 10월까지 잡지 『개벽』에 연재된 염상섭의 소설 「표본실의 청개구리」에서 엿볼 수 있다.[6] 이 소설은 주인공 X와 김창억이라는 두 인물의 만남이 소설의 골자를 이루고 있다. 휴양을 위해 서울을 떠나 평양을 거쳐 남포에 도착한 주인공 X와 친구들은 남포의 광인으로 알려진 김창억의 집을 방문해 다음과 같은 대화를 나눈다.

> 세 사람은, "야, 동서친목회 감독관 각하!" 하며 한층 더 소리를 높여 웃었다. 아닌 게 아니라 처마에 줄레줄레 매단 명석 조각이며, 밀감 조각들 사이에, '동서친목회 본부'라고 굵직하게 쓰고, 그 옆에 '회장 김창억'이라고 쓴, 궐련 상자 같은 마분지 조각이, 모로 매달려 있다. 나는 모자를 벗어 든 채, 양수거지를 하고 서서, 그 마분지를 쳐다보던 눈을 돌이켜서, 동서친목회 회장에게로 향하여, "회의 취지는 무엇인가요?" 물었다. "아까 말씀한 것같이 성경에 가르치신바, 불의 심판이 끝나지 않았습니까. 구주 대전의 그 참혹한 포연탄우가, 즉 불의 심판이외다그래. 그러나 이번 전쟁이 왜 일어났나요. 이 세상은 물질만능, 금전만능의 시대라 인의

예지仁義禮智도 없고, 오륜五倫도 없고 애愛도 없는 것은, 이 물질 때문에 사람의 마음이 욕에 더럽혀진 까닭이 아닙니까. 부자, 형제가 서로 반목 질시하고, 부부가 불화하여, 이웃와 이웃이, 한 마을과 마을이 (…) 그리하여 한 나라와 나라가, 서로 다투는 것은, 결국 물욕에 사람의 마음이 가리었기 때문이 아니오니까. 그리하여, 약육강식의 대원칙에 따라, 세계 만국이, 간과干戈로써 서로 대하게 된 것이, 즉 구주 대전이외다그래. 그러나 인제는 불의 심판도 다 끝났다, 동서가 친목할 시대가 돌아왔다고 하신 하나님의 말씀대로 나는 신종합니다. 그러기 때문에 하나님의 계시대로 세계 각국으로 돌아다니며 경찰警察을 하여야 하겠쉐다. (…) 나도 여기에는 오래 아니 있겠쉐다. 좀 더 연구하여가지고 (…) 영미법덕英美法德으로 돌아다니며, 천하 명승도 구경하고, 설교도 해야 하겠쉐다." 말을 맺고 그는 꿇어앉아서, 선반 위를 부스럭부스럭하더니, 먹다가 꺼둔 궐련 토막을 찾아내서 물고 도로 앉았다.[7]

소설에서 진남포의 광인으로 소개되는 김창억은 3·1운동으로 인한 옥고와 고문의 피해자다. 그는 원래 소학교 교사였지만 고문의 후유증으로 더 이상 정상적인 생활을 할 수 없게 된다.[8] 소설에서 주인공 X의 친구들이 그러했던 것처럼, 세상은 그를 한낱 광인으로 취급하며 조롱한다. 그러나 그는 제1차 세계대전(구주대전)이 물질 만능의 자본주의와 약육강식의 사회진화론에 의한 것임을 누구보다 날카롭게 꿰뚫어 보고 있었다. 더욱이 하나님의 계시대로 세계 각국을 돌아다니며 경찰을 한다는 그의 발언은 훗날 제대로 기능하지 못한 국제연맹國際聯盟을 떠올리게 한다. 또한 그가 가고 싶다고 꼽은 영미법덕이 서양의 강대

국인 영국·미국·프랑스·독일이라는 점을 고려할 때 그는 서양의 정세도 분명 알고 있었다. 이처럼 현실의 문제를 정확히 인식하고 있다는 점에서 그는 단순한 광인이 아니다. 그가 광인으로 비웃음을 당하는 것은 그가 실현하고자 한 '동서친목회'처럼 그의 주장이 지나치게 이상적이었기 때문이다.

김창억은 세계 만국이 창칼로 대하면서 서로를 심판한 제1차 세계대전의 발발 원인을 인의예지와 오륜과 애라는 윤리적 기준의 상실에서 찾는다. 여기에서 애는 '원수를 사랑하라'라는 구절처럼 성경의 사랑, 즉 기독교 교리를 의미한다. 그런데 기독교를 비롯한 서양 세계에 대한 일정한 이해를 갖춘 그가 주인공을 비롯한 청년들에게 유교의 핵심 이념인 인의예지와 오륜을 먼저 말한 사실은 그가 여전히 과거의 이념이 중요하다고 믿고 있었음을 말해 준다. 이 장면은 앞서 언급한 여성잡지 『신여자』의 창간사와 경성공회당 건립에 나타난 1920년대의 상황과는 매우 다른 분위기다.

우리는 주인공과 김창억의 대화에서 현재와 과거가, 근대와 전근대가 공존하고 있다는 인상을 받게 된다. 사실 현재를 살아가는 우리는 과거의 경험에서 절대 자유롭지 않다. 독일의 역사가 라인하르트 코젤렉Reinhart Koselleck이 '현재적 과거present past'라는 표현으로 설명했듯이, 우리의 경험은 과거와 현재가 결합된 사건들로 구성된다. 거기에는 이성적인 것뿐만 아니라 무의식적인 행동 양식들도 포함되어 있다.9 이 점에서 보자면 과거의 익숙한 이념 '오륜'을 노래한 가사를 현재에 다시 창작하고 향유한 일이 아주 이상한 것은 아니다. 이 현상을 단순히 흘러간 유행가를 부르는 일로 치부할 수 있을까? 결코 그렇지 않다. 과거의 노래를 다시 부르는 데에는 그럴 만한 이유가 있게 마련이다. 그 이유를 찾기 위하여 이 글에서는 구체적으로 누가 과거의 노래를 불렀고, 어떤 이유로 과거의 노래를 부르게 되었는지에 대한 답을 찾고자 한다.

이를 위해 〈오륜가라〉를 향유한 이들의 흔적을 찾아보고, 오륜을 제재로 한 가사들에 지대한 영향을 미친 황립黃岦의 〈오륜가〉와 비교하여 한국국학진흥원 소장 『오륜가라』 소재 〈오륜가라〉의 창작 목적과 의미를 자세히 분석하도록 하겠다. 이상의 작업을 통해 조선 왕조와 대한제국의 멸망을 경험하고 일제 식민지라는 전혀 예상하지 못한 현실에 직면한 이들이 지키고자 한 윤리와 그 속에서 생활해야 했던 여성들의 모습을 함께 살펴볼 수 있기를 기대한다.

『오륜가라』의 서지적 특징

이 글에서 살펴보고자 하는 가사 〈오륜가라〉가 수록된 책자 『오륜가라』는 내방가사[10]라고 하면 흔히 생각하는 두루마리가 아닌 선장본線裝本[11]으로 되어 있다. 책의 원래 표지는 없고 대신 배접지褙接紙로 사용된 종이 왼쪽에 '오륜가라'라는 제목을, 오른쪽에는 '경신유월십육일이라'는 필사기가 적혀 있다. 본문 1면에는 새로 만든 표지 제목 '오륜가라'가 다시금 적혀 있다. 이들 서체가 모두 동일한 것으로 보아 『오륜가라』는 한 사람이 필사한 자료라고 판단된다.

전체 13장 26면으로 된 『오륜가라』에는 가사 〈오륜가라〉 1편이 수록되어 있다. 가사는 줄글로 기록되어 있으며 오륜을 구성하는 항목이 시작될 때마다 해당 항목을 소제목처럼 적어 놓았다. 제목에서 유추할 수 있듯 〈오륜가라〉는 오륜五倫, 즉 부자유친父子有親·군신유의君臣有義·부부유별夫婦有別·장유유서長幼有序·붕우유신朋友有信을 소재로 한 교훈가사다. 흔히 〈오륜가五倫歌〉라고 부르는 유교의 주요한 이념인 오륜을 소재로 한 가사는 조선 후기 문학의 중요한 현상이었다.[12] 여성들이 주도한 내방가사도 예외는 아니었다.[13] 오륜을 제목으로 채택한 〈오륜가〉를 포함해 오륜을 소재로 한 가사 작품의 전체 수량을 정확히 파악할 수는 없지만 한국국학진흥원에서 유네스코 기록유산 등재를 위해 만든 내방가사 아카이브에서도 관련 작품을 확인할 수 있다.[14] 적지 않은 작품이 규방에서 창작, 향유되었다는 사실은 〈오륜가〉로 대표되는 오륜을 제재로 한 가사의 창작과 향유가 중요한 문화 현상이었음을 말해 준다. 그러나 다수의 내방가사가 그러한 것처럼, 오륜을 제재로 한 대부분의 가사 작품은 창작과 향유 시기를 알지 못한다. 이러한 상황을 고려할 때 '경신유월십육일이라'는 필사기가 있는 〈오륜가라〉는 매우 소중한 자료다.

2019년 한국국학진흥원에서 내방가사의 기록유산 등재를 위해 간행한 도록 『내방가사』에 따르면 『오륜가라』는 "1920년 6월 16일 16.7×18.9센티미터 풍산 김씨 설송공파 주손"이 기탁했다고 되어 있다.[15] 이 설명을 통해 『오륜가라』와 여기에 수록된 가사 작품 〈오륜가라〉가 1919년 3·1운동 이듬해인 1920년 전후 경북 지역에서 창작, 향유된 작품임을 알 수 있다. 20세기 중후반에도 적지 않은 가사가 창작되었지만, 정확한 창작 시기를 알지 못하는 실정이다.[16] 앞서 규방문화권에서 전승된 〈오륜가〉에 관한 연구에서 분석한 〈오륜가〉 작품들도 모두 창작과 향유 시기를 정확히 알지 못한다.[17] 이 점을 고려하면 시기를 알 수 있는 『오륜가라』의 자료적 가치는 무척 크다.

〈오륜가라〉의 향유자

2019년 한국국학진흥원에서 간행한 도록 『내방가사』에서는 『오륜가라』에 관해 "오륜五倫을 항목별로 짚어 교훈하는 내용의 가사이다. 이 작품은 이 가운데 붕우유신을 제외한 4개 항목이 적혀 있으며, '장유유서'의 뒷부분은 모두 적지 않고 중단되어 있다. 소제목으로 '부조유친은', '군신유의라', '부〃유별이라', '장유〃셔라'가 붙어 있다"라고 설명하고 있다.[18] 이에 따르면 한국국학진흥원에 기탁된 『오륜가라』 소재 〈오륜가라〉는 '오륜가'라고 명명했지만 정작 오륜을 구성하는 붕우유신은 기록조차 하지 않았음을 알 수 있다. 그럼에도 이 노래를, 이 책을 필사한 이는 왜 '오륜가라'라는 제목을 붙였을까? '오륜가'라는 제목처럼 오륜 항목을 모두 적는 것이 원래 목표였지만, 특별한 사정이 생겨 갑자기 그만둔 것일까? 아니면 오륜 항목을 다 적지 못한 미완성 상태도 충분히 허용되었기에 도중에 그만둔 것일까?

이 문제와 관련해 규방문화권에서 전승된 〈오륜가〉의 이본을 조사한 선행 연구를 참고할 필요가 있다. 여기에서는 연구 대상으로 삼은 5편의 내용을 분석한 결과, 서사-본사-결사라는 작품의 구조에서 본사를 구성하는 오륜 항목이 이본에 따라 구성 여부가 달리 나타난다

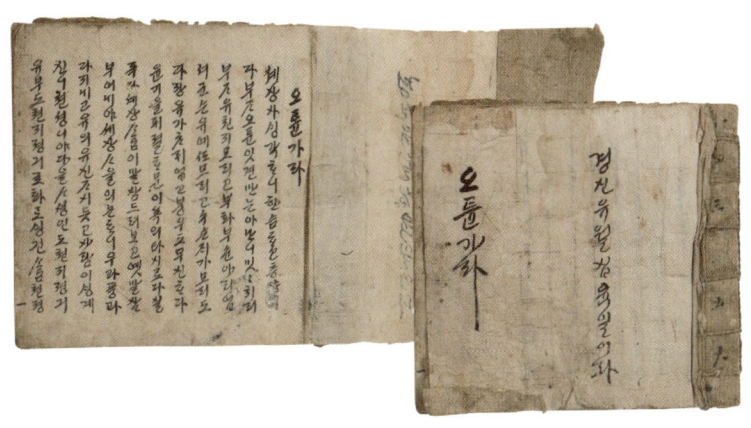

[그림 1] 『내방가사』 소재 『오륜가라』
한국국학진흥원 소장-풍산 김씨 설송공파 주손 기탁 자료

고 설명한다. 예를 들어 『규방가사집』 소재 〈오륜가〉 1은 붕우유신이, 〈오륜가〉 2는 장유유서와 붕우유신이 빠져 있고, 『역대가사문학전집』 1969번 〈오륜가라〉는 부자유친을 제외한 나머지 4개 항목이 전부 누락되어 있다.[19] 따라서 한국국학진흥원 소장 〈오륜가라〉가 장유유서의 후반부를 기록하지 않았다는 사실을 자료의 결함이나 한계로 지적할 수는 없다.[20] 오륜 항목을 모두 갖춘 이본과 그렇지 못한 이본이 공존한 것이 '오륜가'라는 제목이 붙은 가사들의 실상이었다. 한국국학진흥원에 기탁된 『오륜가라』를 비롯해 여러 '오륜가'를 필사한 이들은 오륜 항목을 구비하지 못하더라도 오륜을 제재로 한 작품에는 관습적으로 '오륜가'라는 제목을 부여했다.

이 같은 상황 속에서 〈오륜가라〉의 마지막 장을 주의해서 봐야 한다. 비록 필사를 중단했다 할지라도 책의 마지막 장에 간혹 저술 및 필사 경위나 목적과 동기를 엿볼 수 있는 정보가 남아 있는 경우가 있다.

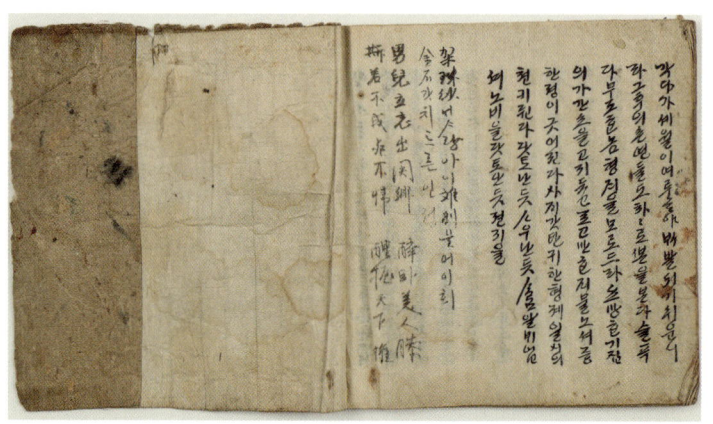

[그림 2] 〈오륜가라〉의 마지막 장
한국국학진흥원 소장-풍산 김씨 설송공파 주손 기탁 자료

우리가 흔히 필사기라고 하는, 책을 필사한 이의 의식을 보여 주는 기록이 바로 그것이다. 단언할 수는 없지만 필사기는 필사를 마치고 난 뒤에 적는 경우가 많았다.[21] 이 점에 유의해서 마지막 장을 살펴보자. 마지막 장은 [그림 2]와 같다.

마지막 장을 판독해 보면 국문으로 "가다가 세월이 여류하여 백발 되기 쉬우니라 그 후의 소년들도 차차로 본받는다 슬프다 무도한 놈 형제를 모르더라 요망한 계집의 간사한 말 곧이듣고 조그마한 재물로 중한 정이 끊어진다 사지 같은 귀한 형제 일시에 천하게 된다 다투는 듯 싸우는 듯 사람 알 바 없어 노비를 다투는 듯 전지를"[22]로 되어 있다. 해당 부분은 장유유서에 관한 것으로, 화자는 세월이 흘렀지만, 소년들이 노인을 존경하지 않는 세태가 반복됨을 탄식한다. 이어서 무도한 놈들은 형제 간의 깊은 정을 알지 못한 채 여자의 간사한 말에 휘둘려 천하게 다투고 노비 문제로 서로 싸운다고 지적한다. 맥락상 노비를 다투는 것처럼 전지田地를 '다툰다'라고 할 부분에서 작품은 멈춰 있다.

그리고 줄을 바꾸어 왼쪽에 〈오륜가라〉의 필체와는 전혀 다른 필체로 노래와 한시 구절이 이어진다.

架珠紗 닉스랑아 이離別을 어이히[23]
金石갓치 드른인정

男兒立志出關鄕 斯若不成死不還
醉臥美人膝 醒掌天下權

〈오륜가라〉의 필체가 굵고 진하다면 줄을 바꾸어 세로쓰기를 한 노래와 한시의 필체는 가늘고 희미하다. 농담과 서체 등을 고려할 때 노래와 한시 구절을 작성한 사람과 〈오륜가라〉를 작성한 사람은 같은 사람이 아닐 가능성이 높다. 아마도 노래와 한시 구절은 〈오륜가라〉의 작성이 끝나고 난 뒤에 작성되었을 것이다.

해당 구절을 조금 더 자세히 살펴보면 '가주사架珠紗'로 시작하는 "架珠紗 닉스랑아 이離別을 어이히"는 러시아 소설가 톨스토이의 소설 『부활』을 1918년에 번안한 박현환의 소설 『해당화海棠花』의 여주인공 카추샤가 부른 노래의 첫 구절이다.[24] 해당 소설을 출간한 신문관新文館의 신문 광고에서는 소설을 '해당화海棠花 갓쥬사 애화哀話'로 소개했고, [그림3]과 같이 소설 표지에는 '해당화海棠花 가주사賈珠謝 애화哀話'로 제목과 부제를 표기했다. 이와 비교해 『오륜가라』에는 소설

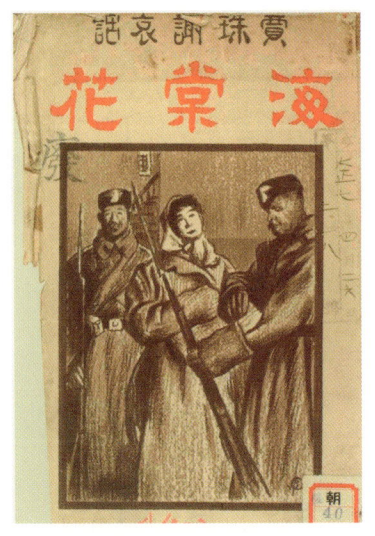 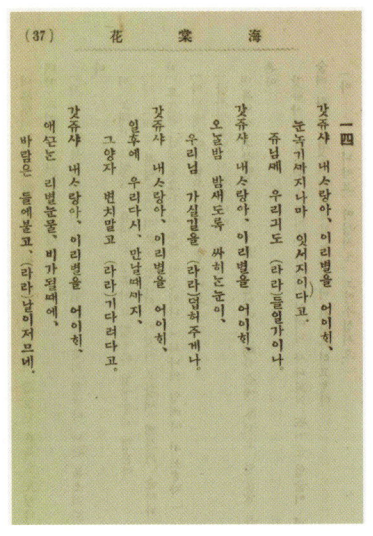

[그림 3] 박현환의 소설
『해당화-가주사 애화』의 표지

[그림 4] 박현환의 소설
『해당화-가주사 애화』의 해당 노래

『해당화』의 주인공의 이름을 '가주사架珠紗'로 적은 점이 특이하다.[25]

이어서 7언 한시 2구와 5언 한시 2구가 적혀 있는데, 이 한시 구절은 출처가 불명확하다. 먼저 "남아입지출관향 사약불성사불환男兒立志出關鄕 斯若不成死不還"의 경우, 같은 구절은 없지만 후구가 "학약무성사불환學若無成死不還"으로 된 "남아입지출향관 학약무성사불환男兒立志出鄕關 學若無成死不還"이 검색된다. 해당 한시는 원래 도쿠가와 막부 말기 일본인 승려 겟쇼[月性](1817~1856)가 쓴 것이지만, 중국의 마오쩌둥[毛澤東](1893~1976)이 이것을 메이지 유신을 일으킨 사이고 다카모리[西鄕隆盛](1828~1877)의 시로 잘못 알고, "해아입지출향관 학불성명

서불환남兒立志出鄕關 學不成名誓不還"으로 시작하는 한시를 지었다고 한다.26 그리고 "취와미인슬 성장천하권醉臥美人膝 醒掌天下權"의 경우, 조선통감부의 초대 통감이었던 이토 히로부미[伊藤博文](1841~1909)가 지은 한시라고 소개되어 있다.27 그런데 여기에서 중요한 것은 "남아입지출향관 학약무성사불환"을 소개한 칼럼의 내용처럼 이 구절이 일본, 중국, 한국 각지에서 회자된 한시의 일부라는 사실이다.28 특히 일본 메이지 유신의 주역 사이고 다카모리와 중국 공산당 주석 마오쩌둥이 이 구절과 관련되어 있다는 것은 이 한시가 대단히 남성 취향임을 엿볼 수 있다. 이어지는 5언 한시도 마찬가지다. 초대 통감 이토 히로부미가 지었다는 근거는 쉽게 찾을 수 없지만 "술에 취해 미인의 무릎을 베고, 술이 깨면 천하 권력을 잡는다"는 내용을 여성 취향으로 보기는 어렵다. 이 구절도 앞선 구절과 마찬가지로 지극히 남성 취향의 내용이다. 단 4줄의 한시 구절로 단정할 수는 없지만, 국문으로 필사된 〈오륜가라〉의 '장유유서'가 중단된 곳에 남성 취향의 한시가 한문으로 적힌 사실은 이 〈오륜가라〉가 포함된 필사본 『오륜가라』의 독자가 여성에 국한되지 않았음을 시사한다.

 엄밀한 의미에서 이 한시들을 필사자의 의식을 드러낸 필사기로 보기는 어렵다. 그러나 아무런 의미가 없는 낙서로 단정하기도 어렵다. 가사 〈오륜가라〉와 마찬가지로 〈카츄사의 노래〉와 당대에 회자되던 한시가 세로쓰기로 일정하게 기록되어 있다는 점에서 노래와 한시 구절을 쓴 인물은 가사 〈오륜가라〉와 같은 전근대 시가의 양식과 관습을 이해하고 있었던 인물일 가능성이 높다.

 [그림 4]에서 확인한 것처럼 〈오륜가라〉는 한문이 아니라 국문으로

표기되어 있다. 이는 애초에 〈오륜가라〉를 창작하고 편찬한 이가 〈오륜가라〉의 향유자를 여성으로 상정했음을 의미한다. 그러나 필사가 중단된 부분, 즉 〈오륜가라〉의 마지막 부분에 남성 취향의 한시가 기록되어 있으며, 그것이 국문이 아니라 한문으로 표기된 사실은 필사본 『오륜가라』의 독자 중 일부가 남성이었을 가능성을 시사한다.[29] 확실한 증거는 부족하지만 남성 취향의 한시를 고려할 때 『오륜가라』의 향유자는 여성과 남성 모두였을 가능성이 있다. 향유의 흔적을 놓고 볼 때, 여성을 거쳐 남성이 향유했을 수도 있고, 그 반대의 경우도 있을 수 있다. 또 여성과 남성이 동시에 향유했을 수도 있다. 여기에서 향유의 순서와 방향이 중요한 것은 아니다. 중요한 것은 1919년 3·1운동 이듬해인 1920년 전후 경북 지역에서 오륜을 소재로 한 가사인 〈오륜가라〉가 성별을 초월해 향유되었을 가능성이다. 한국국학진흥원에서 발간한 『내방가사』 도록에서 밝힌 것처럼 풍산 김씨 설송공파 주손이 기탁했다는 사실만 놓고 본다면 해당 가문에서만 〈오륜가라〉가 소중하게 다뤄졌다고 여길 수도 있다.[30] 그러나 과거의 노래가 성별을 초월하여 향유되었으며, 조선 왕조와 대한제국이 멸망한 이후에도 지역 사회에서 향유되었다는 사실은 전통적인 유교 이념을 노래한 〈오륜가라〉의 가치가 결코 가볍지 않았음을 말해 준다.

그렇다면 이들은 왜 과거의 노래인 〈오륜가라〉를 소중히 여겼을까? 이들이 〈오륜가라〉를 통해 말하고 싶었던 것은 무엇이었을까? 다음에서는 〈오륜가라〉의 내용을 구체적으로 분석하여 1920년 당시 사람들이 〈오륜가라〉를 창작한 목적과 그것의 의미를 찾아보도록 하겠다.

〈오륜가라〉의 창작 목적과 그 의미

앞서 규방문화권에서 전승된 〈오륜가〉의 이본을 조사한 선행 연구를 토대로 오륜 항목을 모두 갖춘 이본과 그렇지 못한 이본이 공존했던 것이 〈오륜가〉의 실제 양상이었음을 확인했다. 더불어 이본마다 본사에 해당하는 오륜 항목의 구성 여부와 분량이 다르다는 사실도 확인했다. 하지만 모든 이본에서 오륜의 중요성을 설파하는 서사가 생략되지 않았다는 사실은[31] 〈오륜가〉에서 서사가 중요한 역할을 한다는 것을 말해 준다. 그렇다면 〈오륜가〉에서 서사는 어떠한 역할을 하는 것일까?

규방문화권에서 전승된 〈오륜가〉에 큰 영향을 주었다고 여겨지는 황립이 1882년에 창작한 가사 〈오륜가五倫歌〉를 통해 그 실마리를 찾아보자.[32] 다음은 규장각한국학연구원 일사문고一簑文庫 소장 『오륜가』로 1892년 평안도 관찰사였던 민병석閔丙奭이 목판본으로 간행한 것이다. [그림 5]는 〈오륜가〉의 서사가 시작되는 부분이고, [그림 6]은 〈오륜가〉의 서사가 끝나고 오륜의 첫 번째 항목인 부자유친이 시작되는 부분이다.

[그림 5]와 [그림 6]에서 본 것처럼 목판본으로 유통된 『오륜가』는 광곽匡廓 안에 계선界線을 두었으며 판심에 어미魚尾가 보이는 등 필사본과 비교해 정연한 형태를 보인다. 〈오륜가〉 본문도 가사의 율격을 잘 드러내는 귀글로 되어 있다. [그림 5]에서는 작품 전체의 제목인 '오륜가'가, [그림 6]에서는 오륜의 첫 번째 항목인 '부즈유친'을 소제목으로 적은 것이 눈에 띈다. 목판본으로 유통된 『오륜가』는 내용에 따라 단락을 구분하고, 오륜 항목에 관한 내용이 시작될 때는 반드시

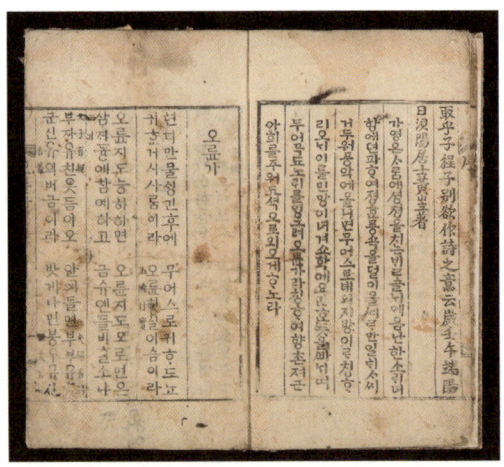

[그림 5] 〈오륜가〉의 서사가 시작되는 부분
서울대학교 규장각한국학연구원(서울대학교 중앙도서관 소장자료)

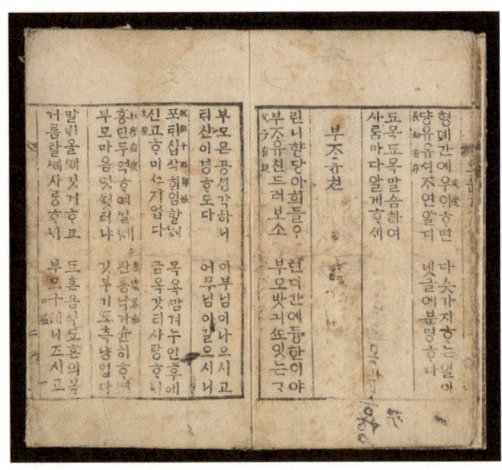

[그림 6] 〈오륜가〉의 서사가 끝나고 '부자유친' 항목이 시작되는 부분
서울대학교 규장각한국학연구원(서울대학교 중앙도서관 소장자료)

해당 항목을 소제목으로 표시했다. 내용에 따라 단락을 구분하고, 오륜 항목을 소제목으로 표시한 것은 아마도 독자의 이해를 돕기 위해서

일 것이다. [그림 5]와 [그림 6]에 있는 〈오륜가〉의 서사를 모두 옮기면 다음과 같다.

> 천지만물 생긴 후에 귀한 것이 사람이라
> 무엇으로 귀하던가 오륜행실 있음이라
> 오륜지도 능히 하면 삼재 중에 참여하고
> 오륜지도 모르면 금수엔들 비할쏘냐
> 부자유친 으뜸이오 군신유의 버금이라
> 안에 들면 부부유별 밖에 나면 붕우유신
> 형제간에 우애하면 장유유서 자연 알리
> 다섯 가지 하는 일이 옛글에 분명하다
> 조목조목 말씀하여 사람마다 알게 하세[33]

황립은 〈오륜가〉의 서사에서 사람이 금수와 다른 귀한 존재가 되는 것은 오륜행실과 오륜지도 덕분이라고 말한다. 그는 오륜을 행하지 않으면 금수보다 못한 존재가 될 수 있다면서 오륜의 종류와 성격을 간략히 설명하고, 이것들을 조목조목 말함으로써 모든 사람이 오륜을 알게 하겠다고 〈오륜가〉의 창작 목적을 밝힌다.[34] 〈오륜가〉의 서사에서 황립은 오륜을 알지 못하면 금수만도 못한 존재가 된다며 엄중히 경고하고, 오륜을 모든 사람에게 알리겠다는 강력한 의지를 표현한다.

황립의 〈오륜가〉와 마찬가지로 〈오륜가라〉의 작자도 서사에서 자신만의 창작 목적과 의도를 밝힐 것으로 예상된다. 다음에 나오는 [그림 7]은 〈오륜가라〉의 서사가 시작되는 부분이고, 이어지는 [그림 8]

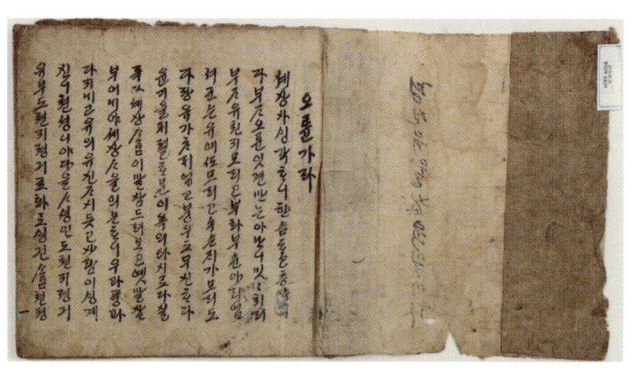

[그림 7] 〈오륜가라〉의 서사가 시작되는 부분
한국국학진흥원 소장-풍산 김씨 설송공파 후손 기탁 자료

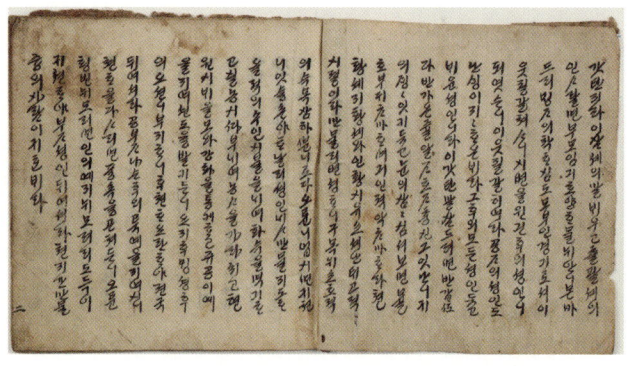

[그림 8] 〈오륜가라〉의 서사가 끝나는 부분
한국국학진흥원 소장-풍산 김씨 설송공파 후손 기탁 자료

은 〈오륜가라〉의 서사가 끝나는 부분으로, [그림 7]의 다음 장이다.

이어지는 [그림 9]는 오륜의 첫 번째 항목인 '부ᄌᆞ유친'에 관한 것으로, 목판본 『오륜가』처럼 단락을 구분하지는 않았지만 소제목으로 '부ᄌᆞ유친니라'라고 적었다.

목판본 『오륜가』와 비교해 필사본 『오륜가라』는 광곽과 계선 등의

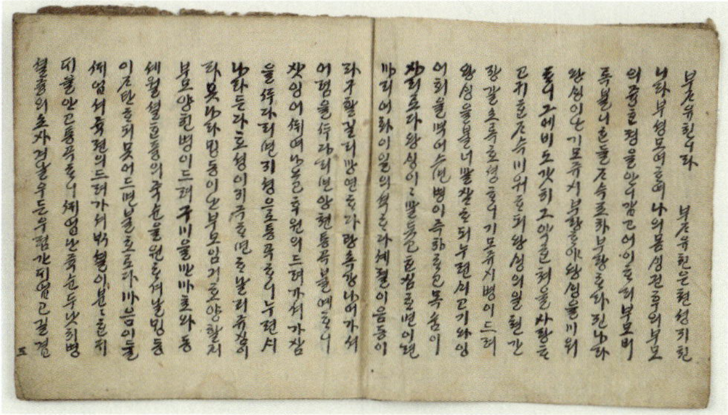

[그림 9] 〈오륜가라〉의 서사가 끝나고,
오륜의 첫 번째 항목 '부자유친'이 시작되는 부분
한국국학진흥원 소장-풍산 김씨 설송공파 후손 기탁 자료

형태적 요소가 없으며 가사 〈오륜가라〉도 귀글이 아닌 줄글로 되어 있다. 그럼에도 황립의 〈오륜가〉처럼 서사와 오륜 항목을 구분하고, 오륜의 첫 번째 항목을 '부ᄌ유친니라'라는 소제목으로 적은 점이 눈에 띈다. 이처럼 내용에 따라 단락을 구분하고, 오륜 항목을 소제목으로 표시한 것은 앞서 본 목판본『오륜가』와 마찬가지로 독자의 이해를 돕기 위해서라고 생각된다.

그러나 〈오륜가라〉의 서사는 황립의 〈오륜가〉와 비교해 매우 길다. 글자 수를 기준으로 황립의 〈오륜가〉의 서사는 36자에 불과하지만, 〈오륜가라〉의 서사는 그 10배가 훨씬 넘는 564자다. 황립의 〈오륜가〉와 비교해 〈오륜가라〉의 서사가 길게 나타난 것은 〈오륜가라〉를 작성한 이의 특별한 의도가 반영되어 있기 때문이다.

이 점에 유의해 〈오륜가라〉의 서사를 살펴보면 내용상의 단락을 분명히 구분하기는 어렵지만 다음과 같이 ㉠ 세상사에 대한 진단,

ⓒ 세상의 문제를 해결할 수 있는 옛 말씀의 효용과 그것을 듣고 배우는 일의 중요성, ⓒ 오륜으로 대표되는 도덕의 가치에 대한 강조로 정리할 수 있다.

㉠ 세상사 생각하니 한심하고 층☐☐³⁵다 부자오륜 있건마는 아는 사람 몇몇일까 부자유친 제 모르고 부화부순 알 리 없어 군신유의 또 모르고 수순제가 모르도다 장유가 차례 없고 붕우도 무신하다 윤기를 폐절함은 이욕의 탓이로다 ⓒ 슬프다 세상사람 이 말씀 들어보고 옛 말씀 부어내야 세상사를 의논하니 비바람 지나고 의리와 믿음 자세히 듣고 사람이 생겼으니 천성이냐 다를사 성인도 천지정기 우부도 천지정기 조화로 생긴 사람 하늘이 정한 바 같은지라 이삼 세에 말 배우고 칠팔 세에 인사 잘하면 부모님께 효양함을 뉘 아니 본받으리 맹자의 착하심도 모부인 경계로 이웃을 가르쳤으니 시변을 옮긴 후에 성인이 되었으니 이웃을 가르쳐라 공자는 도를 태어나면서부터 아셨지만 그 후에 모든 성인은 듣고 배운 성인이라 이 같은 말씀 들으면 반갑도다 반가운 줄 알자 효자충신 거기에 있느니라 귀에 쟁쟁 익혀 듣고 눈에 삼삼 힘써 보면 불효 부디 차마 하며 악한 짓 차마 하랴 ⓒ 천황씨 지황씨와 인황씨 유소씨는 태고적 시절이라 만물이 번성하니 나무를 엮어 둥지를 만들어서 피하니 수목뿐이도다 오륜이 없으면 귀천이 있을쏘냐 하늘이 성인을 내시어 만물지도 이룰 적에 수인씨 불을 만들어 화식을 먹게 하고 신농씨 따비 만들어 농사를 가르치고 헌원씨 배를 모아 강하를 통하게 하고 주공이 예를 지어내어 선한 도를 밝히니 요의 후손 만든 후에 오선이 있지 않으니 뒷날 천하 요란하여 춘추전국 되었어라 공자가 나온 후에 육례를 지었으니 천하를

다스리며 풍속을 고쳤으니 오륜행실 뉘 모르면 인의예지 뉘 모르리 도덕이 귀천하여 부자성인 되었어라 천지간 만물 중에 사람이 귀한 바라[36]

㉠에서 화자는 세상사가 한심하다고 말한다. 화자가 세상사를 근심하는 것은 오륜을 아는 사람이 많지 않기 때문이다. 화자의 관점에서 부자유친父子有親을 모르는 사람은 부화부순夫婦順을 알 리 없으며, 군신유의君臣有義와 수신제가修身齊家는 기대하기도 어렵다. 화자가 보기에 오륜을 알지 못하는 사람들이 많은 이 세상은 장유長幼의 차례와 붕우朋友의 믿음이 없는 곳이다. 화자는 세상의 윤리와 기강이 무너진 까닭을 이욕利慾의 탓이라고 진단한다.[37] ㉡에서 화자는 세상사에 대해 '슬프다'라며 자신의 감정을 유감없이 드러낸다. 그러면서 세상 사람들에게 "이 말씀을 들어보고 옛 말씀을 부어내야" 세상사를 함께 의논하자고 권한다. 화자가 함께 의논하고자 한 세상사란, 사람의 천성은 본래 다르지 않기에 누구나 효도하는 일을 본받을 수 있으며, 맹자가 모부인母夫人의 경계로 성인이 된 것처럼 누구나 듣고 배움으로써 성인이 될 수 있다는 것이다. 화자는 이 같은 말씀이 연신 '반갑다'라고 말한다. 화자가 이같이 표현한 것은 누구나 옛 말씀을 듣고 배우면 성인이 될 수 있다는 믿음이 있기 때문이다. 화자는 효자와 충신에 관한 일을 귀로 익혀 듣고, 눈으로 힘써 본다면 누가 감히 적악積惡을 하겠느냐며 옛 말씀의 효용을 강조한다. 끝으로 ㉢에서 화자는 태곳적 시절부터 공자가 나타나 오륜으로 대변되는 도덕 체계를 만들기까지의 역사를 서술하면서 오륜이 있어야 귀천의 구별이 있고, 세상 만물 중에 사람이 귀함을 알 수 있다면서 오륜으로 대표되는 도덕의 중요성

을 다시금 강조한다.

황립의 〈오륜가〉와 비교해 〈오륜가라〉의 서사에서 두드러지게 나타난 점은 화자가 자신의 감정을 아주 직접적이고 솔직하게 표현한다는 것이다. 〈오륜가라〉의 화자는 '한심하다', '슬프다', '반갑다'라는 표현처럼 자신의 감정을 적극적으로 드러낸다. 반면 〈오륜가〉의 화자는 직접적인 감정 표현을 거의 하지 않는다. 〈오륜가라〉에서 화자의 감정 표현이 나타난 부분을 보면 화자는 청자에게 세상사에 대한 관심을 촉구하고, 자신의 이야기에 귀를 기울일 것을 호소한다. 화자가 이렇게 행동하는 것은 '말씀'에 대한 믿음이 있기 때문이다. 예컨대 "이 같은 말씀 들으면 반갑도다 반가운 줄 알자"라는 구절에서의 '말씀'은 맹자가 어머니의 가르침 덕분에 성인이 될 수 있었듯, 누구나 듣고 배우면 성인이 될 수 있다는 것이다. 화자는 '이 같은 말씀'이 세상의 문제를 해결하는 방법이라고 굳게 믿고 있다.[38] 청자를 향한 화자의 이 같은 담화 방식은 화자와 청자의 관계에 관한 문제로 연결된다.

〈오륜가〉의 화자가 청자에게 자신의 전언을 일방적으로 전달한다면, 〈오륜가라〉의 화자는 청자에게 세상사를 함께 의논하자고 말한다. 비록 화자는 자신의 전언을 '말씀'이라고 칭하면서 권위를 부여하지만, 그렇게 부를 때에는 "슬프다 세상사람 이 말씀 들어보고"와 "이 같은 말씀 들으면 반갑도다 반가운 줄 알자"처럼 반드시 자신의 감정을 함께 표현한다. 일방적인 명령이 아니라 〈오륜가라〉의 화자는 청자에게 말을 건네며 자신의 감정에 청자가 공감할 수 있도록 유도하고 있다. 이 점에서 〈오륜가라〉의 화자는 청자와의 관계를 서로 공감할 수 있는, 쌍방적인 관계로 인식하고 있다고 할 수 있다.

그런데 문제는 화자와 청자가 쌍방적인 관계일 때 어떻게 청자에게 진리를 전달할 것인가 하는 점이다. 일반적으로〈오륜가〉와 같은 교훈가사에서 화자와 청자는 일방적인 관계로 설정된다. 청자와 비교해 화자는 지적으로나 도덕적으로나 우월한 존재로 나타난다. 그래야만 화자가 작품 전체의 담론을 지배할 수 있기 때문이다.[39] 그런데 위에서 살펴본 것처럼〈오륜가라〉의 화자는 청자와의 관계를 쌍방적인 것으로 구성하고, 자신을 지나치게 우월한 존재로 묘사하지는 않는다. 대신 감정적 호소를 통해 청자와의 심리적 거리를 좁혀 청자 스스로가 오륜을 듣고 배우도록 유도하고 있다. 이러한 상황에서〈오륜가라〉의 화자가 청자를 설득할 수 있는 가장 효과적인 방법은 절대적 존재인 하늘의 권위를 빌리는 것이다. 화자는 성인과 우부의 천성天性이 다르지 않으며 이들 모두가 천지의 정기正氣로 이루어졌음을 강조함으로써 인간 본성의 근원을 하늘이라는 절대적 존재와 연결한다.

절대적 존재로서 하늘을 강조하는 내용은〈오륜가라〉의 서사에만 국한되어 있지 않다.〈오륜가라〉의 화자는 황립이〈오륜가〉에서 으뜸이라고 꼽았던 부자유친에서 중국의 유명한 효자인 왕상王祥, 맹종孟宗, 정란丁蘭, 곽거郭巨를 차례로 들면서 하늘이 그들의 효행에 감동하여 내린 보상을 설명한다. 예를 들어 진나라 왕상이 추운 겨울 언 강에서 잉어를 얻은 것과 오나라 맹종이 한겨울 대밭에서 죽순을 얻은 것은 모두 하늘이 그들에게 주신 것이며[40] 노부모를 잘 효양하기 위하여 어린 자식을 산에 묻으려고 했던 당나라 곽거가 수만 냥의 황금을 얻은 것은 천지가 감동한 결과라고 제시한다.[41]

여기에서 특별히 주목할 것은 정란각목丁蘭刻木으로 알려진 한나라 효자 정란에 관한 내용이다. 『오륜행실도五倫行實圖』에 수록된 정란에 관한 이야기를 정리하면 다음과 같다. 한나라 효자 정란은 어려서 부모를 잃고, 나무로 부모의 형상을 만들어 아침저녁으로 인사를 올렸다. 정란이 외출하고 집에 없을 때 이웃 사람 장숙의 부인이 정란의 아내에게 물건을 빌리러 왔고, 정란의 아내는 목상에 이 일을 고했다. 그런데 목상이 기뻐하지 않아서 결국 물건을 빌려 주지 않았다. 이에 장숙이 술에 취해 목상을 꾸짖고 막대기로 목상의 머리를 때렸다. 집에 돌아온 정란은 이 이야기를 듣고 장숙을 찾아가 칼로 찔러 죽였다. 이 일로 관가에 잡혀가게 된 정란이 목상에게 인사를 올리자 목상이 눈물을 흘렸고, 고을 사람들이 이 사실을 나라에 알렸다. 그러자 조정에서 정란의 얼굴을 그려 올리라는 명을 내렸다.[42]

그런데 가사〈오륜가라〉는 이 인물담을 다음과 같이 보다 극적으로 변개하였다.

한나라 정란은 부모를 잃고 평생토록 한스러워 부모님 효양을 하지 못해 사람 크기 목상을 부모처럼 만들어 별당에 모셔 놓고 아침저녁 엄숙히 혼전신성 문안하기 산 것처럼 간절하니 감동함이 헤아릴 수 없도다 정란이 근처로 나갔는데 이웃 사람 정순이 농기구를 빌리러 오니 정란의 아내가 혼자 있어 가장이 없다 하고 별당에 들어가서 부모를 그린 목상과 말하다가 돌아와서 어려운 내색을 하며 농기구를 빌려 주지 않자 장순이 크게 화내어 정란을 꾸짖으며 욕하고 목상을 꾸짖으며 막대로 때리니 목상이 피하려고 눈물을 흘리니 정란의 아내 거동 보소 몹시 두려워 어찌 할 줄 몰라 통곡하며 홀로 있음을 한탄하고 가장을 부르니 정란이 돌아

> 와서 부모를 그린 목상에 가서 보니 목상 얼굴이 피를 흘리고 눈물을 흘
> 렸으니 화를 못 이겨 무기를 들고 장순을 찾아가 칼로 찔러 분한 마음을
> 풀고 창피한 일을 씻으니 살인이 되었어라 하늘이 감동하였도다[43]

앞서 살펴본 것처럼 『오륜행실도』에서는 관가에 잡힌 정란이 목상에게 인사를 올리자 목상이 눈물을 흘렸고, 이 사실을 알게 된 고을 사람들이 나라에 알려 조정에서 정란의 얼굴을 그려 올리게 했다고 되어 있다. 그런데 〈오륜가라〉에서는 해당 내용이 삭제되고 전혀 다른 내용이 추가되었다. 즉 장순이 목상을 꾸짖으며 막대로 때리자 목상이 폭행을 피하며 눈물을 흘렸고, 이 모습을 본 정란의 아내가 깜짝 놀라 남편 정란이 집에 없음을 통곡했다는 내용이 바로 그것이다. 장순의 폭행으로 인해 살아 있는 사람처럼 반응하는 목상과 이를 지켜보며 울부짖는 정란의 아내의 모습은 〈오륜가라〉의 향유자들에게 충격과 함께 연민을 불러일으켰을 것이다.

또한 〈오륜가라〉에서는 한나라 효자 정란에 관한 이야기를 마무리하면서 "하늘이 감동하였도다"라는 논평을 덧붙였다.[44] 하지만 정란이 장순을 살해한 사실과 하늘이 감동하였다는 논평 사이에는 상당한 논리적 비약이 존재한다. 원래의 고사 내용과도 다를 뿐더러, 사건 전개 역시 다소 부자연스럽다. 그럼에도 불구하고 〈오륜가라〉에서 이러한 비약을 감수하면서까지 하늘을 호출한 것은 〈오륜가라〉의 서사에서 청자를 설득할 수 있는 절대적 존재로 하늘을 선택한 것과 같은 이유다. 이러한 점에서 1919년 3·1운동 이듬해인 1920년 〈오륜가라〉를 창작하고 향유하던 이들은 하늘로 상징되는 기존의 전통적 관념을 통

해 당시 세상사의 문제를 해결하고, 나아가 여성들을 교육하고자 했음을 알 수 있다.

이는 〈오륜가라〉의 주된 향유자인 여성들과 관련된 항목인 부부유별에서도 여실히 드러난다. 〈오륜가라〉의 화자는 "부부유별은 다른 두 성의 만남이라 남남끼리 만난 사람 부부밖에 또 있는가 두 성이 서로 합하여 자손을 생장하니 백 년을 즐기다가 죽은 후에 한 곳에 묻힌다"[45]라며 부부는 다른 인간관계와 달리 두 개의 성이 합쳐져 자손을 낳고 기르다가 죽은 뒤에는 한 무덤에 묻히는 특별한 관계임을 설명한다. 이어서 화자는 열녀의 사례로 고행할비高行割鼻, 취가취팽翠哥就烹, 양씨피살梁氏被殺, 영녀정절甯女貞節을 거론한다.[46] 그런데 이 인물담들은 매우 극단적인 내용을 담고 있다. 영녀정절[47]을 제외한 다른 인물담에서 여성들은 스스로 자기 몸을 훼손하거나[48] 남편을 대신하여 죽는 등 극단적인 방식으로 정절을 입증한다. 남편을 대신해 아내가 죽는 내용의 취가취팽과 양씨피살을 살펴보자.

> 원나라 취가는 가장인 이중을 도적이 잡아다가 삶아 먹자고 의논하니 가장을 따라가서 도적에게 말하는데 지아비는 병이 들어 살이 없으니 살찐 나를 삶아 먹으라 도적이 의논하여 남편 이중을 풀어 주고 취가를 삶아 먹었다 송나라 양씨 여인은 부부가 함께 피난 가다 숨었는데 무도한 도적놈이 양씨의 자색을 보고 겁탈을 하려 하자 양씨가 도적에게 말하되 지아비 보낸 후에 응하겠다 도적을 유인하여 양식을 얻어 주어 남편을 보낸 후에 양씨의 이적 보시오 도적의 요구를 거절하고 죽기를 재촉하다가 칼을 맞아 죽었도다[49]

취가취팽의 주인공 원나라 여인 취가翠哥는 남편 이중의李仲義가 도적에게 잡아먹힐 위기에 처하자 남편은 병이 들어 살이 없으니 차라리 살이 찐 자신을 잡아먹으라고 말한다. 결국 그녀는 남편이 풀려난 뒤에 도적들에게 삶겨 먹힌다.[50] 그리고 양씨피살의 주인공 송나라 여인 양씨梁氏는 자신의 미모를 탐낸 도적이 자신을 겁탈하려 하자 남편을 먼저 돌려보내 주면 따르겠다고 속여 남편을 탈출시킨 뒤, 도적에게 저항하다가 결국 칼에 맞아 죽는다.[51] 고행할비와 영녀정절의 여성 주인공들은 남편을 대신해 죽지는 않았지만, 고행할비의 주인공 고행은 자신의 코를 스스로 베었고 영녀정절의 주인공 영녀는 50년이 넘도록 홀로 시부모를 모셨다는 점에서 이들의 행위도 결코 평범하지 않다. 그렇다면 20세기 초, 특히 1920년을 살아가던 당시 여성들에게 이 이야기는 어떠한 의미였을까? 정절을 지키기 위해서 자신의 코를 베고, 남편을 살리기 위해 대신 잡아먹히고 칼에 맞아 죽고, 남편 없는 시댁에서 반평생을 시부모에게 헌신하는 이야기는 너무 지나친 것이 아니었을까?

그런데 이 인물담의 주인공들은 모두 '남편에 대한 절개'를 끝까지 지킨 여성들이라는 데 공통점이 있다. 황립의 〈오륜가〉 역시 "자결해서 죽는 일이 으뜸이요 종신토록 수절함은 버금이라"[52]라며, 스스로 목숨을 끊어 죽은 남편을 따르는 것을 으뜸으로, 개가하지 않고 종신토록 수절하는 것을 버금가는 행위로 평가했지만 〈오륜가라〉처럼 열녀에 관한 구체적인 인물담을 적극적으로 인용하지는 않았다. 한편, 부부유별이 남녀유별처럼 단순히 남녀의 역할 구분만을 의미하는 것인지, 아니면 남녀 차별의 한 형태로 볼 수 있는지에 대해서는 논란이 존재한다.[53] 그러나 〈오륜가라〉를 창작·향유한 이들은 부부유별을 여성의 정절 문제와 연결 지어 해석했다. 이는 그들이 여성의 절개를 매우 중요한 가치로 여겼음을 의미한다. 하지만 절개는 오직 여성에게만 요구되는 가치가 아니었다. 여성에게는 정절로, 남성에게는 충절로 요구되는 일종의 사회적 담론이었다.[54]

〈오륜가라〉에서도 이점을 확인할 수 있다. 오륜의 두 번째 항목인 군신유의를 노래하는 데 화자는 "군신유의는 천지의 구분이라 임금은 성군이요 신하는 충신이라 존비귀천 마련하니 고금천하 상사로다 임금은 성실하고 신하는 강직하다"[55]라고 하며, 군신유의를 과거와 현재를 막론하고 변하지 않는 원리로 규정한다. 이어서 한나라 소무蘇武, 제나라 왕촉王蠋, 하나라 관용방關龍逄, 당나라 장흥張興 등 여러 인물을 차례로 소개한다. 이 인물들은 모두 군주에게 끝까지 절개를 지킨 남성들로, 군신유의의 이념형이라는 공통점이 있다.

> 한나라 충신 소중랑은 갈충보국 짝이 없다 흉노에 사신 가서 굴 속에 갇혔을 때 금석같이 굳은 절개 어찌하여 변할쏜가 한나라 부절 굳게 지켜 북해 끝에서 양 먹일 때 기한을 못 이겨 눈과 털을 먹다가 고국에 돌아온 일 천우신조 하심이라 제나라 충신 왕촉은 임금이 내쫓자 고향에 돌아와 밭 갈며 지내다가 나라가 깨지고 임금이 망한 후에 새 임금이 등극하여 잔치할 때 왕촉을 불러들여 좋은 벼슬 준다 하자 일편단심 금석 같은지라 부귀를 탐내어 옛 임금 저버리랴 충신은 불사이군이라 목을 매고 죽었도다 하나라 충신 관용방 강직함이 짝이 없다 전 임금이 음란하여 삼천 여자 호탕하고 포악이 날로 심하여 살인을 좋아하면 정사를 아니하고

조회를 한 달 동안 받지 않거늘 용방의 곧은 말 결국 아니 듣고 천하사도
내 모른다 하여 아녀자의 참소로 국가의 기둥 관용방을 허물없이 죽였더
라 당나라 충신 장흥은 요양 땅 비장으로 안녹산이 반란을 일으켜 요양
을 공격거늘 장흥이 선봉이 되어 진 앞에 출전하여 록산을 꾸짖는데 불
효자 몹쓸 놈아 록산이 대로하여 장흥을 잡아 톱으로 죽일 때 충절도 무
섭도다 간담이 찢어지는데 곧은 마음 여전하구나 옛 말씀 자세히 들어
갈충보국 명심하소[56]

여기에서 화자는 소무를 한나라 충신이라 소개하며 그의 갈충보국
竭忠報國이 그 무엇과도 비교할 수 없을 만큼 위대하다고 칭송한다. 화
자가 소무를 비롯해 충성을 다하여 나라에 보답한 여러 인물을 차례로
언급한 까닭은 마지막 인물인 장흥의 이야기가 끝나는 대목에서 밝힌
것처럼 〈오륜가라〉를 읽는 이들로 하여금 '옛 말씀'을 통해 이들이 보
여 준 충성과 보국의 뜻을 명심시키기 위해서다.

그런데 군신유의를 구성하는 인물 중 가장 먼저 거론된 소무를 제외
하면, 나머지 인물들의 이야기는 앞서 살펴본 부자유친의 인물담처럼
변개된 내용이 적지 않다. 예를 들어 "충신은 두 임금을 섬기지 않는다
忠臣不事二君"는 유언을 남기고 죽은 왕촉의 경우, 『사기史記』에 따르면
제나라를 공격한 연나라의 장수 악의가 그의 명성을 듣고 왕촉이 머물
던 화읍을 30리 밖에서 포위한 뒤 사람을 보내 연나라의 장수로 삼고
만호萬戶의 식읍을 주겠다고 제안한 것으로 되어 있다. 그러나 여기에
서는 그 제안을 '새 임금'이 한 것으로 바꾸었는데, 이는 왕촉의 절의를
더욱 강조하기 위해 상대를 이웃 나라의 장수가 아닌 새로운 군주로 각

색한 것으로 보인다. 또 〈오륜가라〉에서는 하나라의 관용방이 여인의 참소로 죽었다고 설정했는데, 『삼강행실도』와 『오륜행실도』에 따르면 관용방은 한 달 동안 조회를 받지 않은 걸왕에게 간언하다가 죽임을 당한 것으로 되어 있다.57 아마도 경국지색에 빠져 정사를 그르친 걸왕의 폭정을 부각하기 위해서 이같이 각색한 것으로 보인다. 끝으로 장홍의 경우, 〈오륜가라〉에서는 안녹산이 직접 그를 잡아 죽인 것으로 되어 있지만, 『삼강행실도』와 『오륜행실도』에서는 안녹산의 부하인 사사명이 그를 죽인 것으로 되어 있다.58 이 역시 극적 효과를 높이기 위해 사실과 다르게 구성한 것으로 추정된다. 〈오륜가라〉의 화자가 사실과 다르게 군신유의에 대한 인물담을 변개하고 각색한 것은 앞서 살펴본 부부유별에 대한 인물담처럼 절개의 문제를 강조하기 위해서다.

지금까지 〈오륜가라〉의 서사와 오륜을 구성하는 부자유친·군신유의·부부유별 항목을 함께 분석한 결과, 〈오륜가라〉를 창작하고 향유하던 이들은 기존의 전통적인 유교 이념에 깊이 의존하고 있었으며, 여성에게는 정절로, 남성에게는 충절로 그 가치를 구체화하고 있었음을 알 수 있다.

1919년 3·1운동 이듬해인 1920년, 일제의 식민 지배가 '문화정치'라는 이름 아래 더욱 교묘해지고 여성 해방의 목소리가 강력하게 울려 퍼지던 그때, 전통적 유교 이념인 오륜을 제재로 한 노래 〈오륜가라〉가 불린 것은 언뜻 시대착오적으로 보일 수도 있다. 조선 왕조와 대한제국이 이미 멸망하고, 일제의 식민지가 된 지도 십여 년이 지난 시점, 독립을 외치던 3·1운동이 실패한 다음 해에 여전히 군신유의를 노래하며, 임금은 성군이어야 하고 신하는 충신이어야 한다는 논리를 믿는 화자는 과연 어떤 세상에 살고 있었던 것일까? 그러나 〈오륜가라〉의 서사에서 화자가 거듭 강조했던 '옛 말씀'처럼, 오륜으로 대표되는 '과거'의 유교 이념은 '현재'의 혼란스럽고 불안한 식민지 현실을 견디게 해 주는 정신적 버팀목이었다. 왜냐하면 '현재'의 교육을 담당하는 학교는 일본어와 일본 문화를 배우고 익히는 곳으로, 일제가 원하는 사회교화 시설이었다. 1911년 조선교육령을 시행한 일제는 학교교육을 통해 일본어를 보급하고자 했다. 이에 각급 학교에서 일본어를 교수 용어로 삼고, 점진적으로 조선어 수업 시수를 줄여 나갔다.[59] 그 결과 1919년에는 일본어 초급자가 20만 명, 보통 수준의 회화가 가능한 자가 10만 2천 명이었지만, 1920년에는 초급자가 24만 명, 보통 수준의 회화가 가능한 자가 12만 2천 명 수준으로 증가했다.[60]

〈오륜가라〉의 필사가 완료된 이듬해인 1921년 조선총독부 학무국 학무과장이었던 마츠무라 마츠모리[松村松盛]는 총독부의 기관지였던 『매일신보』에 「學校를 中心으로 ᄒᆞ는 社會敎化」라는 제목의 글을 12월 2일부터 3일 양일에 걸쳐 기고했다.

> 조선에서 사회교육이 제창된 것은 비교적 최근의 일에 속하므로, 이 방면에 대한 연구도 아직 미비하고 실제적인 제도나 시설도 매우 드문 실정이다. 드물게 일부 눈에 띄는 경우가 있기는 하지만, 거의 대부분은 일본 내지內地의 모방에 지나지 않으며, 전체적으로 볼 때 조선의 현실에 맞지 않는 경우가 많다. 현재 시행되고 있는 학교 중심의 사회교화 시설을 살펴보면, 강연회나 전람회, 활동사진, 환등기, 도서 열람, 인쇄물 배포 등이 일반적인 형태이며, 대체로 지방에서 이루어지는 사회교화 사업은 거

의 모두 학교를 중심으로 이루어지고 있다. 그 외에는 눈에 띌 만한 것이 거의 없다. 이러한 여러 시설들에 대해 다음으로는 나의 의견과 바람을 서술하고자 한다.[61]

당시 조선총독부 학무국의 관료들은 교육정책을 입안하는 일뿐만 아니라 정책 과정 전반에 중요한 역할을 수행했으며 신문과 잡지에 활발히 기고하거나 저술과 대중 강연을 통해 교육과 관련된 사안에 대한 의견을 피력함으로써 식민지 조선의 교육 여론 형성에 상당한 영향을 미쳤다.[62] 1921년 학무국의 학무과장 마츠무라 마츠모리가 쓴 이 기고문은 당시 학교가 일제가 의도한 사회교화의 중심 수단으로 기능했음을 보여 주는 중요한 증거다.[63] 자신들이 생각한 절개를 지키기 위해 일제가 관리 감독하는 '현재'의 학교에 갈 수 없었던 이들은 조선시대부터 익숙했던 '과거'의 이념을 배우고 익히며 살아갈 수밖에 없었다. 〈오륜가라〉를 부르던 이들은 단순히 과거에 안주한 사람들이 아니었다. 그들은 과거의 노래를 통해 식민지 현실을 견디고자 했던 이들이었다. 이러한 역사적 맥락과 현실적 상황을 충분히 고려하지 않은 채, 〈오륜가라〉를 한물간 유행가로 치부하는 것은 당시 식민지의 복잡한 상황을 제대로 이해하지 못한 것이다.

맺음말

이 글은 한국국학진흥원에 기탁된 『오륜가라』 소재 가사 〈오륜가라〉를 대상으로 1920년 전후 식민지 조선에서 전통적 유교 이념인 오륜을 제재로 한 가사의 창작 목적과 의미를 고찰했다. 분석 결과, 이 작품은 여타의 〈오륜가〉들과 마찬가지로 오륜의 중요성을 강조하는 기본 구조를 유지하면서도 부부유별 항목에서는 여성의 정절을, 군신유의 항목에서는 남성의 충절을 특히 강조하고 있음을 확인했다. 그러나 가사 〈오륜가라〉가 단순히 과거의 유교적 가치관을 반복하거나 시대에 뒤처진 이념을 고수했다고 보기는 어렵다. 오히려 1919년 3·1운동 이후 일제의 식민 지배가 더욱 교묘해지고 여성 해방을 주장하는 신여성들이 등장하는 등 급격한 사회 변화가 이루어지던 시기에 전통적 윤리를 통해 혼란스럽고 불안한 식민지 현실을 견디고자 했던 당시 사람들의 문학적 대응이었다고 해석할 수 있다. 결국 가사 〈오륜가라〉는 오륜으로 대표되는 '옛 말씀'을 정신적 버팀목 삼아 식민지 현실을 살아내려 했던 사람들의 노래였던 것이다.

물론 이 글은 새로운 자료 분석에 중점을 둔 나머지, 가사 〈오륜가라〉가 창작·향유된 1920년 전후 유교의 사회적 역할과 경북 지역의 역사적 상황 등과 같은 거시적인 배경을 충분히 고찰하지 못했다는 점에서 아쉬움이 있다. 또한 『오륜가라』의 마지막 부분에 남성 취향의 한시가 기록된 점을 근거로 이 작품의 향유층이 여성에만 국한되지 않았을 가능성을 제기했으나, 이를 뒷받침할 만한 뚜렷한 증거는 확보하지 못했다. 이러한 한계를 보완하고자 자료를 기탁한 가문과의 접촉을 통해 보다 구체적인 정황을 조사하고자 노력하였으나 안타깝게도 성사되지 않았다. 그럼에도 불구하고 이 글은 창작 및 향유 시기가 분명한 자료를 발굴하고 분석했다는 점에서 부족하나마 나름의 의의를 지닌다고 생각한다.

〈오륜가라〉와 같이 오륜을 제재로 한 가사가 다수 존재하지만, 규방 문화권에서 창작된 '오륜가'에 관한 연구는 여전히 미진하다. 특히 근대와 전근대가 공존하는 시기에 여성과 남성이 함께 소통한 공간인 규방에서 창작, 향유된 가사들의 시대적 함의는 충분히 조명되지 못했다. 이러한 점에서 근대와 전근대가 중첩된 시기에 창작, 향유된 가사들을 '현재적 과거'의 관점에서 새롭게 해석하는 것이 중요한 과제가 될 것이다.

참고문헌

규장각한국학연구원 소장 『오륜가』, 일사문고.

박현환 번안, 『해당화海棠花』, 신문관, 1918.

한국국학진흥원 소장 『오륜가라』.

경북 영천시 문화공보실, 『규방가사집』, 영천시, 1988.

이정옥 편, 『영남내방가사』 3, 국학자료원, 2003.

임기중 편, 『역대가사문학전집』 42, 아세아문화사, 1998.

강명숙, 「일제 시기 조선총독부 학무국 관료의 특징 연구」, 『아시아교육연구』 21-1, 서울대학교 교육연구소, 2020.

권보드래, 『3월 1일의 밤』, 돌베개, 2019.

김경일, 『근대를 살다 – 한국 근대의 인물과 사상』, 성균관대학교출판부, 2024.

김일엽, 「《신여자》 창간사」, 김우영 엮음, 『김일엽 선집』, 현대문학, 2012.

라인하르트 코젤렉, 한철 옮김, 『지나간 미래』, 문학동네, 1999.

박연호, 『교훈가사 연구』, 다운샘, 2003.

박요순, 「이십세기 가사고 – 오륜가를 중심으로」, 『한남어문학』 14, 한남대학교 국어국문학회, 1988.

박진영, 『번역과 번안의 시대』, 소명출판, 2011.

박진우, 「유교의 은밀한 여성 억압 – 부부유별은 평등한 윤리 강령으로 평가될 수 있는가?」, 『동양철학연구』 116, 동양철학연구회, 2023.

백두현, 『한글문헌학』, 태학사, 2015.

염상섭, 「표본실의 청개구리」. 김경수 편, 『두 파산 : 염상섭 단편선』, 문학과지성사, 2006.

우수진, 「무대에 선 카츄샤와 번역극의 등장」, 『한국근대문학연구』 28, 한국근대문학회, 2013.

육민수, 『조선 후기 가사문학의 담론 양상』, 보고사, 2009.

윤해동, 「식민지 근대와 공공성 : 변용하는 공공성의 지평」, 윤해동·황병주 편, 『식민지 공공성: 실체와 은유의 거리』, 책과함께, 2010.

이숙인, 「충절과 정절의 정치학 - 조선 후기 절節 담론의 전개 양상」, 『민족문화연구』 86, 고려대 민족문화연구원, 2020.

이종묵, 「조선시대 여성과 아동의 한시 향유와 이중언어체계」, 『진단학보』 104, 진단학회, 2007.

_____, 「조선시대 여성 한시에 대한 몇 가지 질문」, 『한국한시연구』 29, 한국한시학회, 2021.

정인숙, 「규방문화권 전승 가사 〈오륜가〉의 특징과 그 의미」, 『대동문화연구』 97, 대동문화연구원, 2017a.

_____, 「규방문화권 전승 가사 〈오륜가〉에 나타난 인물담의 수용 맥락과 변이의 양상」, 『반교어문연구』 46, 반교어문학회, 2017b.

조세형, 「가사 장르의 담론 특성 연구」, 서울대학교 박사학위논문, 1998.

하윤섭, 『조선조 오륜시가의 역사적 전개 양상』, 고려대학교 민족문화연구원, 2014.

한국국학진흥원 편, 『내방가사』, 한국국학진흥원, 2019.

한수영, 「'죽음의 집'의 기억 - 염상섭의 〈표본실의 청개구리〉 다시 읽기」, 『현대문학의 연구』 69, 한국문학연구학회, 2019.

허재영, 『일제강점기 어문 정책과 어문 생활』, 도서출판 경진, 2011.

허재영 엮음, 『조선 교육령과 교육 정책 변화 자료』, 도서출판 경진, 2011.

황병주, 「식민지 시기 '공' 개념의 확산과 재구성」, 윤해동·황병주 편, 『식민지 공공성 : 실체와 은유의 거리』, 책과함께, 2010.

Reinhart Koselleck, Futures Past : On the Semantics of Historical Time, trans. Keith Tribe, New York: Columbia University Press, 2004.

내방가사 아카이브, https://naebang-gasa.ugyo.net/kr/sub04/s01.do.

『역주 오륜행실도五倫行實圖』; 『역주 삼강행실도三綱行實圖』, 세종대왕기념사업회, http://db.sejongkorea.org/.

이동식, 「남자가 뜻을 세워 고향문 나서는 마당에」, 『우리문화신문』, 2021. 9. 1., https://koya-culture.com/news/article_print.html?no=131912.

이현우, 「② 이토 히로부미를 기리는 신사는 왜 일본에 하나도 없을까?」, 『아시아경제』, 2017. 10. 26., https://www.asiae.co.kr/article/2017102610360816879.

주

1 『국학연구』 56집을 투고하는 과정에서 작품 제목인 '오류가라'를 '오류가'로 통일하는 것이 좋겠다는 심사 의견이 있었다. 그러나 내방가사의 경우 일반적인 가사 명칭에 쓰이는 '-가'나 '-곡' 대신 〈행실교훈기라〉, 〈경계사라〉, 〈빈쳐가라〉, 〈모녀형제봉우소회가라〉, 〈화전가라〉, 〈화춘가라〉, 〈슈곡가라〉와 같이 '-가라'라는 특수한 어미를 사용하여 제목을 붙이는 사례가 많다. 또한 다수의 이본이 존재하는 상황을 고려할 때, 원본의 제목을 유지하는 것이 이본 간의 구별을 명확히 하는 데 도움이 된다고 판단하였다. 이러한 이유에서 이 글에서는 원본 표기인 '오류가라'를 그대로 사용하였다.
2 19세기 말부터 20세기 전반기까지 한국의 근대성과 식민성의 문제를 검토한 김경일은 1920년대에 활동한 대표적인 신여성인 나혜석羅蕙錫(1896~1948), 김일엽金一葉(1896~1971), 김명순金明淳(1896~1951)의 생애와 이념을 살펴보면서 공교롭게도 모두 1896년에 태어나 일본 유학을 경험한 이들로, 이들이 활동한 1920년대는 해방과 개조의 시대였다고 평가했다. 김경일, 『근대를 살다 - 한국 근대의 인물과 사상』, 성균관대학교출판부, 2024, 286쪽.
3 김일엽, 「《신여자》 창간사」, 김우영 엮음, 『김일엽 선집』, 현대문학, 2012, 231~232쪽.
4 황병주, 「식민지 시기 '공' 개념의 확산과 재구성」, 윤해동·황병주 편, 『식민지 공공성 : 실체와 은유의 거리』, 책과함께, 2010, 80~83쪽.
5 윤해동, 「식민지 근대와 공공성 : 변용하는 공공성의 지평」, 윤해동·황병주 편, 『식민지 공공성 : 실체와 은유의 거리』, 책과 함께, 2010, 37쪽.
6 기존에는 염상섭의 첫 소설 「표본실의 청개구리」를 한국 근대문학에 수용된 서구 자연주의의 영향으로 설명하려는 경향이 있었으나 최근에는 1919년 3·1운동의 후일담으로 재해석하려는 논의가 활발하다. 이와 관련된 대표적인 논의로 다음을 들 수 있다. 권보드래, 『3월 1일의 밤』, 돌베개, 2019; 한수영, 「'죽음의 집'의 기억 - 염상섭의 〈표본실의 청개구리〉 다시 읽기」, 『현대문학의 연구』 69, 한국문학연구학회, 2019.
7 염상섭, 「표본실의 청개구리」, 김경수 편, 『두 파산 : 염상섭 단편선』, 문학과지성사, 2006, 30~31쪽.
8 소설 「표본실의 청개구리」에 등장하는 주인공 X와 김창억이 고문의 피해자라는 해석은 한수영의 논의를 참고했다. 한수영은 염상섭의 「표본실의 청개구리」가 감옥 생활 후유증으로 정신분열증 환자가 된 김창억에 관한 이야기를, 정신분열증 직전의 문턱에서 자살 충동과 노이로제에 시달리는 화자 주인공 X가 들려주는 액자 소설로 보고, '고문받은 자'로서의 주인공이 '고문에 스러진 자'로서의 김창억에게 연민과 동정을 느끼고, 김창억에 관한 대리 기록 혹은 대리 증언이라는 점을 매우 설득력 있게 설명하고 있다. 한수영, 위의 논문 참조.
9 라인하르트 코젤렉, 한철 옮김, 『지나간 미래』, 문학동네, 1999, 394쪽; Reinhart Koselleck, *Futures Past : On the Semantics of Historical Time*, trans. Keith Tribe, New York: Columbia University Press, 2004, p. 259.
10 내방가사는 여성들이 창작과 향유에 주도적으로 참여한 가사로, 2022년 11월 26일 유네스코 세계기록유산 아시아·태평양 지역목록에 등재되었다. 그런데 '내방가사'라는 명칭은 학술적으로 충분한 합의가 이루어졌다고 보기 어렵다. 이에 이 글에서는 편의상 가사 작품을

지칭할 때는 '내방가사'라는 명칭을 사용하되, 선행 연구를 인용하거나 참고할 경우에는 해당 연구에서 사용한 용어나 명칭을 그대로 사용하고자 한다.

11 한국의 선장본 고서가 책의 크기와 관계없이 모두 구멍을 다섯 개 뚫어서 꿰맨 오침안정법 五針眼釘法으로 이루어졌다면 중국과 일본은 책의 크기에 따라 사침안정법四針眼釘法과 육침안정법六針眼釘法, 드물게는 팔침안정법八針眼釘法처럼 짝수로 꿰매는 법이 사용되었다고 한다. 그런데 이 책은 한국 고서에서 일반적으로 사용된 오침안정법이 아니라 여섯 개의 구멍을 뚫어서 꿰맨 육침안정법을 사용했다. 선장 방식의 차이에 관해서는 다음 책을 참조하였다. 백두현, 『한글문헌학』, 태학사, 2015, 70~71쪽.

12 오륜을 소재로 한 시가 작품을 종합적으로 검토한 최근 연구로 하윤섭의 논의를 들 수 있다. 그는 한문 문집, 가사 작품, 서양인의 여행기 등 다양한 자료를 바탕으로 18~19세기에 가사 〈오륜가〉가 족출, 광포된 배경을 분석하면서 그 원인을 오륜으로 대표되는 중세적 질서가 사회 저층까지 깊숙이 침투한 데서 찾았다. 하윤섭, 『조선조 오륜시가의 역사적 전개 양상』, 고려대학교 민족문화연구원, 2014.

13 규방문화권에서 전승된 〈오륜가〉를 집중적으로 살핀 연구는 다음과 같다. 정인숙, 「규방문화권 전승 가사 〈오륜가〉의 특징과 그 의미」, 『대동문화연구』 97, 대동문화연구원, 2017a; 정인숙, 「규방문화권 전승 가사 〈오륜가〉에 나타난 인물담의 수용 맥락과 변이의 양상」, 『반교어문연구』 46, 반교어문학회, 2017b.

14 이 글에서 살필 풍산 김씨 설송공파 주손에서 기탁한 〈오륜가라〉 외에도 오륜을 제재로 한 작품은 내방가사 아카이브에서 다음과 같이 확인된다. 능성 구씨 백담문중에서 기탁한 〈훈민가〉 2종에 관해서는 각각 "유교적 도덕관의 기본이 되는 삼강오륜에 의거하여 백성들이 바른 생활을 할 것을 권면한 가사", "삼강오륜의 필요성을 강조하며 일상생활에서 남자와 여자가 지녀야 할 덕목을 이야기하는 가사"라고 설명되어 있다. 풍산 류씨 서애파 임여재 주손가에서 기탁한 〈사군가〉에 관해서는 "오륜이 인륜의 근본임을 강조하는 오륜가 계열의 노래로, 특히 부부간의 유별을 강조하는 내용의 가사"라고 설명되어 있다. 한편 내방가사 아카이브에 따르면 국립한글박물관에서 소장한 가사집 2종에도 〈오륜가〉가 실려 있음이 확인된다. 내방가사 아카이브 https://naebang-gasa.ugyo.net/kr/sub04/s01.do, 검색일 2024년 10월 19일.

15 한국국학진흥원 편, 『내방가사』, 한국국학진흥원, 2019, 31쪽.

16 박요순, 「이십세기 가사고 – 오륜가를 중심으로」, 『한남어문학』 14, 한남대학교 국어국문학회, 1988, 5~9쪽.

17 정인숙, 위의 논문, 2017b, 68쪽.

18 한국국학진흥원 편, 『내방가사』, 한국국학진흥원, 2019, 31쪽.

19 정인숙, 위의 논문, 2017a, 171~172쪽.

20 1988년 경북 영천시 문화공보실에서 간행한 『규방가사집』은 원문을 현대 활자로 입력하여 출판한 것으로 원자료를 누가 어디에서 창작, 향유한 것인지 알 수 없다. 『역대가사문학전집』은 해당 작품만 영인한 것으로 작품 원문을 볼 수는 있지만 자료 전체를 영인한 것이 아니기에 『규방가사집』과 마찬가지로 작품의 창작, 향유 상황을 정확히 파악하기 어렵다. 그리고 『영남내방가사』 3에 수록된 〈오륜가〉는 자료 전체를 영인한 것이지만 표지가 모두 결락되었을 정도로 훼손이 심하다.

21 필사기와 관련해 다음 설명이 긴요하다. "필사기는 필사 작업에 대한 필사자의 의식을 보여준다는 점에서 각별한 가치를 지닌다. 손으로 직접 글을 쓰는 것은 쉽지 않은 작업이다. 남이

써놓은 것을 보고 베끼는 작업과 직접 글을 쓰는 일은 그 노고가 매우 큰 일이다. 필사자는 고된 작업 끝에 한 책의 필사를 완성하고 난 후 자기 나름대로의 생각이나 느낌을 책 끝머리에 써넣었다. 이렇게 써넣은 것이 필사기筆寫記다. 이 필사기는 책머리에 붙여 서문에 가까운 것도 있으나, 대부분 필사를 마치면서 책 끝에 써넣었다. 이 필사기에는 그 글을 저술하거나 베낀 사람의 생각이 담겨 있기 때문에 필사기를 통해 우리는 당시 사람들의 생각을 엿볼 수 있다." 백두현, 앞의 책, 318쪽.

22 "가다가 셰월이 여류ㅎ야 빅발되기 쉬운니라 그후의 손연들도 차"로 쏜울본다 슬푸다 무도흔놈 형지을 모로드라 요망흔 기집의가 간소을 고지듯고 조고만흔 직물노쇼 즁한경이 긋어진다 사져갓탄 귀한형졔 일시의 쳔키된다 닷토난듯 사우난듯 스룸알비 업셔 노비을 닷토난듯 젼지을."

23 노래의 첫 구절 '가쥬사架珠紗'를 판독하고 이 구절이 톨스토이 소설『부활』을 1918년에 번안한 박현환朴賢煥의 소설『해당화』에 나온다는 사실을 알려준 한국기술교육대학교의 신현웅 선생님께 이 자리를 빌려 고마운 마음을 전한다.

24 소설『해당화』에서 해당 노래는 두 번 등장한다. 첫 번째는 "갓쥬샤 내ㅅ랑아, 이리별을 어이히, / 눈녹기까지나마 잇서지이다고 / 쥬님께 우리긔도 (라라)들일가이나. // 갓쥬샤 내ㅅ랑아, 이리별을 어이히, / 오늘밤 밤새도록 싸히는눈이, / 우리님 가실길을 (라라)덥허주게나. // 갓쥬샤 내ㅅ랑아, 이리별을 어이히, / 일후에 우리다시, 만날째까지, / 그양자 변치말고 (라라)기다려다고. // 갓쥬샤 내ㅅ랑아, 이리별을 어이히, / 애씃는 리별눈물, 비가될째에, / 바람은 들에불고, (라라)놀이저므네."이고, 두 번째는 "갓쥬샤 내ㅅ랑아, 이리별을 어이히, / 눈녹기까지나마, 잇서지다고 / 쥬님께 우리긔도 (라라)들일가이나. // 갓쥬샤 내ㅅ랑아 이리별을 어이히, / 오늘밤 밤새도록 싸히는 눈이, / 우리님 가실길을 (라라)덥허주게나. // 갓쥬샤 내ㅅ랑아 이리별을 어이히, / 일후에 우리다시 만날째까지, / 그양주 변치말고 (라라)기다려다고. // 갓쥬샤 내ㅅ랑아 이리별을 어이히, / 애씃는 리별눈물 비가될째에, / 바람은 들에불고 (라라)놀이저므네. 갓쥬샤 내ㅅ랑아 이리별을 어이히, / 가업눈 뷘벌판에 이몸만혼자, / 알뜰흔 님을두고 (라라)써나겟고나"다. 전자에서는 사 절만 제시된 데 반해 후자에서는 한 절이 추가된 오 절이 제시되었다.

25 1910년대 조선에서는 톨스토이의 소설『부활』의 여주인공 카추샤를 소재로 한 연극과 대중가요 〈카추샤의 노래〉가 크게 유행했다. 1915년『부활』의 각색자 시마무라 호게쓰[島村抱月]가 이끄는 일본 극단 게이주쓰자[藝術座]가『카추샤』라는 제목의 연극을 들고 내한했고, 이에 영향을 받아 이기세와 윤백남이 주도한 극단 예성좌藝星座도 1916년 같은 제목의 연극을 무대에 올렸다. 당시『매일신보』는 〈카추샤〉의 곡보曲譜와 전 5절의 가사, 카추샤로 여장한 배우 고수철高秀喆의 사진을 함께 실었다. 연극『카추샤』의 인기는 1919년 3·1운동 이후에도 계속되었다. 특히 연극에서 불린 〈카추샤의 노래〉는 애끓는 그리움을 담은 연가이자 실연과 이별의 정서를 노래한 곡으로 큰 인기를 끌었는데, 연극에서 불린 노래와 소설『해당화』의 노래는 다소 차이가 있다. 당시 조선에서 카추샤가 유행한 현상에 대한 논의는 다음 책과 논문을 참고할 수 있다. 박진영,「번역과 번안의 시대」, 소명출판, 2011, 272~273쪽; 우수진,「무대에 선 카츄샤와 번역극의 등장」,『한국근대문학연구』28, 한국근대문학회, 2013, 413~427쪽.

26 이동식,「남자가 뜻을 세워 고향문 나서는 마당에」,『우리문화신문』, 2021. 9. 1., https://koya-culture.com/news/article_print.html?no=131912, 검색일 2024년 10월 19일.

27 이현우,「② 이토 히로부미를 기리는 신사는 왜 일본에 하나도 없을까?」,『아시아경제』,

2017. 10. 26., https://www.asiae.co.kr/article/2017102610360816879, 검색일 2024년 10월 19일.

28 이동식, "이 시는 베껴 전하는 사람에 따라 표기법이 조금씩 달라져 여러 가지 판본이 있지만, 일제강점기 때 교육받은 분들은 이 시를 거의 많이 배웠을 것으로 보이고, 필자도 중학생 때에 국어 선생님으로부터 이 시를 배울 정도였는데, 알고 보니 이 시가 일본과 중국에도 영향을 주었고, 문장이 쉬워서 많은 사람이 애송하는 구절이었음을 이제 알겠다. 누가 처음 말을 했든 그 뜻이 간절하면 사람들이 좋아하지 않을 수 없을 것이니, 모택동이나 중국인들도 이 시가 담고 있는 높고 굳센 뜻을 자신도 받고 싶어서 그렇게 좋아했을 것 같다. 한 줄의 문장이라도 그 뜻이 깊으면 이렇게 동양 3국의 젊은이들에게 파고들 수 있다고 하는 점을 알게 되어 글이나 문장의 힘을 확인하는 사례로 재미있다는 생각이 든다." 앞의 기사.

29 여성들이 한시를 향유할 때에는 한문 자체로 한시를 향유한 경우도 있지만 한문의 음을 국문으로 적어 한시를 향유하는 경우가 많았다. 이 현상을 비롯해 조선시대 여성의 한시 학습에 관해서는 다음 연구를 참조할 수 있다. 이종묵, 「조선시대 여성과 아동의 한시 향유와 이중언어체계」, 『진단학보』 104, 진단학회, 2007; 이종묵, 「조선시대 여성 한시에 대한 몇 가지 질문」, 『한국한시연구』 29, 한국한시학회, 2021.

30 한국국학진흥원에서 구축한 내방가사 아카이브의 등재목록에 따르면 『오륜가라』를 포함해 풍산 김씨 설송공파 주손이 기탁한 가사 작품은 총 13편에 이른다. 비교적 많은 가사 작품이 기탁된 점을 고려할 때, 후손과의 면담을 통해 작품의 창작과 향유에 관한 추가적인 정보를 확보할 가능성이 있다고 판단했다. 이에 한국국학진흥원을 통해 후손과의 접촉을 시도하였으나 면담이 성사되지는 못했다. 현재로서는 『오륜가라』의 생성, 향유, 유통 등에 대한 구체적인 상황을 파악하는 것은 불가능하다.

31 선행 연구에서는 『영남내방가사』 소재 〈오륜가〉에 서사가 없다고 보았으나 제목인 〈오륜가〉 다음부터 이어지는 내용을 보면 오륜 항목에 관한 총론, 즉 서사에 해당하는 내용이 서술되어 있음이 확인된다. 선행 연구에서 해당 작품에 서사가 없다고 판단한 것은 아마도 〈오륜가〉 제목 아래 '부자유친'이라는 소제목이 있었기 때문일 것이다. 정인숙, 앞의 논문, 2017a, 171~172쪽.

32 작가 황립의 생애와 그의 가사 〈오륜가〉의 유통 상황에 관해서는 다음 논의를 참조했다. 박연호, 『교훈가사 연구』, 다운샘, 2003, 104~108쪽; 육민수, 『조선 후기 가사문학의 담론 양상』, 보고사, 2009, 113~119쪽.

33 "텬디만물 셩긴 후에 귀혼 거시 사롬이라 / 무어스로 귀호드뇨 오륜힝실五倫行實 이슴이라 / 오륜지도 능히 하면 삼지三才 등에 참예하고 / 오륜지도 모로면은 금슈엔들 비홀 소냐 / 부자유친父子有親 웃듬이오 군신유의有義 버금이라 / 안에 들면 부부유별夫婦有別 밧게 나면 붕우유신朋友有信 / 형뎨간에 우이友愛호면 댱유유셔長幼有序 조연 알디 / 다솟가지 호는 일이 녯글에 분명호다 / 됴목됴목 말슴하여 사롬 마다 알게 호세."

34 육민수, 위의 책, 37~38쪽 참조.

35 □은 원문이 훼손된 부분으로 정확한 구절은 알기 어렵지만 맥락상 현대어로 '량없'다로 이해된다.

36 "㉠ 셰상사 성각호니 한슘호고 층□□다 부조오륜 잇견만는 아난니 밋 〃치리 부조유친 지모리고 부화부슌 아리업셔 군슌유에 쏘모리고 수슌지가 모리도다 장유가 추럽업고 붕우도 무신호다 윤기을 퓌결호문 이욕의 타시로다 ㉡ 실푸다 셰상스롬 이말삼 드러보고 옛 말삼 부어 너야 셰상소을 의논호니 우과풍과 다지니고 유의유신 적시듯고 사람이 셩계신니 쳔셩니야

다을사 셩인도 천지졍긔 유부도 천지졍긔 조화로 셩권ᄉᆞ름 쳔졍 갓탄지라 이삼셰의 말비우고 츨팔셰의 인ᄉ 잘면 부모임긔 호양ᄒᆞ물 뉘안니 본바드리 뎡ᄌ의 착ᄒᆞ심도 모부인 경의로셔 이웃질 갈쳐ᄉᆞ니 시변을 원권후의 셩인니 되엿ᄉᆞ니 이웃질 갈히여라 공ᄌ의 셩인도난 셩이지ᄉ ᄒᆞ온비라 그후의 모든셩인 듯고벼운 셩인니라 이갓탄 말삼드리면 반갑또다 반가온줄 알ᄌ 호ᄌ츙신 그잇난니 귀의졍 〞 잇키듯고 눈의삼 〞 심셔보면 불호부터 츠마ᄒᆞ며 괴인젹악 차마ᄒᆞ라 ㉢ 쳔황셰 지황셰와 인황시 유소셰인 퇴고젹 시졀이라 만믈리 변셩ᄒᆞ니 구목위소 호젹의 ᄉᆞᆨ목삼ᄒᆞ 뿐니로다 오룬니 업시면 귀쳔니 잇슬손야 ᄒᆞ날리 셩인니ᄉ 만믈지도 ᄒᆞ울젹의 수인시 불을녀여 화슉을 멱긔ᄒᆞ고 실농시 짜부녀여 농ᄉᆞ을 가라치고 현원시 비을모와 강화을 통케ᄒᆞ고 쥬공이 예을지여 션도을 발키드니 요지후 명셩후의 오셔니 부지니 후쳔ᄒᆞ 요란ᄒᆞ야 젼국 뒤여셔라 공부ᄌ 나ᄉᆞ후의 륙예을 지여시니 쳔ᄒᆞ을 다ᄉᆞ리면 풍속을 곤쳐든니 오륜횡빈 뉘모리면 인의예지 뉘모려리 도득이 귀쳔ᄒᆞ야 부ᄌ셩인 뒤여셔라 쳔지간 만믈즁의 사람이 귀ᄒᆞ비라" 여기에서 ㉠, ㉡, ㉢은 필자가 임의로 붙인 것이다.

37 이러한 태도는 앞서 살펴본 염상섭의 소설「표본실의 청개구리」에서 김창억이 "이 물질 때문에 사람의 마음이 욕에 더럽혀진 까닭이 아닙니까. 부자, 형제가 서로 반목질시하고, 부부가 불화하여, 이웃와 이웃이, 한 마을과 마을이 (…) 그리하여 한 나라와 나라가, 서로 다투는 것은, 결국 물욕에 사람의 마음이 가리었기 때문이 아니오니까"라고 한 것과 매우 유사하다.
38 그리고〈오륜가라〉의 서사에서 어머니의 가르침 덕분에 맹자가 성인이 될 수 있었다고 한 내용은 가정 내에서 어머니의 역할과 중요성을 강조하려는 의도로 해석된다.
39 조세형,「가사 장르의 담론 특성 연구」, 서울대학교 박사학위논문, 1998, 76~77쪽.
40 "진나라 왕셩이난 기모쥬시 부랑ᄒᆞ야 왕셩을 미워ᄒᆞ니 그에비도 갓치 그악흔쳐을 사랑ᄒᆞ고 귀한ᄌᆞᆨ 미워ᄒᆞ되 왕셩의 일쳔간장 갈소록 호셩ᄒᆞ니 기모쥬시 병이드려 왕셩을 불너 말삼ᄒᆞ되 누련 쇠고기와 잉어회을 먹어스면 병이 즉차ᄒᆞ고 목숨이 사리로다 왕셩이 〞말듯고 효심ᄒᆞ면 이련마리 어화이일 의셕다 셰졀이 음동이라 구할길리 망연ᄒᆞ다 광쵹강 나어가셔 어렴을 ᄯᅮ다리면 앙쳔통곡 불예ᄒᆞ니 샷잉어뛰며 나오고 후원의 드려가셔 가삼을 ᄯᅮ다리면 지셩으로 통곡ᄒᆞ니 누련시 나라든다 호셩이 지극ᄒᆞ면 ᄒᆞ날리 쥬심이라 웃나라 명동이난 부모임긔 호양할지 부모왓친 병이드려 구미을 만마초나 동셰월 셜한풍의 죽순을 원ᄒᆞ겨날 명동이 ᄌᆞ탄되 못어드면 불호로다 마음이 둘ㅆ업셔 죽젼의 드려가셔 빅셜이 분〃흔져 덜안고 통곡ᄒᆞ니 ㅆ여난 죽순두낫치 병셜즁의 소사겨날 우든우럼 간ᄃᆡ업고 길겹기 층양업다 발을구려 ㅆ겨다가 죽순쩜을 봉양ᄒᆞ니 ᄒᆞ날리 쥬신비라."
41 "당나라 곽겨셔난 노부모 봉양할지 지우 어드리린 져반찬을 어린ᄌᆞ슥 졋틱안ᄌ 난나치 분슉ᄒᆞ니 그즁의 독ᄌ로되 귀한경이 견히업고 미운마음 ᄌᆞ로낫셔 부〞셔로 예논ᄒᆞ되 부모자실 져반찬을 겨아히가 다먹으니 이아히을 어이할고 우리난 졀머신니 나하면 ᄌᆞ슥이라 부모난 늘근시니 고양하기 밋날듸리 져아히을 산의뭇고 온젼히 고양ᄒᆞ시 그아히 동심ᄒᆞ야 그아히을 업고갓셔 산ᄒᆞ의 굿슬파니 쳔지가 감동ᄒᆞ사 과즁의 어든지물 수만양 되단말가 화금을 어드신니 ᄌᆞ슥을 무둘손야 ᄌᆞ슥살고 〞양ᄒᆞ니 그안니 호잘년가 옛 말삼 드련후의 호양을 부터ᄒᆞ소."
42 한편『삼강행실도』의 내용은 이와는 조금 다르다.『삼강행실도』에서는 장숙의 아내가 물건을 빌리러 온 것이 아니라 목상을 보고 싶어 했다고 되어 있다. 그리고 장숙이 목상을 꾸짖었다는 내용은 없고 목상의 머리를 때렸다고만 되어 있다. 또 정란이 장숙을 칼로 찔러 죽였다는 내용도 없고, 격분해서 공격했다는 내용만 있다.『역주 오륜행실도五倫行實圖』;『역주 삼강행실도三綱行實圖』, 세종대왕기념사업회, http://db.sejongkorea.org/, 검색일 2025년 1월

28일.

43 "한나라 경난니난 부모을 일코 평성의 한〃바 호황을 못ᄒ여서 등신의 화상을 기리 부모을 골쏜을 쓰셔 별당의 모셔놋코 경난니 ᄒ난겨동 아참겨역 엄슉양 혼졍신셩 문안ᄒ기 셩시갓치 근간ᄒ니 홍감ᄒ기 층양업다 경난니 나갈쇠의 근쳐로 디힝터니 이웃스름 장슌니가 농기을 빌노거니 난의쳐 호ᄌ잇셔 가장이 업다ᄒ고 별당의 드려가셔 등신과 말ᄒ다가 도라나ᄂᆞ니 셕ᄒ면 농기을 안니주니 장슌이 디로ᄒᆞ야 경난을 질욕ᄒ고 화상을 무지〃면 막뒤로 짝셔되니 등신니 피혀려고 누물을 혈니그날 난의쳐 겨동보소 국쳔축지 통곡ᄒ면 고단ᄒ물 한탄ᄒ고 가장을 벼히든니 경난니 도라왓셔 부모긔 모려가니 면상의 피혀리고 눈물을 혈니겨날 그연고 무련후의 분기을 못니기셔 장슌을 ᄎᄌ가셔 칼노질너 셜분ᄒ미 살인니 되여시되 ᄒ나리 감동ᄒ여도다."

44 '경란각목'에 관해서는 〈오륜가〉의 다른 이본들도 원래의 내용을 상당히 변개한 것으로 보인다. 다수의 이본이 살인을 저지른 정란의 죄가 모두 용서된다는 내용을 보이기 때문이다. 이에 관해서 정인숙은 비록 살인을 했더라도 그것이 부모를 위한 복수에서 비롯된 효를 실천하기 위한 것이었다면 결코 문제가 되지 않는다는 인식이 나타난 것이라고 설명한다. 정인숙, 앞의 논문, 2017b, 84~85쪽.

45 "부〃유별은 이셩지합이라 남〃이 만남스람 부〃밧기 쏘잇난가 양셩이 상합ᄒ야 ᄌ손을 셩장ᄒ니 빅연을 길기다가 죽은후의 흔퇴흔다."

46 〈오륜가라〉에서는 열녀의 성명이 생략되거나 열녀가 살았던 시대와 왕조가 분명하지 않은 경우도 있지만, 해당 고사의 핵심 줄거리는 분명히 전하고 있다.

47 영녀정절은 어린 나이에 정혼했으나 정식 혼례를 치르기 전에 남편이 죽자 스스로 시댁에 들어가서 50년 넘게 시부모를 모신 영씨에게 나라가 정문旌門을 포상했다는 이야기다.

48 고행할비는 젊은 나이에 남편을 잃은 고행이 후궁이 되라는 임금의 명을 거절하고 불경이부 不更二夫라고 하면서 어린 자식을 위해 죽지 못하고 자신의 코를 베었다는 이야기다.

49 "원나라 유쵀긔난 그가장 이즘을 도젹이 잡바다가 살가살만 먹즈니 논하니 가장 짜라가셔 도젹의긔 의결ᄒ되 지의병이드려 예비여 살업시니 살짓나을 살마먹호도 젹이 의논ᄒᆞ야 즁의을 방충ᄒ고 쵀긔을 살벼다 송나라 양셰여난 부〃함긔 괴잔가셔 은ᄌ니 숨엇든니 무도한 도젹놈이 양셰의 자식보고 급탈을 ᄒ라거날 양셰의 쳥흔 마음 도젹의긔 말을ᄒ되 지의비 보닌후의 혼ᄒ리라 도젹을 유인ᄒ야 양슥을 어더쥬어 보닌후의 양셰의 이견보소 도젹을 쳥욕ᄒ면 죽긔을 지쵹타가 칼을마즈 쥭겨진다."

50 『오륜행실도』에서는 당시에 큰 흉년이 들어 군량이 떨어진 도적들이 남편을 잡아먹으려 했다는 내용과 취가가 남편을 살려 주면 대신 땅에 숨긴 양식을 주겠다고 했지만 도둑들이 거절했다는 내용이 있다. 그러나 〈오륜가라〉에서는 이 내용은 전혀 제시되어 있지 않다.

51 『오륜행실도』에서는 양씨가 시집간 뒤 두 달 만에 전란이 일어나 남편 왕씨王氏에게 절개를 지키겠다는 맹세를 했다는 내용과 도적에 붙잡힌 양씨가 도적을 설득해 그들이 남편의 신변을 보장한다는 표시로 금, 비단, 화살을 주었다는 내용이 기록되어 있지만 〈오륜가라〉에는 이 같은 내용이 없다.

52 "자결하종自決下終 엇듬이요 종신슈절終身守節 버금이라." 황립, 〈오륜가〉.

53 부부유별의 해석사는 다음 논문에 잘 정리되어 있다. 박진우, 「유교의 은밀한 여성 억압 – 부부유별은 평등한 윤리 강령으로 평가될 수 있는가?」, 『동양철학연구』 116, 동양철학연구회, 2023.

54 병자호란 당시 강화도에서 화약고 폭발로 죽은 김상용과 청군의 포로로 끌려갔다 돌아온 속

환녀贖還女 사건을 조선 후기 절節 담론의 시각에서 고찰한 이숙인은 이들 두 사례가 별개의 사건이 아니라 서로 연결된 것으로 보았다. 절 개념이 중심이 된다는 점에서 충절과 정절은 서로 연결되어 있다고 본 것이다. 이숙인, 「충절과 정절의 정치학 – 조선 후기 절節 담론의 전개 양상」, 『민족문화연구』 86, 고려대 민족문화연구원, 2020, 166~167쪽 참조.

55 "군신유의는 천지 〃분니라 인군은 셩인이요 신ᄒᆞ난 충신니라 존비귀쳔 마론ᄒᆞ니 고금쳔ᄒᆞ 샹ᄉᆞ로다 인군은 셩의ᄒᆞ고 신ᄒᆞ난 강젹ᄒᆞ다."

56 "한국충신 소즁난은 갈츙보국 싹이업다 홍노의 ᄉᆞ신가셔 굴가온듸 갓쳐슬계 금셕갓치 구든 졀긔 어이ᄒᆞ여 변할손가 한국졀월 구지즉히 북히샹의 양면일졔 계한을 못니계셔 벅셜당요 너울다가 고국의 도라오니 쳔온신조 ᄒᆞ심이라 졔국충신 왕쵹이난 인군의 너츔되야 고향의 도라왓셔 밧갈계을 일삼드라 나라이 파ᄒᆞ고 인군니 망한후의 셔인군 등국후의 낙견가 잔치 할졔 왕쵹을 불너드리 조현비살 쥬라ᄒᆞ되 일편단심 금셕과 갓탄지라 부귀을 탐을늬야 옛인 군 져바리라 충신은 불사이군니라 목을미고 쥭겨진다 한국충신 광용방 강젹ᄒᆞ미 싹이업다 견인군니 음나ᄒᆞ야 삼쳔여 호탕ᄒᆞ고 포악이 날노 심ᄒᆞ야 살인을 조와ᄒᆞ면 쳥ᄉᆞ을 안니ᄒᆞ고 무히의 요은으로 삼순을 부족케날 용방의 고든말을 결국이 안니듯고 쳔ᄒᆞ수도 너모른다 안여ᄌᆞ의 참소로셔 국가쥬셕 관용방을 혀물업시 쥭이드라 당국충신 댱여난 요양땅 비장으로 알녹산니 반젹되야 요양을 반ᄒᆞ겨날 쟝여가 션봉되야 진젼의 츌마ᄒᆞ야 녹산을 쑤지 〃되 불호ᄌᆞ 몹슬놈아 녹산니 되로ᄒᆞ야 쟝용을 잡다가 톱으로셔 쥭일졔 충졀도 무셥또다 간담이 열 파토록 고든마음 여젼ᄒᆞ다 옛 말숨 즈시더려 갈츙보국 명심ᄒᆞ소."

57 『삼강행실도』와 『오륜행실도』에서는 관용방의 죽음을 '용방간사龍逢諫死'라는 제목 아래 간략히 전하고 있다. 하나라의 걸왕이 연못을 파고 궁궐을 지어 남녀들과 어울려 지내며 오랫동안 조회를 열지 않자 용방이 이를 간언했다. 그러나 걸왕이 이를 듣지 않자 용방이 물러나지 않았고, 결국 걸왕은 그를 죽였다. 그리고 걸왕이 한 달 동안 조회를 받지 않았다는 내용은 『삼강행실도』에만 나타난다. 한편 원문에서는 관용방을 '한국충신'이라 하였는데, 이는 〈오륜가라〉의 작자가 그를 한나라의 충신으로 잘못 알고 있었음을 보여 준다.

58 『삼강행실도』와 『오륜행실도』 모두 장흥의 죽음을 '장흥거사張興鋸死'라는 제목으로 소개하고 있다. 두 기록 모두 장흥을 죽인 인물은 안녹산이 아니라 그의 부하인 사사명으로 되어 있으며, 장흥이 안녹산을 향해 '불효자'라고 비난하는 내용도 보이지 않는다. 다만 장흥이 사사명에게, 당나라 현종이 안녹산을 아버지가 아들을 대하듯 극진히 대접했지만, 안녹산이 그 은혜를 저버리고 반란을 일으켰다면서 그를 배신할 것을 권유하는 장면이 전한다. 〈오륜가라〉의 화자는 이러한 내용을 생략한 채 안녹산을 '불효자'라고 표현한 것으로 보인다. 한편 〈오륜가라〉에서는 '장흥'이 아니라 '장여'로 표기되어 있다.

59 허재영, 『일제강점기 어문 정책과 어문 생활』, 도서출판 경진, 2011, 38~39쪽.

60 이 기록은 1922년에 발행된 시정 연보(1918~1920년에 해당하는 사항)에 나와 있는 것이다. 허재영, 위의 책, 61쪽.

61 "朝鮮에셔 社會敎育의 提唱되얏슴은 比較的 近年의 事에 屬ᄒᆞ므로 此 方面의 硏究도 不完全하고 又 實際 設備도 廖廖한지라. 多少間 可見할 者가 有할지라도 殆히 內地의 模倣에 不過하고 必히 其 全體가 朝鮮의 實情에 不適한 者가 多하도다. 現行되ᄂᆞᆫ 學校를 中心으로 한 社會敎化의 施設을 見하건대 講演會라던지 展覽會 活動寫眞, 幻燈, 圖書의 閱覽, 印刷物의 配布와 如홈은 其 普通의 것이며 大槪 地方에 在한 社會敎化의 事業은 殆히 學校를 中心으로 한 것이오 其他 在하야는 何等 可見할 者가 無하니 此等의 種種인 施設에 就하야 次에 自己의 意見 及 希望을 述코져 하노라." 허재영 엮음, 『조선 교육령과 교육 정책 변화 자료』, 도서

출판 경진, 2011, 316~317쪽.
62 강명숙, 「일제 시기 조선총독부 학무국 관료의 특징 연구」, 『아시아교육연구』 21-1, 서울대학교 교육연구소, 2020, 330쪽.
63 특히 학무국 산하 부서였던 학무과 학무과장은 당시 등용문으로 불리며 승진이 보장된 요직으로 인기가 많았다. 강명숙, 위의 논문, 338쪽.

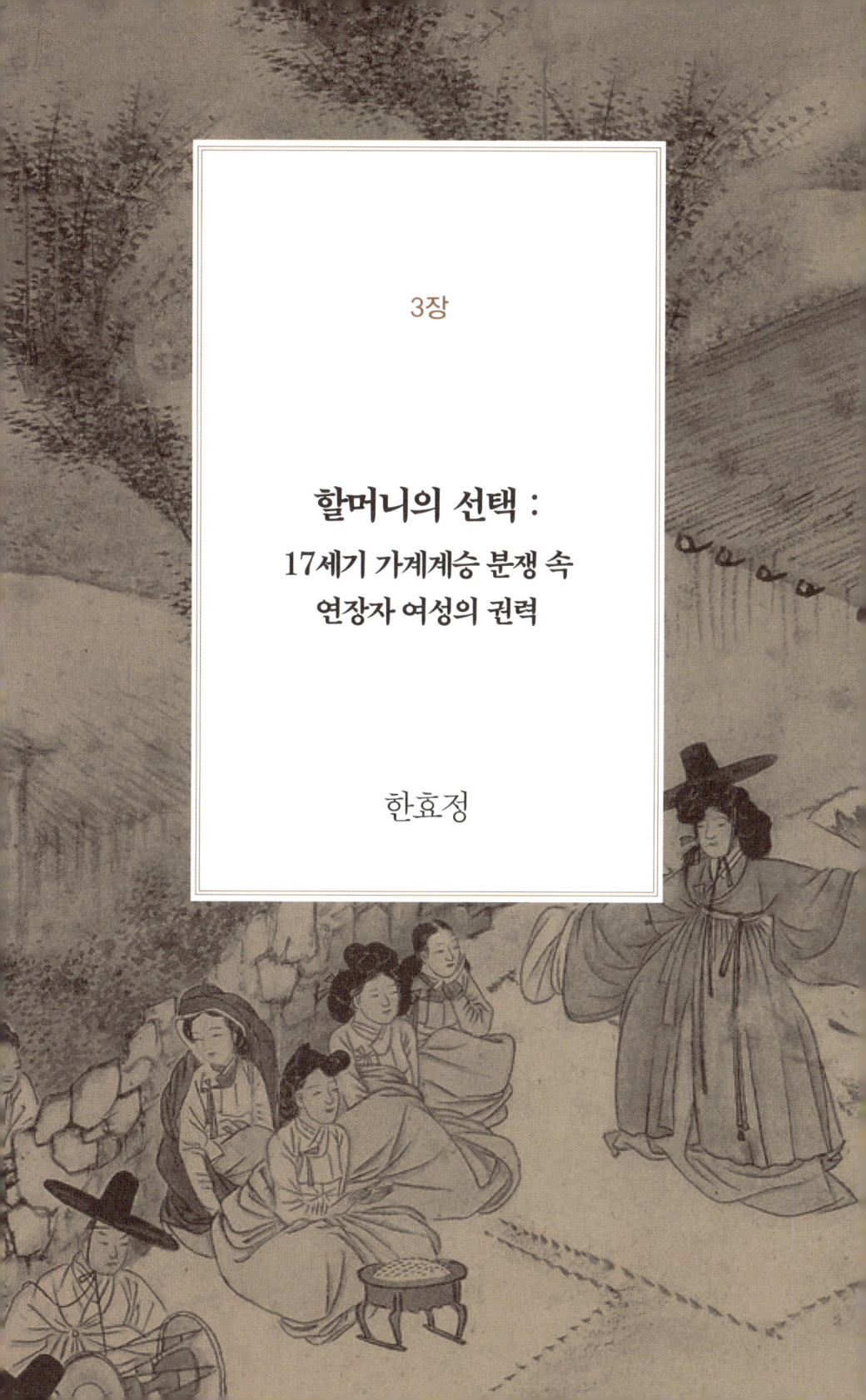

3장

할머니의 선택 :
17세기 가계계승 분쟁 속 연장자 여성의 권력

한효정

머리말 : 조선시대 할머니, 왜 주목해야 하나?

오랜 시간 동안 조선시대 여성은 유교적 가부장제 질서 속에서 종속적이고 소극적인 존재로 인식되어 왔다. 그러나 조선의 가족제도속 여성의 실제 역할을 살펴보면, 연장자 여성, 즉 할머니 혹은 어머니가 단순히 부권의 그림자에 머문 것이 아니라 집안의 실질적 운영과 계승, 분쟁 해결에까지 영향력을 발휘했던 사례를 쉽게 찾아볼 수 있었다.

특히 조선 초기까지는 양측적 친속제의 특징이 상당히 남아 있어, 재산권과 상속권 그리고 제사와 가정 운영에서 여성의 권한이 강하게 인정되었다. 딸과 아들이 균분 상속을 받았고, 총부冢婦는 한 집안의 주부主婦로서 제사 및 가계계승, 가문 질서 유지에 핵심적인 역할을 담당했다. 이러한 모계적 관습은 조선 중기 이후 부계 중심의 종법 질서가 강화되면서 점차 제도적으로는 약화되었으나, 실제 집안에서는 연장자 여성이 가계계승에서 후계자 선정, 분쟁 중재 등에서 여전히 결정적인 영향력을 발휘했다.

이 연구는 17세기 중반 평해 황씨 가문에서 발생한 가계계승 분쟁에서 황여일黃汝一(1556~1622) 처 전주 이씨(1581~1669)가 보여 준 리더십과 전략적 대응을 중심으로 조선시대 연장자 여성의 권한, 법적 주체성 그리고 그 모권적 기반을 고찰한다. 전주 이씨는 남편과 장남 사후, 후계자 선정, 입후상언立後上言, 유서, 소지 작성, 첩손·차남의 파계 상언 대응, 첩자의 신분상승 시도 저지 등 일련의 과정에서 법적·도덕적 주체로서 가문을 이끌었다. 이 과정에서 이씨는 입후 입안과 한글 자필 유서라는 이중의 법적 증거를 남겨 자신의 의사와 정당성을 명확히 하였으며, 강상죄 등 유교적 명분을 활용한 전략적 대응으로 실제 분쟁 해결에서 결정적인 역할을 했다.

핵심 자료로는 전주 이씨의 친필 한글 유서와 소지[1]를 바탕으로 하고, 그 외 『별계후등록別繼後謄錄』과 연대기 자료 등을 활용하여, 연장자 여성의 권한과 그 실질적 영향력, 여성의 법적 주체성과 전략적 대응을 분석한다.

이를 통해 조선시대 여성의 역할을 재조명하고, 가족과 사회, 국가의 질서 속에서 여성 리더십이 어떻게 발휘되었는지 그리고 신분제와 가족 질서의 변화 속에서 여성의 전략성과 법적 역량이 어떻게 현실에 작동했는지 입체적으로 살펴보고자 한다.

황여일 처 전주 이씨의 결혼과 가족

족적 배경과 혼인

전주 이씨는 1581년(선조 14)에 태어나 1604년(선조 37) 24세에 황중윤과 혼인하였고 1669년(현종 10) 89세의 나이로 사망했다.[2] 이씨는 왕실가의 여성으로서, 아버지는 성종의 4대손 덕원정德源正 이추李樞이고, 어머니는 약포 정탁鄭琢(1526~1605)의 딸이다.

시가인 평해 황씨 집안은 고려시대 이래로 평해 지역에 세거했으나 황여일의 백부인 황응청黃應淸(1524~1605) 대에 이르러 사족으로서 기반을 다지기 시작했다. 황응청은 가문의 학풍을 형성하며 이 지역에서 이름난 선비로서 존경받는 인물이었지만, 학문에 정진하고 관직 진출에 연연하지 않았기 때문에 가문의 정치적 기반은 미약한 편이었다.[3] 이후 황여일이 1576년(선조 9) 진사시에서 3등으로 합격하고 1585년(선조 18) 대과에서 장원급제하여 중앙의 관료로 활동했다. 그의 아들 황중윤도 1612년(광해군 4) 대과에 급제하여 입신양명함으로써 평해 황씨가의 정치적 입지가 공고해지고 재지 사족으로서 가문의 기반도 확장되었다.

남편 황여일은 문관이었지만 임진왜란 때 종사관으로 여러 전투에서 공을 세웠고, 명나라에 진주서장관陳奏書狀官으로 파견되어 뛰어난 문장력으로 외교적 성과를 남겼다. 이러한 업적의 밑바탕에는 황여일의 학문적 능력이 자리하고 있었다. 유년기에는 집안이 가난해 죽으로 끼니를 이을 정도였으나, 학문에 대한 열정으로 매일 10리 떨어진 숙부 집에 출입하며 수학했고, 진사시 합격 후에는 수진사에 들어가 3년

간 절 밖을 나서지 않고 학문에 몰두했다는 일화가 전한다. 이 시기 그는 시경을 줄줄 외울 정도로 시문에 능했다고 한다.[4] 이러한 학문적 재능은 일찍부터 주변의 주목을 받았다. 학봉 김성일의 형인 귀봉 김수일은 황여일의 재목을 일찍부터 알아보고 사위로 삼았다.[5] 이로써 황여일은 당대 엘리트 명문가인 안동 의성 김씨 집안의 사위로 들어가 퇴계학파의 중추적 역할을 했던 김성일가와 혼인 관계를 맺는 동시에 퇴계의 학통에 접점을 마련함으로써 평해 황씨 가문의 정치·학문적 기반을 확장할 수 있었다.

황여일의 재혼도 퇴계의 문인이자, 당대 정승의 반열에 올랐던 정탁의 주선으로 이루어졌다. 정탁은 예천과 안동에서 유년기를 보내며 중부 정이흥鄭以興에게 학문을 배웠으며, 17세에 퇴계 문하에, 36세에 남명 조식에게 집지執贄함으로써 퇴계학파와 남명학파를 아우르는 넓은 학맥과 인맥을 형성했다.[6] 임진왜란 때에는 왕을 호종하며 전시행정에 혁혁한 공을 세워 국왕의 신임에 승승가도를 달리며 당대 정승을 역임하다가 노년에 퇴직을 청하여 고향인 예천에서 기거하고 있었다.

황여일과 정탁은 1601년(선조 34) 황여일이 예천군수로 내려오면서 조우하게 된다. 그들은 퇴계의 사상을 접점으로 빈번하게 교유하며 학문적 공감대를 형성할 수 있었다.[7] 1604년(선조 37) 황여일이 첫 번째 처 김씨의 탈상을 마치자, 정탁은 황여일을 자신의 외손녀 사위로 맞아들였다.[8]

정탁이 선택한 외손녀 사위들

정탁에게는 3남 1녀의 자녀를 두었다. 외동딸은 성종 4대손 덕원정 이추와 혼인하여 황여일 처 이씨를 포함하여 1남 4녀를 낳았다. 그 1남은 임진왜란 중에 실종되었고 양자를 들인다. 딸들의 배우자는 외조부 정탁의 인적 관계망에서 선택되었다. 4명의 자매는 군수 허정식許廷式(?~?), 황여일, 권래權來(1562~1617), 이효생李孝生(?~?)을 배필로 맞이했다.[9]

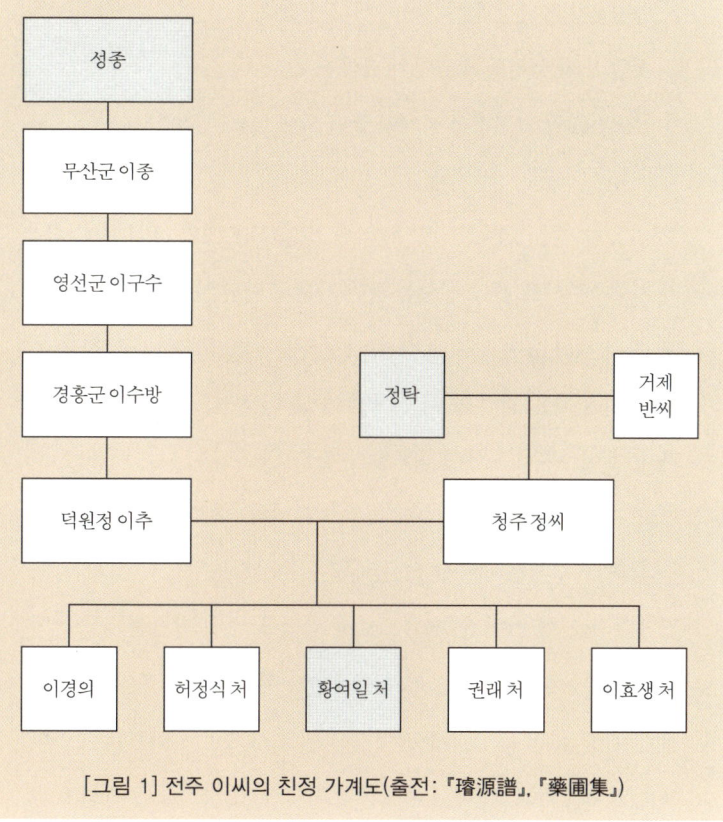

[그림 1] 전주 이씨의 친정 가계도(출전: 『璿源譜』, 『藥圃集』)

정탁이 외손녀들의 혼인에 미친 영향력은 『정간공일기(貞簡公日記)』에서 자세히 파악할 수 있다.

> 5월 28일 허정식이 왔다.
> 6월 10일 허정식이 왔다.
> 7월 7일 선전관 허정식이 경주에서 돌아왔다. 이에 앞서 적의 정세를 탐문하는 일로 출장을 나갔다가 이때 돌아온 것이다. 손녀 순이가 송현집으로 돌아갔다.
> 7월 8일 덕원정과 허정식이 왔다가 갔다.
> 8월 26일 덕원정이 왔다가 갔다.
> 10월 12일 덕원정의 복제가 끝난 뒤에 비답이 내려왔다.[10]

『정간공일기』는 1596년(선조 29) 4월 18일부터 12월 11일까지 정탁이 지중추부사로 관료 생활을 하던 가운데 만난 사람들과의 교유관계, 여러 정치 상황과 추국 기록, 가정생활 등을 간략하게 남긴 기록이다. 이 일기를 통해 볼 때, 외동딸이 일찍 사망했지만[11] 사위 이추가 처가와 긴밀히 교류했음을 알 수 있다.

첫째 외손녀사위인 허정식許廷式(?~?)도 처외조부인 정탁의 집에 자주 왕래했다. 허정식은 선조~광해군대 무신으로 본관이 김해다. 임진왜란 시기에 선전관宣傳官으로서 왕명을 받아 최전선에서 적의 정세를 탐문하는 등 허정식의 적극적인 활약상을 이 일기를 통해 파악할 수 있다. 그는 임진왜란 이후에도 광해군의 신임을 받아서 1609년 교동현감, 1610년 희천군수, 1619년 정주목사, 부사로 승진하였고 접반관接伴官, 파총把摠 등의 무관직을 겸임하며 국난 회복에 활발한 활동을 펼쳤다. 그러나 인조반정 이후 오적五賊으로 분류되어 탐학을 일삼고 무고하게 사람을 죽였다는 죄목으로 제주에 위리안치圍籬安置되었다.[12]

허정식이 거쳤던 선전관은 '서반 승지'라고 불리며, 제도적으로 일정 기간 근무하면 당상관으로 승진하거나 수령이나 영장營將으로 나갈 수 있는 서반 청요직이었다. 또한 국왕의 곁에서 보좌하는 자리였기 때문에 신원이 확실하고 출중한 집안의 무과급제자가 천거 대상이었다.[13] 이러한 점에서 허정식은 무신이었지만 상당한 명문가의 자제이며 출세를 보장받은 인물이었음을 파악할 수 있다. 허정식이 관료로 활동한 시기는 정탁이 재상으로서 국왕을 호종하며 임란을 극복하고 전시행정에 몰두했던 기간과 겹치며, 이 일기를 통해 볼 때 정탁과 정치적으로 연결고리가 있었고 외손녀와의 혼인을 통해 이들의 관계가 강화되었다고 판단된다.

셋째 외손녀사위인 권래權來(1562~1617)는 충재 권벌權橃(1478~1547)의 손자이자 봉화 지역의 유력 재지 사족인 안동 권씨가의 종손이었다. 권래는 왜란 때의 군공軍功으로 군자감정軍資監正을 지냈고 첫 번째 배우자는 이조참판 김륵金玏(1540~1616)의 딸 예안 김씨(1560~1602)[14]였다. 권래의 후처로 들어간 이씨는 1581년(선조 14)에 출생하여 1673년(현종 14)에 93세의 나이로 사망했다.[15] 기록상 황여일의 처 이씨와 출생년이 같은 점으로 볼 때 쌍둥이 자매일 것으로 추측된다. 혼인 시기는 권래의 처 이씨의 아들 권석충權碩忠(1606~1634)의 출생년을 감안할 때, 앞서 황여일의 처 이씨의 혼인

> 패턴과 유사하게 권래 전처의 탈상이 있은 직후인 1605년경에 이루어졌을 것으로 보인다.

그런데 황여일과 이씨의 혼인에서 부부간 나이 차이가 크고 재혼이라는 점이 주목된다. 이씨의 여동생 부부도 마찬가지였다. 황여일-이씨 부부의 경우 혼인할 당시 49세, 24세로 나이 차가 25년이었고, 여동생 권래-이씨 부부는 19년의 나이 차가 났다. 이씨 자매가 공통적으로 아버지 이추와 나이[16]가 비슷한 중년 홀아비들과 혼인하게 된 이유는 무엇일까?

우선 이씨 자매의 결혼 연령이 24~25세인데, 17~19세기 평균 초혼 연령이 17세 전후[17]라는 점을 고려하면 혼기를 한참 놓친 상황이었다. 그녀들이 혼기를 놓친 이유는 아마도 7여 년에 걸친 전란의 영향이 컸을 것이고, 전란 이후에도 부모나 혹은 조부모의 복상으로 결혼 적령기가 지났을 가능성이 크다. 혼기를 놓친 양반가의 처녀는 양반가의 초혼 남성 그룹에서 배우자를 고르기가 어려웠기 때문에 결국 상처한 남성과 혼인할 가능성이 컸고, 이씨 자매도 역시 마찬가지의 상황이었을 것으로 짐작된다.

이씨 자매의 배우자들이 아버지 연배의 중년 남성이었던 것은 그들의 사회적·경제적 지위와 능력과도 관련이 있다. 황여일은 30세에 출사한 이후 사헌부, 형조에서 형관刑官으로서 능력을 인정받았고 임진왜란 시기에 전장에 직접 참여하며 문무를 겸비한 인물로 승진 가도를 달렸다. 그는 퇴계 문하에 직접 입문하지는 못했으나, 퇴계 문집 제작에 참여하는 등 영남 퇴계학파에서 학문적 위상도 높았다. 권래는 안동 지역 유력 가문 중 하나인 안동 권씨의 종손으로서 지역 내 위상이 매우 컸다. 비록 출사길에 오르지는 않았지만 삼계서원 건립을 통한 조부 권벌의 선양 사업을 진행하며 영남 사림 사회의 리더 중 한 명이었다. 그는 막대한 재산을 소유했으며, 1615년(광해 7) 권래가 아들 3형제에게 상속한 재산은 노비가 539구, 전답이 2059두락에 달했다. 1621년(광해 13) 부인 이씨가 자녀들에게 상속한 재산도 노비 507구, 전답 2037두락, 기와집 11채, 정자 3채였다.[18]

조선시대 양반가에서는 혼인을 통해 다른 가문과의 결속을 다지고 가문의 격을 올림으로써 지역사회에서 그들의 지위와 영향력을 확대하였다. 특히 영남 지역은 학문적으로 연결되거나 또는 조상 대대로 인연이 있는 집안과의 중첩적인 혼인 관계를 통해 혼반婚班을 형성했다. 진성 이씨, 의성 김씨, 청주 정씨, 안동 권씨 등은 퇴계학맥을 중심으로 형성된 대표적인 혼반에 속한다. 정탁이 주선한 외손녀들의 혼인은 영남 지역 양반가의 전형적인 혼인 방식이었다. 더불어 이씨 자매의 남편들이 탄탄한 출사길을 걷던 무관관료, 유능한 문관이자 퇴계학파에서 학문을 인정받았던 학자, 사회경제적으로 막강한 위세를 가졌던 안동 권씨 가문의 종손이었던 사실은 배우자의 정치경제적 능력도 함께 고려했던 전략적 측면이 엿보인다.

마찬가지로 황여일은 정탁의 외손녀이자 성종의 5대손인 이씨를 아내로 맞이함으로써 평해 황씨 가문의 위상을 제고하고 중앙 정치 무대에서 자신의 입지를 강화할 수 있었다. 권래 역시 왕실 종친녀인 전주 이씨를 맞이한 사실을 자부심으로 여겼고, 실제로 동생 이씨의 묘지명에는 "부인은 성세의 '귀족'으로 태어났다(夫人生成勢貴族)"는 구절이 기록되어 있다.[19] 이들의 단순한 개인적 결합을 넘어 상호 정치적·경제적 실리를 반영한 전략적 연대의 일환이었다.

결혼 생활과 자손들

혼인 직후, 남편 황여일은 금성 현령에 발령받았으나 취임하지 않고 서울에서 관료 생활을 한다. 이 시기 이씨는 연달아 4명의 아들을 출산한다.

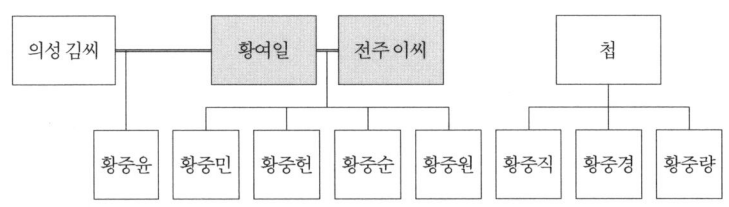

[그림 2] 황여일의 자녀(출전: 『平海黃氏世譜』, 『嘉梧藁略』)

황여일에게는 아들이 8명 있었는데, 그 가운데 장남 중윤中允(1577~1648)이 전처인 의성 김씨 소생으로 계모인 이씨보다 3살이 많았다.[20] 중민(1604?~?), 중헌(1605~1653), 중순(1608~1648), 중원(?~?)은 모두 이씨 소생이고, 중직, 중경, 중량 3명은 첩 소생이었다.[21]

신도비문神道碑文에 따르면, 황여일은 외직에 임명되지만 벼슬에 뜻을 두지 않고 고향으로 돌아가려는 의사를 자주 내비쳤다. 1606년(선조39) 영천군수에 임명되었으나 같은 해에 부모상을 당하여 여묘살이를 했고, 1610년(광해 2) 길주목사에 제수되었으나 이를 사양했다. 이후 1612년(광해 4) 창원부사, 1615년(광해 7) 동래부사 등의 지방관을 역임하지만 벼슬에 뜻을 두지 않고 집으로 돌아왔다는 기록이 남아 있다. 장남 황중윤은 1612년(광해 4) 문과 증광시에 급제한 이후 중앙에서 관료 생활을 시작했다. 이 시기 이씨가 낳은 아들들이 모두 나이가 어린 점을 감안하면, 이씨는 자주 변동되었던 남편의 임소를 따라다니기보다는 영해의 종택에 머물며 집안의 주부로서 실질적으로 가계를 경영했을 것으로 보인다.

이씨가 계자繼子보다도 어린 나이였지만, 집안의 주부이자 어머니로서 그의 지위는 확고했다. 1622년(광해 14) 남편 황여일이 67세의 나이로 사망하는데, 그는 "죽는 것이 모두 정해진 운명인데, 여러 자식을 잘 가르치고 훈계하여 문호를 보호하시오. 이것이 내가 바라는 것입니다"[22]라고 가모장家母長으로서 가문 수호의 역할을 부인 이씨에게 부탁했다.

이씨는 남편의 유언을 받들어 집안의 중심을 잡으며, 적서嫡庶를 엄격히 구분하고 가문의 법도와 질서를 유지했고 장남인 황중윤도 계모인 이씨에게 아들의 도리를 지극히 다했다. 이씨는 자신이 낳은 아들보다 더 사랑하며 장남과 아우들의 구분을 엄격하게 세워 집안의 법도를 잘 세워서 황중윤의 효성과 더불어 칭송을 받았다고 한다.[23] 이들의 돈독한 관계는 황중윤의 일기 내용을 통해서 알 수 있다.

> 즉시 걸음을 재촉하여 집으로 돌아오니 어머니와 부인, 형제들과 사위 조정융 등이 영연靈筵을 모신 마루에 모두 모여 있었다. 이는 조정융의 종이 어젯밤에 서울에서 "즉시 잡아들이라는 명이 이르게 될 것"이라고 말했기 때문이다. (…) 어머니와 그 외의 사람들이 울먹이기를 그치지 않기

에 내가 해명하기를, "제가 폐위된 군주의 조정에 서서 (…) 극형을 받은 자들은 모두 폐모의 논의를 범한 자들이라고 들리는 듯합니다. 저는 이 일에 끼지 않았으니 어머니께서는 걱정을 놓으십시오."[24]

1623년(인조 1) 인조반정이 일어난 뒤, 황중윤은 광해군 대 승정원 관료로 재직할 때 계청했던 내용이 문제가 되어 위리안치圍籬安置 형벌을 받게 되었다. 유배를 떠나던 날의 일기에는 온 가족들이 울면서 슬퍼하는 모습, 계모 이씨를 걱정하는 황중윤의 모습이 나타나 있어, 모자 간의 깊은 유대관계를 엿볼 수 있다.

이씨는 가정의 실질적 운영자이자 중심인물로, 남편이 집을 비우거나 지방에 있을 때에도 집안의 질서와 안정을 책임졌다. 계모임에도 불구하고 장남 황중윤을 비롯한 모든 자녀에게 어머니로서 확고한 권위를 행사했으며, 집안의 주부로서 자녀 양육과 가문 운영을 주도적으로 이끌었다. 실제로 이씨는 남편 황여일이 집을 비우는 동안 가계를 안정적으로 유지하고 자녀들의 교육과 성장을 책임졌다. 남편의 사후에도, 장남이 유배 중인 상황에서도 가모장으로서 집안의 질서를 바로 세우는 데 핵심적인 역할을 했다.

그런데 장남 황중윤에게는 적처 밀양 박씨와의 사이에 두 딸과, 첩소생 두 아들이 있었으나 적자가 없었다. 이에 셋째 아들 황중헌黃中獻의 첫째 아들 황석래黃石來(1627~1702)를 양자로 들였다. 석래는 이씨의 친손자였다.

황석래를 양자로 들인 시기는 분명하지 않지만 1638년(인조 16) 황중윤이 지인에게 '아자兒子 석래石來'의 시에 대한 차운次韻을 청한 것으

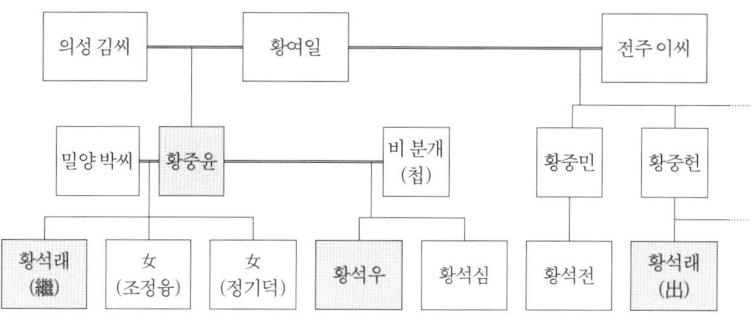

[그림 3] 황중윤의 가계도(출전: 『平海黃氏世譜』)

로 보아, 이미 이 시기에 황석래를 양자로 들여서 교육하고 있었음을 알 수 있다. 11년 동안의 유배 생활을 마치고 1633년(인조11) 고향으로 돌아왔을 때, 황중윤의 나이는 환갑을 앞둔 때였다. 황중윤이 고향으로 돌아오기 전 해(1632)에 황중헌의 둘째 아들 석평이 태어났고, 당시 6세인 석래를 양자로 들였을 것으로 추정된다.

양자 황석래는 이씨의 친손자였다. 그는 안동 지역 명문 진성 이씨 집안, 퇴계의 증손 이억李嶷의 딸과 혼인했다. 황석래와 진성 이씨의 혼인은 어떻게 성사되었을까? 영남 지역 사회에서는 유력 가문을 중심으로 혼반이 형성되어 있었으나, 평해 황씨 족보를 보면 황여일 이전에는 영남 지역과의 혼인 사례가 드물었다. 황여일과 그의 사촌 동생 황천일黃千一이 의성 김씨가에서 배우자를 얻으며 안동 지역 유력 가문과의 인연이 시작되었다.

그런데 황석래의 장인인 이억의 친부는 이영도李詠道, 친모는 권벌의 손녀 안동 권씨다. 앞서 밝혔듯이 이씨의 여동생이 권벌의 손자인 권래의 처였다는 점을 감안하면, 이씨의 여동생은 석래의 이모할머니

이자 석래 처의 외숙모였다. 결국 황석래와 진성 이씨 혼인은 황여일 처 이씨가 직접적인 연결고리 역할을 했을 가능성이 크다. 이씨는 자녀와 손자들의 혼인에도 관여하며, 가문의 혼맥과 사회적 기반을 확장하는 데 중요한 역할을 했던 것으로 보인다.

한편 황중윤의 첩자 석우石友와 석심石心은 이씨의 신노비 귀손의 딸인 비 분개 소생이었다.[25] 석우는 이씨가 작성한 한글 고문서에 등장하는 주인공이다. 『별계후등록別繼後謄錄』에도 황중윤의 첩자 석우·석심이 상언을 올렸다는 기록이 있다. 그러나『평해황씨세보平海黃氏世譜』에는 황중윤의 첩자로 석심만 있고 석우에 대한 기록은 빠져 있다. 왜 황중윤의 첩자 황석우의 흔적이 사라졌을까?

동생 석심에 대한 기록을 통해 석우를 유추할 수 있다. 『평해황씨세보』에 따르면, 첩자 석심은 문무에 능하여 무과에 급제하여 행절충장군行折衝將軍의 품계를 받은 인물로 기록되어 있다. 첩자임에도 문무의 재능을 겸비했다고 표현한 것으로 보아[26] 표현한 것으로 볼때 첩자이지만 교육을 받았던 것을 알 수 있다. 그 교육은 외부보다는 아버지 황중윤으로부터 직접 받았을 것으로 보인다. 황석우 역시 아버지 황중윤의 총애를 받았다고 한다.[27] 이러한 점에서 황석우도 석심과 마찬가지로 재기가 있던 인물이 아니었을까? 황중윤은 평소 서얼에 대한 차별의식이 적었던 인물이다. 평소 적서를 불문하고 형제간에 우애가 좋아서 재산을 나눌 때도 아우들에게 풍족하게 나누었고, 1627년(인조 5) 정묘호란으로 얼제孼弟 중량이 사망했을 때 시신을 거두지 못하자 애도시를 썼으며 평생 슬퍼했다고 한다.[28] 이러한 황중윤의 성향을 감안해 보면 석우·석심 형제는 아버지 생시에 별다른 차별 없이 성장했을 것이다.

그러나 이씨는 적서를 구분하지 않는 황중윤의 태도를 경계했다. 이씨가 남긴 소지에는 다음과 같은 내용이 있다.

> 맏아들 승지의 비첩의 자식 황석우라는 놈의 어미인 노비 분개는 당초에 이 여인의 소유로 귀손이라 하는 놈의 소생입니다. 승지 만년에 첩으로 삼아 황석우를 낳아 정실에 아들이 없음에 이놈을 총애해서 자식들 중에 재산을 나눠 줄 적에 이 여인의 소유인 귀손이를 승지가 자기 몫으로 달라고 하거늘, 나도 모자 정리에 불쌍하게 여겨 주었으되, 대종大宗의 자리는 저 놈에게 못 줄 것이라 하였습니다.[29]

이씨가 작성한 소지에 따르면, 황중윤이 이씨에게 첩자 석우의 노비문서를 자신에게 달라고 요청한 것은 종량宗樑과 관련이 있었기 때문이다. 이씨는 황중윤의 뜻을 파악해 노비문서를 증여했지만, 첩손 석우의 가계계승에 대해서는 단호히 반대 의사를 밝혔다.

후계자를 둘러싼 갈등과 선택

승계자 갈등은 장자 황중윤이 사망한 1648년(인조 26) 직후에 표면화되었다. 상주의 지위를 두고 황중윤의 첩자 황석우가 양자 황석래의 정당성에 문제를 제기하면서 시작되었다.

불의에 승지가 죽은 후에, 승지의 종첩 분개의 아들 석우라는 놈이 본래 패역한 놈으로 하루아침에 제 아버님의 명을 거역하여 반부자로 탈적하려고 하고, 미련한 자식 중민이를 달래어 둘째 아들이 맏이를 잇는 방법으로 선대 봉제사를 아우가 맡고 승지의 봉제사는 석우가 달라고 하거늘, 중민이가 석우와 동심하여 이양하려던 흉계를 너희들인들 모르랴?³⁰

첩손인 황석우와 이씨의 차자인 황중민黃中敏이 함께 결탁하여 봉사권을 요구했다. 황석우는 황중윤의 친아들로서 아버지인 황중윤의 제사를 지내고, 황중민은 선대 조상의 제사를 차자인 자신에게 양도할 것을 요구한 것이다. 이처럼 첩손과 차남이 결탁하여 봉사권을 요구하는 상황은 조선시대 양반가에서 가계계승을 둘러싼 현실적 이해관계와 가족 내 권력관계의 복잡성을 잘 보여 준다.

조선시대의 가계계승은 기본적으로 적장자를 중심으로 이루어졌지만, 적장자에게 후사가 없는 경우에는 법제적으로 입후, 형망제급과 첩자승중의 계승 방식을 모두 허용했다. 또한 사회적으로도 특정한 방식이 강제되지 않고 각 개인 선택이 존중되었기 때문에 17, 18세기에 이르러서도 첩자승중이나 형망제급에 의한 가계계승이 양반가에서 유지된 사례를 종종 볼 수 있다.

일례로 17세기 진성 이씨가에서 퇴계가의 손자 이안도가 후사 없이 사망하자. 그의 동생 이영도가 자신의 아들을 형의 후사로 출계시켰다. 이를 두고 18세기 영남 지역의 문인이었던 정종로鄭宗魯(1738~1816)는 "형망제급兄亡弟及이 온 세상에 통행되는 예이며, 당시의 제현諸賢들의 논의도 또 동일하게 말이 같았다"라며 17세기 사회에서 형망제급이 주류 계승 방식이므로 이영도가 가문을 계승할 수 있었음에도 불구하고 형의 후사를 잇게 한 의리를 칭송했다. 또한 이씨의 외가인 정탁 집안에서도 형망제급이 이루어졌다. 정탁의 장남인 정윤목이 사망하자 2남 정윤위가 대종 제사를 승계했고, 3남 윤목의 아들 시영이 정윤목의 양자로 들어가서 따로 윤목의 제사를 봉행하며 지파를 형성했다.[31]

이처럼 17세기의 가계계승 방식이 선택적 상황임에도 불구하고, 이씨는 자신의 친아들인 차남 황중민을 두고도 전처 소생인 장남 황중윤의 계통을 이어 3남 황중헌의 아들 석래를 가문의 후계자로 세우는 중대한 사안을 주도했다. 친아들의 계승을 물리치고 전처소생 아들의 계통을 대종으로 선택한 것은 매우 주목할 만한 지점이다. 이씨가 자신의 친아들을 두고 왜 전처 소생자인 황중윤의 후사를 잇게 한 이유가 무엇일까?

결론부터 말하자면 손자 황석래가 장남 황중윤의 대를 잇는 것이 차남 황석민의 계승보다 더 유리하다고 판단했을 가능성이 크다. 앞서 2절에서 살펴보았듯이, 황중윤은 아버지 황여일과 더불어 문과 급제를 거쳐 고위 관직을 수년간 역임했고 또한 사림 사회에서 학문적 역량을 평가받음으로써 평해 황씨 집안이 영남 지역의 명문가 반열에 오르는 데 결정적인 역할을 했다. 이러한 황여일·황중윤의 사회정치적 역량을 밑바탕으로 평해 황씨가는 의성 김씨, 청주 정씨, 안동 권씨, 진성 이씨 등 영남 지역의 유력 가문과 혼반을 형성하기 시작하였으며, 이러한 관계는 평해 황씨의 가세를 확장하는 데 시너지 효과를 발휘한다. 황석래가 가계계승자로 선택된 배경에는 그의 혼인과 더불어 평해 황씨가의 가격家格을 유지하려는 이씨의 의지가 숨어 있다고 분석된다.

또한 황석래가 손자 가운데 문재文才가 뛰어난 점이 작용했다. 황여일과 이씨 부부의 적손자는 모두 10명이다. 그중 생전 행적이 상세하게 남겨진 이는 석래, 석평, 석령 3인이다. 황석래는 학식이 넓지만 출사길에 오르지 않고 향촌 사회에서 존경을 받는 인물로 기록되었다.[32] 또한 과거 양부 황중윤이 어린 황석래의 시에 대해 지인의 평가를 요청했던 사실로 비춰 볼 때, 황석래는 일찍부터 학문적 자질을 보이며 집안의 기대를 받았을 것으로 보인다. 반면 차남 황중민에 대한 기록은 매우 소략하다. 그의 아들 석흥이 있었으나 기록이 전무하다. 족보 기록이 소략한 점에서 그들의 사회적 위상이 높지 않았음을 짐작할 수 있다.

여기에 더해, 이씨가 가계 계승자로 석우를 반대하고 석래를 지지한 결정적 배경에는 석래가 자신의 혈통이라는 점이 중요한 요인으로 작용했다. 이씨는 자신의 혈통이 가문의 대종 계승에 직접적으로 이어지기를 바랐고, 이를 위해 친손자 석래를 황중윤의 양자로 들이는 데 적극적으로 나섰다. 반면, 천첩 소생인 석우는 이씨와 혈연적 연결이 없었기 때문에, 황중윤의 후계자로서 적합하지 않다고 판단했을 가능성이 높다. 이처럼 이씨의 선택에는 가문의 명분과 사회적 기반뿐 아니라, 자신의 혈통이 가계계승의 핵심에 자리 잡기를 바라는 현실적 이해와 감정이 복합적으로 작용했다.

이씨의 결정은 단순한 가족 내 감정이나 첩자 차별에 기인한 것이 아니라, 집안의 명분과 장래 그리고 가문 전체의 사회적 입지와 지속적 발전을 고려한 것이었다. 황여일·황중윤 부자가 쌓아온 학문적·정치적 자산 그리고 이를 바탕으로 형성된 영남 명문가들과의 혼반 네트워크는 황씨 가문의 위상을 결정짓는 핵심 요소였다. 이씨는 이러한 맥락에서, 황석래가 적합한 후계자임을 판단하고, 자신의 친아들보다 계자의 계통을 대종으로 삼는 결정을 내렸다. 이는 조선시대 여성, 특히 존장으로서 연장자 여성의 권한이 단순히 집안 내 살림이나 자녀 교육에 한정된 것이 아니라, 가문의 운명과 명예, 사회적 연대의 핵심을 좌우하는 실질적 결정권으로까지 확장되어 있었음을 보여 준다.

입후에서 할머니의 존장권

조선시대 입후의 주체는 원칙적으로 부모였으며, 아버지가 상대적으로 더 큰 권한을 가졌으나, 사회윤리의 근간인 '효'에 따라 부모의 공동 친권, 특히 어머니의 입후권도 제도적으로 보장되었다. 실제로 18세기 말에서 19세기 초반 『일성록』에 기록된 입후 상언 318건을 분석해 보면, 양반 여성의 입후 청원 참여율이 매우 높았는데, 이는 어머니의 입후권이 실질적으로 인정받았음을 보여 준다.[33]
특히 조선시대의 적법한 입후는 친·양부모의 동의와 양부모의 신청이 필수적이었지만, 실제 입후 과정에서는 조모의 영향력이 매우 컸다. 이는 가정 운영에서 가장 큰 권위를 지닌 이가 존장尊長과 그의 처, 즉 조부모였기 때문이다. 유교적 위계질서에서는 아버지가 사망해 그 아들에게 가장의 역할이 넘어가더라도, 조모는 가장의 어머니로서 여전히 가문 내에서 독자적인 권위와 권한을 행사할 수 있었다.

이러한 조모의 존장권은 『근사록』에서 주역 고괘蠱卦 구이효九二爻에 대한 해석에서도 확인된다. "어머니의 일을 주관할 때는 고집을 부려서는 안 된다. 자식은 어머니에게 유순하고 공손하게 보도輔導하여 의義에 맞게 해야 하며, 순종하지 않아 일을 그르치면 자식의 죄다"[34]라는 구절은, 어머니와 더불어 조모의 권위와 자식 세대의 도리를 강조한다.

이처럼 성리학적 질서 속에서 조모의 권위는 단순히 남편의 유지를 전달하거나 실천하는 역할을 넘어, 때로는 독립적인 존장으로서 입후와 가계계승 과정에 결정적 영향력을 행사했다. 조선 후기 사회에서 조모의 존장권은 입후 분쟁과 가문 운영의 핵심 축으로 작동하며, 법적·사회적 질서 내에서 여성, 특히 조모의 실질적 주체성과 권위가 분명히 자리 잡고 있었음을 보여 준다.

이러한 연장자 여성의 모권적 권위와 실질적 영향력은 실제 판례에서도 확인된다. 송립宋岦(1582~1667)에게는 적자 덕유德裕, 첩자 덕륭德隆과 덕장德章 3명의 아들이 있었다. 적자 덕유가 송립보다 먼저 사망했다. 송립은 임종에 임박해서 첩자 덕륭을 후사로 삼으려는 뜻을 유언으로 남겼다. 그런데 1667년(현종 8) 송립의 처 허씨가 첩자를 내쫓고 양손을 들여서 자신의 아들인 덕유의 후사로 삼자, 이에 첩자가 반발하여 제소했다.[35] 이에 허씨는 원정을 올려 남편의 유지는 난명불종亂命不從, 즉 죽음을 앞두고 정신이 흐린 상태에서 두서없이 남긴 유언이므로 명령에 따를 수 없다고 주장했다. 이 사건을 두고 국왕과 신료들은 논의하는 과정에서 허씨의 죄를 주장하는 측은 부인이 남편의 뜻을 배신하여 패륜이라고 보았다. 반면 허씨의

> 무죄를 주장하는 측은 "후사를 세우는 문제는 중대사이므로 부부가 반드시 서로 의논해서 결정해야 한다"[36] 하며 아내와 의논하지 않고 멋대로 서자를 후사로 삼은 송립의 잘못을 주장했다. 최종적으로 국왕과 신료들은 남편의 유지를 어긴 죄를 적용하지 않고, 경미한 사안으로 처리했다. 이 판례는 조선 사회에서 후계자 선정 시 존장의 동반자로서 어머니가 강한 영향력을 발휘할 수 있었음을 방증한다.

이씨는 차자와 첩손의 봉사권 주장에 대해 '흉계'라는 표현을 써가며 강한 거부감을 드러내고 양자 석래의 봉사권을 보호하기 위한 다양한 법적 대응을 했다. 특히, "내 샹언을 뎡[묻]ᄒ라 ᄒ엿다니 (…) 경인년 ᄉ월에 상언 뎡ᄒ닙안을 가져와시니"[37]라는 기록에서 보이듯, 이씨는 국왕에게 직접 상언을 올려 황석래의 입후를 청원했다. "내 샹언"이라는 표현은, 입후 절차가 단순히 남성 가족 구성원의 주도로 이루어진 것이 아니라, 이씨의 주도와 명령에 따라 추진되었음을 명확히 보여 준다. 실제로 손녀사위인 조정융曺挺融이 상언을 올렸지만, 이는 이씨의 명령에 따른 것이었으며, 입후 입안 역시 이씨의 주도하에 이루어졌다.

당시 양자 석래의 친부이자 이씨의 셋째 아들인 중헌이 생존해 있었으나, 이씨는 자신의 뜻을 반영한 청원을 자신의 명의로 올렸다. 통상적으로 조선시대 여성의 청원서는, 비록 한글로 작성되었다 하더라도 주변 남성의 개입이 있었을 것이라 의심하는 경향이 있다.[38] 하지만 황씨 가문의 사례에서는, 조모인 이씨가 실질적인 상언의 주체로서 모든 절차를 주도하며, 생부나 주변 남성의 도움에 의존하지 않았음을 보여 준다.

특히 이씨의 입후 청원 방식은 국왕에게 상언을 올려서 받은 특별 입후였다. 조선시대 입후제도는 원칙적으로 양부모가 예조에 청원하여 입안을 받는 것이 통상적이었다. 그러나 17세기 중반 이씨가 입후 입안을 신청할 당시에는 특별 입후가 보편적이지 않았고, 조부모가 입후를 청원하는 것도 예외적인 사례로 인식되었다. 그럼에도 불구하고 이씨는 국왕에게 직접 상언을 올려 입후를 청원하는 적극적인 모습을 보였다. 이는 조선시대 입후제도의 변화와 더불어, 실제 현장에서 연장자 여성의 권한과 주체성이 어떻게 행사되었는지를 잘 보여 주는 대목이다.

이씨의 주도적 입후 상언과 입안 발급은, 가계계승에서 여성도 법적 주체로서 자신의 입장을 관철할 수 있음을 보여 준다. 이는 조선시대 여성의 활동이 사회적으로 제한적이었다고 알려진 17세기 중반의 한 양반가에서 발휘된 여성의 주도성과 지위를 파악할 수 있는 중요한 단서다. 이씨는 입후 입안 발급을 통해 후계자 선정의 정당성을 명확히 하였고, 향후 분쟁에 대비한 법적 근거를 마련했다.

이처럼 전주 이씨의 사례는 조선시대 연장자 여성, 곧 모권의 주체가 후계자 선정과 가계계승의 실질적 결정권자였음을 보여 준다. 황여일-황중윤-황석래로 이어지는 계승 구도는, 단순히 가부장적 혈통 계승만이 아니라, 연장자 여성의 전략적 판단과 주도적 개입이 집안의 명운을 결정지었음을 시사한다. 이씨가 황석래의 입후를 주도하고, 첩손과 차남의 봉사권 요구를 단호히 거부한 과정은, 조선시대 여성의 법적·사회적 권한이 단순히 부권의 그림자에 머문 것이 아니라, 오랜 모권 전통에서 출발해 실제 가계계승과 후계자 선정의 주체로 기능했음을 잘 보여 주는 대표적 사례라 할 수 있다.

이씨는 또 하나의 법적 장치를 마련해두었다. 입후 입안을 받은 이듬해인 1651년(효종 2)에 유서를 작성했다. 사망하기 18년 전, 비교적 이른 시기에 남긴 이 유서는 단순한 임종 유언이 아니라, 향후 가계계승 분쟁과 소송에 대비한 법적 무기이자 전략적 대응 수단이었다. 이씨는 유서의 목적을 다음과 같이 명확히 밝혔다.

> 행여 내가 죽은 뒤에 중민이를 꼬여서 내가 한 말인 양 지어내어 고쳐서 흉모凶謀를 낸다면 위로는 나라를 속이고 아래로는 선조를 더럽힐 듯하다. 금석 같은 입안立案이 있지만 또 다시 입안을 받도록 내 본뜻을 친필로써 실행하여 그놈을 알게 하고자 한다. (…) 행여 내가 죽은 뒤에 (석우가) 위조 문서를 가지고 정소呈訴하려 하거든 내 자손들은 선세의 뜻과 내 유서에 따라 중민이는 배효背孝로서 논단論斷하고 석우는 반부죄叛父罪와 상전 잡아넣은 죄와 나라 속인 죄로 각각 사유를 갖추어 정관呈官하여 죄에 따라 처리한다. 이 내 글씨로써 자손들에게 표(증거)가 되도록 언문諺文으로 친히 쓰는 것이니 자자손손에 이르기까지 가벼이 봉행하지 않을 일이다.[39]

유서의 내용은 황석래 입양과 입후 입안의 발급, 첩자 황석우의 도발 그리고 후손에게 하는 당부로 구성되어 있다. 이씨는 이미 입후 입안을 통해 황석래의 법적 지위를 확보했음에도, 자신의 사후 차남 황중민과 황석우가 계승권을 두고 문서를 위조하거나 소송을 제기할 가

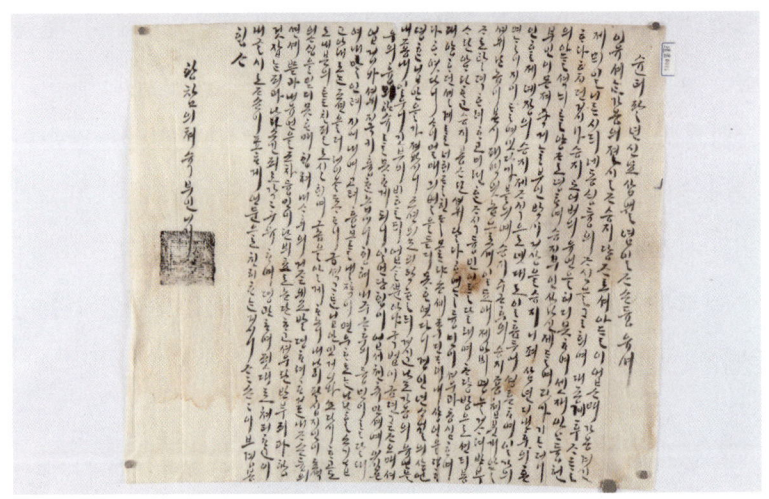

[그림 4] 황여일 처 전주 이씨의 유서
한국국학진흥원 소장-평해 황씨 해월종택 기탁 자료

능성을 우려했다. 실제로 조선시대에는 형망제급과 첩자승중이 법제적으로 인정되고 관행적으로도 통용되었으므로, 자신의 의사가 왜곡될 위험이 상존했다. 이에 이씨는 입안에 더해 유서까지 남겨, 자신의 뜻을 이중으로 명확히 밝히는 전략을 택했다.

이 유서는 단순한 사후 유언이 아니라, 가계계승 분쟁에서 후손들이 방어할 수 있는 법적 근거로 활용하라는 이씨의 전략적 포석이었다.

이 유서는 가옹의 전실 자식인 승지가 장자로서 아들이 없으므로 남편이 살아계실 때 매일 말씀하시되, "너의 동복同腹 동생 가운데에 자식을 잘 골라서 대종大宗의 계후자繼後子를 삼으라"고 하셨다. 아들인 승지(황중윤)도 아버지의 유서를 헐어 버리지 못하여 셋째 아우 중헌中憲의 아들 석래石來를 양자養子로 정하여 승지 부인이 살아계실 때 데려다가 길렀는데 박씨 부인이 (남편보다) 먼저 죽었다. 부인 박씨의 거상居喪을 승지가 (석래에게) 상복을 입혔고, 삼년 지낸 뒤 (석래가) 혼인할 때 예장禮狀에 승지가 제 자식으로 예禮에 따라 이름을 적고 성혼成婚하여 한 집에서 며느리까지 데리고 살았다.

유서의 첫머리부터 이씨는 황석래 입후의 정당성을 강조했다. 첫째, 남편 황여일과 장자 황중윤의 유지라는 점, 둘째, 황중윤 부부가 생전에 황석래를 입양한 점, 셋째, 황중윤 처 박씨의 장례에서 상주 역할을 했던 점, 넷째, 황석래의 혼서에 황중윤이 아버지로 기록된 점, 다섯째, 황중윤이 황석래 부부와 함께 동거한 점을 통해 황석래가 적법한 양자라는 점을 강조했다.

조선시대의 적법한 입후는 양쪽 부모의 동의와 양부모의 신청을 기본적인 요건으로 했다. 양부모인 황중윤 부부가 사망한 상태였기 때문에 부부의 생전 의사를 확인하는 것이 매우 중요했다. 때문에 이씨는 유서에서 부부 생전에 양자를 입양했고 또한 황석래가 양부모 장례에서 상주 역할을 했던 점, 황석래의 혼서 기록을 통해 황석래가 집안에서 명실상부한 아들로 인정받았다는 점을 강조하며 양부모의 생전 입양 의지를 피력한 것이다.

이씨는 후손에게 "중민이는 배효로서 논단하고, 석우는 반부죄와 상전 잡아넣은 죄와 나라 속인 죄로 각각 사유를 갖추어 정관하여 죄에 따라 처리"할 것을 주문했다. 이는 만일 분쟁이나 소송이 발생할 경우, 황중민과 황석우를 강상죄綱常罪와 같은 중대한 죄목으로 고발하여 저지할 것을 명확히 지시한 것이다.

강상죄는 분의分義와 상도常道 등 사회의 기강을 무너뜨리는 위중한 사안으로 인식하여 엄형에 처했다. 이에 따라 강상 관계에 있는 존장尊長과 비유卑幼 사이에 소송이 발생할 경우, 실체적인 시비곡직보다는 유교적 도덕관념을 우선하여 처리했다.[40] 민사적 사안일지라도 곧바로 형사사건으로 전환되어서 비유에게 형추刑推를 가하며 처벌하는 경향을 보인다. 실제 1686년(숙종 12) 해남현에서는 임간林揀 처 김씨와 그의 시조카 사이에 토지 소송이 발생했는데, 이때 해남 현감은 이 사건을 강상과 관련된 사안으로 판단하고 관련자 형추의 필요성을 관찰사에게 즉각 보고했다. 이에 관찰사는 장형杖刑을 통해 자백을 받고 최종적인 판결을 내리도록 처분했다.[41] 이러한 소송 과정에서 양반가의 여성들은 자신의 권리가 침해받았을 때, 이에 대항하여 '강상'의 명분을 적극적으로 활용하여 상대에게 형벌을 이끌어 내는 전략적이고 주체적인 활동을 했다.[42] 이씨 역시 강상죄 명분을 통해 후손이 법적·도덕적으로 우위를 점할 수 있도록 치밀하게 대비했다.

더불어 이씨는 "내 글씨로써 자손들에게 표가 되도록 언문으로 친히 쓴다"라고 강조했다. 조선시대 유서는 원칙적으로 한자로 작성되어야 했으나, 이씨는 한글 자필 유서를 남김으로써 자신의 의사가 왜곡 없이 정확히 전달되도록 했다. 이는 문서 위조 논란을 예방하고, 후손에게 진본 문서로서의 법적 효력을 강화하려는 전략적 선택이었다. 실제로 조선 후기 한글 청원서 역시 여성의 권리 청원과 소송에서 점차 법적 효력을 인정받았으며, 한글 문서가 억울함을 해소하는 데 효과적이었음을 현존 문서에서 확인할 수 있다.

여기서 주목할 점은, 이씨가 한글 자필 유서를 택한 배경에 있다. 조선시대 유서는 원칙적으로 남성의 경우 자필이 요구되었고, 여성의 유서는 족친 중 현관이 증인과 필집을 맡아야 효력이 있었다. 이는 여성들이 한자를 모르는 경우가 많아 대필이 흔했고, 위조의 가능성이 높았기 때문이다. 하지만 이씨는 자필 한글 유서를 남김으로써 진본 문서임을 강조하고, 자신의 의사가 왜곡되거나 위조되는 것을 원천적으로 차단하고자 했다. 이는 조선시대 소송에서 문서의 진본 여부가 치열한 쟁점이 되었던 현실을 반영한 전략이었다.

현대에도 유서의 법적 효력과 관련해서는, 유언장이나 유서가 원본으로 보관되어야 하며, 작성 일자와 주소, 서명 등 요건이 충족되어야 분쟁 시 효력이 인정된다는 점이 판례에서도 확인된다. 이씨가 자필 한글 유서를 남긴 것도, 진본 문서임을 강조해 위조 논란을 사전에 차단하고, 향후의 소송에서 후손에게 분명한 증거를 남기기 위한 전략적 선택이었다.

이씨의 한글 유서는 단순한 유언장이 아니라, 법적 분쟁에 대비한 증거 확보와 후손 보호 그리고 여성의 법적 주체성 실현이라는 점에서 중요한 의미가 있다. 이씨는 자신의 의지와 가계계승의 정당성을 분명히 남기는 동시에, 여성도 법적 절차의 주체가 되어 권리를 적극적으로 행사할 수 있음을 보여 준 대표적인 사례라 할 수 있다. 이씨의 전략적 글쓰기와 증거 확보는 조선시대 여성사의 새로운 지평을 보여 주는 동시에, 당시 여성들이 억울함을 해소하고 정의를 실현하는 데 있어 얼마나 치밀하고 주체적이었는지를 잘 보여 준다.

더 나아가, 이씨의 유서와 같은 한글 문서의 등장은 조선시대 여성의 글쓰기 문화와 법적 실천의 발전을 상징한다. 여성들은 한글이라는 자신만의 언어로 억압적 질서에 맞서고, 법적 공간에서 자신의 목소리를 분명히 드러내며, 실제로 가문과 사회의 질서에 영향을 미쳤다. 이씨의 유서는 그 대표적 사례로, 조선시대 여성의 전략적 주체성과 법적 역량을 입증하는 귀중한 사료다.

조선시대 여성의 법적 주체성과 전략성에 대한 최근 연구

김지수는 조선 여성의 소송 과정에서 한글 소지所志와 유서, 청원서 등 다양한 문서가 적극적으로 활용되었음을 분석하며, 여성들이 신분과 젠더의 제약에도 불구하고 법적 주체로서 자신의 권리와 입장을 논리적으로 호소하고 관아에 직접 청원하는 경우가 빈번했음을 밝혔다. 이는 조선의 사법체계가 유교적 명분론을 중시하면서도, 억울함을 해소하고 실질적 정의를 실현하기 위해 여성의 법적 주체성을 부분적으로 인정한 모순적 구조에서 비롯된 현상이다. 김지수는 또, 조선 여성의 법적 주체성이 동시대 중국이나 유럽과 비교해 두드러진 특징임을 지적한다. 중국과 유럽에서는 기혼 여성이 법정에 설 때 남성 보호자의 동의가 필수적이었으나, 조선에서는 여성이 독자적으로 소송을 제기하고 문서를 작성할 수 있었다.[43]

한효정은 73건의 결송입안을 분석하여, 조선시대 양반 여성들이 '대송代訟' 제도를 적극 활용해 사회적 제약을 돌파하고 법적 권리를 실현했음을 밝혔다. 당사자 친송이 원칙이었지만, 양반 여성의 경우 아들, 사위, 노비 등 다양한 대리인을 통한 대송이 대부분이었다. 대송은 단순히 여성의 소송 능력을 부정한 억압적 제도가 아니라, 고위 관료나 양반층의 품위와 체면을 보호하기 위한 우대적 특례로 기능했다. 특히 법정이라는 공적 공간에서 여성과 지배층 가족을 보호하려는 의도가 있었으며, 법률 지식이 필요한 소송에서 대리인을 활용할 수 있다는 점에서 오히려 여성의 실질적 소송 능력을 확장하는 역할도 했다. 여성들은 직접 소송이 어려운 사회적·제도적 한계 속에서 대송을 적극적으로 활용해 자신의 권리와 입장을 관철했고, 이는 단순한 대리 행위가 아니라 가족 내외 인적 네트워크를 활용한 실질적 소송 주체로서의 전략적 행위였다. 한효정의 연구는 조선시대 양반층 여성들이 법적 주체로서 대송을 통해 사회적 한계를 돌파하고, 가계계승이나 재산권 등 중요한 가족 문제에서 실질적 주도권을 행사했다는 점을 강조했다.[44]

김경숙은 여성 친송 사례를 분석해, 조선시대 여성도 권리 침해에 대응해 주체적으로 소송에 참여했음을 보여 준다. 특히 1686년 임간 처 김씨의 사례처럼, 사족 여성도 대송이 아닌 친송을 전략적으로 선택해 소송의 주도권을 확보하고, 법정에서 자신의 입장을 효과적으로 관철할 수 있었다. 이는 조선시대 여성들이 단순히 억압받는 존재가 아니라, 제도와 현실의 틈새에서 소송 방식을 전략적으로 선택해 실질적인 법적 주체로 기능했음을 보여 준다.[45]

첩손·차남의 반발

이씨의 우려대로, 유서를 쓴 이듬해인 1652년(효종 3)에 첩손 황석우가 강하게 반격에 나섰다. 그는 이씨의 처분에 반발하며 난동을 피우고, 국왕에게 상언을 올리는 등 자신의 권리를 적극적으로 주장했다. 이씨의 소지에는 "임진년 무렵에 이 내 몸을 갖가지로 능욕하여 심지어 상언하여 탈적하려다가 (…)"라고 당시의 분쟁 상황이 간단히 언급되어 있다.『별계후등록別繼後謄錄』의 기록을 통해서는 이 사건의 구체적 정황을 더 자세히 알 수 있다.

『별계후등록』에 따르면 황석우는 동생인 황석심과 함께 상언을 올린 것으로 나타난다. 석우·석심 형제는 석래의 파양과 자신들이 부친 황중윤의 제사를 봉행할 수 있도록 청원했다.『별계후등록』에는 그들의 상언이 생략되어 있어서 정확한 내용을 알기 어렵지만, "적조모와 적삼촌 등이 완전히 결정한 일이 없다[完定之事]"46, "임진년 무렵에 이 내 몸을 갖가지로 능욕하여"47라고 표현한 것으로 미루어 볼 때, 적조모 이씨와의 갈등을 거론하며 집안에서 승중자 선정에 대한 합의가 이루어지지 않았음을 주장했던 것으로 보인다.

여기서 적삼촌은 황중민을 의미한다. 황중민은 이씨의 차남으로 기록되었지만, 실제로는 이씨가 낳은 첫 번째 아들이다. 장남 황중윤이 사망한 이후 황씨가의 남성 가운데 가장 연장자였으며 황석래의 입후를 반대하며 이씨에게 강하게 반발했다. 앞서 유서에서 보았듯이 그는 형망제급에 따라 조상의 제사를 자신이, 형인 황중윤의 제사는 친자인 황석우가 맡아야 한다는 입장이었다.

이들의 파계 상언이 접수되자 예조는 국왕에게 보고했고, 국왕은 거주지 관할인 강원도관찰사에게 조사를 명령한다.

> 황중윤의 얼자 석우와 석심 등이 그 상언으로 인해 중윤의 양자 석래가 마땅히 승사하는 여부를 본도에서 사핵한 사연을 상세하게 살펴보았습니다. 중윤은 황여일의 장자이며 일찍이 적자가 없어서 그의 아우 중헌의 아들 석래를 양자로 칭하였습니다. 혼서에 아들 석래라고 기록하여 그 얼자 석우에게 쓰게 하였고 그 양모의 상사에서는 피차 다를 바가 없이 황중윤이 생전에 석래에게 계후하려는 뜻을 명하고자 하였으니 이를 근거로 알 수 있습니다. 황여일의 처 이씨는 오히려 그의 한 아들의 아들을 승중한 장남의 후사로 삼기를 원해서 이에 종사宗祀를 물려주었다고 상언을 올렸기에 해조에서 조사할 때 집안에서 원하는 바에 따라 시행한다는 판하를 받고서 입안을 발급했습니다.[48]

조사 과정에서 핵심이 된 것은 양부모 황중윤 부부의 생전 의사였다. 황중윤의 생전 의사와 양자 황석래의 입후 적법성을 확인하는 데 있어, 석래의 혼서에 아들로 기재된 점, 황중윤 처 박씨의 장례에서 상주 역할을 한 점 등을 조사했다.

그러나 무엇보다도 이씨가 직접 진술한 내용이 황중윤의 의사를 확인하는 핵심 근거로 활용되었다. 이씨는 남편 황여일과 장남 황중윤의 유지 그리고 본인의 결정이 모두 반영된 결과임을 명확히 밝혔고, 국가 역시 이씨의 진술을 결정적 논거로 삼았다.

결국 이씨의 진술을 중심으로 한 조사 결과에 따라 황석래 입후의

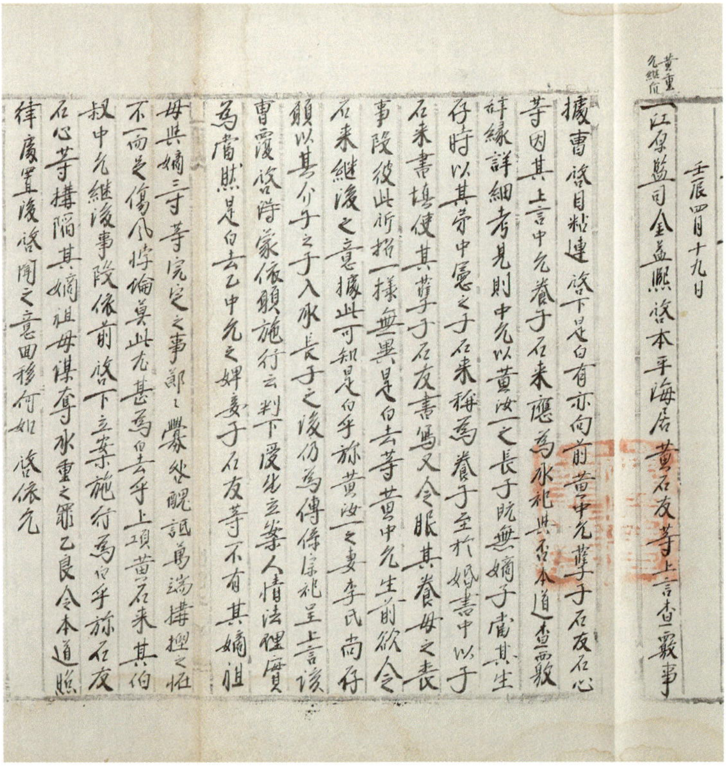

[그림 5] 황석우의 파계 상언 【別繼後謄錄】
규장각한국학연구원 소장

적법성은 인정되었고, 황석우·석심 형제의 파계 시도는 저지되었다. 그런데 그들의 청원은 단순히 기각된 것에 그치지 않고 처벌로 이어졌다. 국가에서는 적조모를 능욕한 '강상죄'를 적용하여 두 형제에게 절도 유배 처분을 내렸다.

이 사건에서 이씨가 보여 준 전략성은 결과적으로 매우 주효했다. 이씨는 입후 입안과 함께, 자신의 의사와 남편·장남의 유지 그리고 황석래의 적법성을 일관되게 진술하고, 분쟁에 대비해 법적·도덕적 명분을 이중, 삼중으로 마련했다.

국가 역시 이씨의 진술을 단순 참고가 아니라, 가장 신뢰할 만한 증거로 간주하여 판결의 핵심 논거로 삼았다. 이는 조선 후기 국가가 가계계승 분쟁에서 어머니 혹은 연장자 여성의 증언과 판단을 실질적으로 존중했음을 보여 준다. 조선시대 강상죄는 단순한 가족 내 불화나 갈등이 아니라, 유교적 가족질서와 사회적 명분을 어지럽히는 중대한 범죄로 간주되었다. 여성이라고 할지라도 존장을 상대로 한 능욕이나 반발은 삼강오륜의 윤리와 질서를 위협하는 행위로 인식되었고, 실제로 17~18세기 입후·파계 분쟁에서 강상죄가 적용되어 중형이 내려진 사례가 다수 기록되어 있다.

결국 황석우와 황석심은 파계 상언 시도로 인해 국가로부터 유배 등 중형을 선고받았다. 이씨의 전략적 대응과 법적 실천 그리고 일관된 진술은 실제로 가문의 명분과 질서를 지키는 데 결정적이고 실질적인 성과를 거두었다고 평가할 수 있다.

파국, 골육정의를 헤아리지 않고 법대로

백령도에서 3년 동안의 귀양살이를 마치고 석우·석심 형제가 돌아왔다. 첩자라는 이유로 아버지의 제사를 빼앗기는 억울함을 당하는 것도 모자라 중형까지 받으며 고초를 겪었던 이들은 각기 다른 방식으로 신분 상승을 모색했다. 황석심은 무과에 급제해 무관의 길을 택했고,[49] 황석우는 자신의 신분을 바꾸기 위해 보다 적극적이고 파격적인 방법을 시도했다.

황석우는 스스로 자신을 타인에게 팔았다.

> 그리시올 제 석우라는 놈이 조상 전래의 명문상에 '노비다'라고 적힌 관에서 사출斜出한 명문明文을 훔쳐서 어리석은 백성 반대립에게 조租 한 말을 받고 팔고 갔다 하거늘, 저(석우)가 돌아온 후에 (이씨가) 다시 물리려고 환퇴還退하니 노여워하면서 서울로 바로 가서 또 파양罷養하려 하고 권문에 투탁投託하고 아니 내려오므로 보지 못하고 있다가(…).⁵⁰

석우의 행위는 조선 후기 사회에서 자매自賣라 불린다. 자매란 원래 양인이 경제적 빈곤이나 절박한 상황에서 자신이나 가족을 노비로 파는 행위였으나, 황석우의 경우는 외형상 노비 신분인 자신을 팔았지만, 실제로는 스스로 주인을 바꾸어 사노비 신분에서 벗어나려는 시도였다.

황석우는 왜 자신을 팔았을까? 사건의 맥락에서 본다면 노비 신분을 탈피하기 위한 시도라는 점은 분명하다. 그렇다면 어떻게 자매가 노비 신분을 벗어나는 수단이 되었을까?

황석우는 법제상으로 종량從良이 가능했다. 조선 전기 신분 정책은 양천의 지위를 분명하게 구분하는 방향성을 보인 가운데, 예외적으로 일부 계층에 국한하여 종량을 허용했다. 즉 2품 이상 고위관료의 천첩, 국왕의 종친 및 외성친·실직 관료·고위관료의 자손·문과 초시 이상 과거에 합격한 자의 첩자녀 등 제한된 고위관료 계층의 첩과 첩자녀 종량을 허용했다.⁵¹ 황석우 역시 아버지 황중윤이 부사를 역임했던 전직 관료였기 때문에 위의 규정에 따라 종량할 수 있는 법적 여건을 갖추었다.

하지만 해배된 이후에도 그는 여전히 노비 신분에서 탈피하지 못했다. 그 이유는 이씨가 황석우의 원 노비주였고, 황중윤에게 석우의 소유권을 증여했지만 석우의 승중을 강력하게 반대했다는 점에서 단서를 찾을 수 있다. 법제적으로 천첩자녀의 종량을 청원할 수 있는 주체는 아버지, 적모, 적형제, 조부모였다. 황중윤은 무슨 이유에서인지 생전에 첩자인 석우를 종량하지 않았다. 또한 조모인 이씨는 황석우가 노비문서를 훔쳤다고 비난하며 황석우의 종량을 저지했다. 이러한 상황에서 황석우가 가족의 청원에 의한 천첩자녀 규정을 통한 종량을 포기하고 자매를 통해 스스로 주인을 바꿔서 사노비 신분에서 벗어나기를 시도한 것으로 보인다.

황석우는 새로운 주인에게 자신을 조 한말이라는 헐값에 팔아 버렸다. 사실상 자신의 종량 청원을 위해 사전에 합의한 반대립이라는 인물에게 자신의 소유권을 넘긴 형식적인 매매였다. 또한 황석우는 서울의 권문세가에 투탁한다. 아마도 자신의 종량 과정을 수월하게 진행하기 위한 포석일 것으로 보인다. 그러나 이러한 시도는 이씨의 강력한 반대와 법적 대응에 부딪혀 좌절된다.

이씨는 이러한 황석우의 종량 시도를 그냥 두고 보지 않았다. 1656년(효종 7) 평해관에 올리기 위해 소지를 작성한다. 소지의 내용은 황석우의 신분과 출생, 1652년(효종 3) 탈적奪嫡 행위와 유배 과정을 서술한 뒤, 석우의 자매 사건 내막을 소지에 상세하게 설명하면서 황석우의 위법성을 주장했다.

저(석우)가 돌아온 후에 다시 물리려고 하니 노여워하면서 서울로 바로 가서 또 파양하려 하고 권문에 투탁하고 아니 내려오므로 보지 못하고 있다가 엊그제야 제 어미 보러 왔다는 말을 전해 듣고 저에게 적어서 보내기를, "네가 왔다고 하니 훔쳐서 팔아먹은 명문을 찾을 것이니 오라"고 하여 적어 보냈습니다. 내가 적은 것을 갈기갈기 찢어 버리고 갖가지 능욕하고 아니오니 인간 천지에 이런 무상하고 패악한 놈이 어디에 있겠습니까? 저가 얼적의 분수로 헤아려도 이렇게 못할 것이오, 노주의 분수로 헤아려도 이리 못할 것을, 이리 방자합니다. 애시당초 저를 노주 분수를 차리지 않았으니, 그래도 역시 골육이라 잔인하다고 여겨서 내버려두었다가 오늘날 이 욕을 또 먹습니다. 이놈을 그냥 두었다가는 다른 날에 이놈이 불측할 듯하니 나도 골육정의를 헤아리지 않고 법대로 하고 싶습니다.[52]

1656년(효종 7) 2차 분쟁의 발단은 이씨가 황석우의 자매를 저지하고 환퇴를 요구하면서 비롯되었다. 이씨는 황석우가 서울 권세가에 투탁하고 환퇴를 거부하며 저항하자, 그의 자매 행위를 도매盜賣로 규정하며 "이놈을 그냥 두었다가는 다른 날에 이놈이 불측할 듯하니"라는 향후의 위험을 이유로 소지를 작성한다. 황석우의 자매 목적이 파양과 직결되는 것을 간파한 것이다. 황석우가 자매를 통해 첩자의 신분을 탈피하게 된다면 또다시 황중윤의 제사권을 요구하며 분쟁이 발발할 것이 명약관화했기 때문이다.

그런데 이 소지의 내용으로 볼 때, 이씨는 석우가 적조모인 자신을 능욕하고 노주 관계에도 어긋나는 패악한 무뢰배임을 강조하는 모습

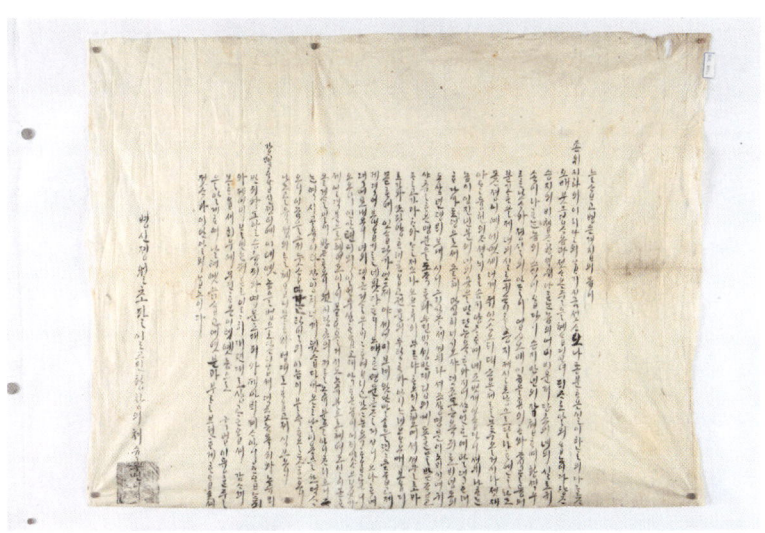

[그림 6] 황여일 처 이씨의 소지초所志草
한국국학진흥원 소장−평해 황씨 해월종택 기탁 자료

을 볼 수 있다. 이씨가 소지를 올리게 되는 발단이 석우의 도매였지만, 강상죄에 더 큰 비중을 두며 처벌할 것을 청원했다. 이씨가 소지 말미에서도 "적조모 능욕죄와 노주 배반죄와 모탈승중죄謀奪承重罪와 명문도매죄明文盜賣罪와 제 아비 제사를 지내지 않는 죄와 제 어미를 왕래하지 않은 죄"[53]를 언급하는데, 석우의 죄상으로 도매보다도 강상 침범을 강조한다.

이러한 글쓰기는 조선시대 도매죄 처벌이 경미한 점과 관련이 있어 보인다. 조선시대 도매죄는 특별한 형사 규정을 두지 않았고, 이에 따라 형사처벌이 거의 이루어지지 않고 주로 민사 분쟁으로 다루어졌다.[54] 반면 강상죄는 앞서 살펴보았듯이 사회 기강을 무너뜨리는 죄로 간주하여 엄형에 처하였고 형사처벌 대상이었다.

또한 이씨는 강력한 형사처벌을 원한다는 자신의 의사를 분명하게 표명한다. 그는 소지에 "나도 골육정의를 헤아리지 않고 법대로 하고 싶습니다"라며 혈육의 정을 돌아보지 않을 것을 천명하며 법에 따라 단호히 처리해 줄 것을 요청했다. 또한 "경국대전에 따라 상고해서 감사께 보고하셔서"라며 수령에게 사안을 상세하게 살핀 뒤에 관찰사에게 보고하기를 요청했다. 조선시대의 수령은 형사소송에서 형벌을 비교적 가벼운 태형까지 판결할 수 있었고, 그 이상의 엄중한 형벌은 관찰사에게 첩보하여 관찰사의 판결에 따라 형을 집행할 수 있었다. 따라서 이씨가 관찰사에게 보고해 줄 것을 요청한 것은 엄중한 형사적 판결과 형벌로 석우를 처단할 것을 청원했음을 의미한다.

결국 이씨가 소지를 올린 목적은 자매 사건을 계기로 첩자 석우를 고발하여 강상죄를 적용함으로써 그의 파양 시도를 강력한 형벌을 통해 저지하고자 한 것이다. 이 문서가 관의 제사가 없는 백문기이기 때문에 실제로 옥송이 이루어졌는지 불분명하다. 다만 이씨가 자신의 의사를 관철했다는 점은 평해 황씨 족보를 통해 파악할 수 있다. 평해 황씨 족보에서는 황석우의 동생인 첩자 황석심의 기록은 남아 있는 반면, 황석우의 흔적은 찾아볼 수 없다. 또한 석우와 함께 형망제급을 추진했던 이씨의 차자 황중민의 가계는 다른 형제와는 다르게 배우자 성씨와 품계, 자녀의 이름만 기록되었을 뿐 묘소 위치, 사망연월 정보, 생시 활동 정보, 손자대 이후의 기록이 없다. 이러한 기재 방식을 통해 볼 때, 황석우와 황중민은 평해 황씨 가문에서 배제된 것으로 추정된다.

이씨의 대응은 단순히 개인적 감정에서 비롯된 것이 아니라, 가족 질서와 가문 명분 그리고 사회적 기강을 지키기 위한 법적·도덕적 전

17세기 후반 재령 이씨가 고문서 중 비 추향의 자기 종량 사례[55]

1680년 이지현은 족종조族從祖의 비 추향에게서 아들 수귀를, 2년 뒤 아들 수학을 얻었다. 적처에게 아들이 없던 이지현은 비첩자를 얻고 매우 기뻐했으며, 족종조 이시성이 수귀·수학을 별급해 주었다. 1681년 이지현은 아직까지 이시성의 소유였던 비첩 추향을 자신의 비와 상환하여 소유권을 가져왔다. 1689년 이지현이 수귀와 수학의 종량입안 발급을 신청한다. 반면 비첩 추향의 종량은 본인이 직접 입안을 청원했다. 수위와 수학의 종량은 경국대전 천처첩자녀의 종량 규정 요건을 충족하는 청원이었지만, 추향의 종량은 이지현의 직위가 2품 이상의 관료가 아니었기 때문에 경국대전 천첩 종량 규정에 부합하지 않았기 때문이다.

그럼에도 추향의 종량을 허용한 것은 17세기 조선 사회에서 사노비의 양인화를 추동하는 경향과 관련이 깊다. 당시 조선 사회는 여러 차례의 전쟁과 대기근을 겪으며 극심한 재정난에 부딪힌다. 이에 따라 노비 정책은 추쇄책을 통해 공노비의 납공 비율을 늘리고 또한 납속책을 통해 합법적인 속량을 빈번하게 시행하며 전기에 비해 완화되었다. 이러한 기조는 사노비 종량에도 영향을 미쳐서 법적으로 허용된 범위 이외의 사노비 종량을 허용한 사례가 증가한다. 추향은 이러한 사회적 변화 속에서 자신의 신분 상승을 도모한 것이라고 할 수 있다.

추향의 종량은 비주 이지현의 협조를 바탕으로 이루어졌다. 추향은 비주 이지현에게서 허량許良 문서, 이전 매매 문서 등을 받아서 장예원에 제출했다. 더불어 주인의 종량 의사 확인 절차를 위해 이지현

> 이 증인과 함께 직접 관청에 출석하여 진술했다. 이전보다 종량 요건이 완화되었지만, 17세기 사노비 종량 절차에서도 주인의 소유권과 종량 의사가 기본적으로 중시되었기 때문에 결국 주인의 협조가 필수적이었다.

략이었다. 그녀는 "나도 골육정의를 헤아리지 않고 법대로 하고 싶습니다"라고 천명하며, 혈육의 정을 넘어서 법과 명분에 따라 단호히 처벌할 것을 요청했다. 이는 조선시대 연장자 여성의 법적 주체성과 가족 내 권위 그리고 사회적 영향력을 잘 보여 주는 대목이다.

조선시대 연장자 여성, 그리고 모권母權

조선시대 연장자 여성, 특히 어머니 혹은 할머니의 권한과 법적 주체성은 오랫동안 유교적 가부장제 질서의 그늘에 가려져 평가절하되었다. 그러나 이 논문에서 살펴본 17세기 평해 황씨가 전주 이씨의 사례는, 실제 가족과 가문 운영, 가계계승 분쟁의 현장에서 연장자 여성의 실질적 영향력과 전략적 리더십이 얼마나 크고 결정적이었는지를 잘 보여 준다.

전주 이씨는 가계계승 분쟁 국면에서 단순한 '집안의 어른'이 아니라, 실질적 결정권자이자 전략적 행위자로서 가문을 이끌었다. 그녀는 입후 입안과 한글 자필 유서라는 이중의 법적 증거를 남기고, 자신의 의사와 정당성을 명확히 하였으며, 강상죄 등 유교적 명분을 활용한 치밀한 대응으로 실제 분쟁 해결에 결정적 역할을 했다. 이 과정에서 이씨가 보여 준 리더십과 법적 주체성은, 조선 후기 부계 중심의 종법 질서가 강화되는 가운데서도 모권이 현실적으로 여전히 강하게 작동했음을 시사한다.

전주 이씨는 혼인 전략, 자녀 교육과 가문 운영, 후계자 선정, 입후 분쟁 등 가문의 모든 주요 국면에서 실질적 주도권을 행사했다. 그녀는 자신의 혈통이 대종을 잇게 하려는 의지에 따라 입후제를 적극 수용하였고, 사회적·정치적 혼반 네트워크의 활용, 첩소생의 계승을 반대하는 명분과 현실적 이해 그리고 한글 유서와 입후 입안을 통한 법적 증거 확보 등 다층적 전략을 구사했다. 이는 조선시대 명문가 여성들이 단순히 가정의 내조자나 자녀 교육자에 머무르지 않고, 실제로 가문 질서와 명예, 재산, 계승, 혼인, 분쟁 해결에 이르기까지 핵심적인 실천력을 발휘했음을 보여 준다.

더 나아가 조선 사회는 가부장적 질서가 점차 강화되었음에도 불구하고, 모권과 외가 인맥, 여성의 출신 가문이 혼인 전략과 가족 내 권력 구조에서 중요한 자원으로 작동했다. 실제로 외손녀의 혼인에 개입하고 외가의 위상을 적극적으로 활용하는 혼인 전략, 어머니의 신분에 따라 자녀의 신분이 결정되는 현실, 모계 혈통의 중요성 등은 조선의 가족질서가 결코 단순한 부계 일변도가 아니었음을 시사한다.

또한, 이씨의 한글 유서나 소지와 같은 전략적 문서 작성은 조선시대 여성들이 분쟁과 갈등을 해결하는 데 얼마나 치밀하고 주체적이었는지를 잘 보여 준다. 이는 조선시대 여성의 법적 주체성과 억압적 사회구조 속에서도 그들의 권리를 지키려는 적극적 태도를 보여 주는 중요한 근거다.

    결국 조선시대 여성, 특히 연장자 여성은 가족 내에서 상징적 존재를 넘어 실제적인 권력과 결정권을 행사하는 실질적 주체로 자리매김했다. 이씨의 사례는 조선시대 여성사 연구에서 모권적 요소와 연장자 여성의 실질적 영향력을 재조명하는 데 중요한 자료가 되며, 가계계승 분쟁이라는 구체적 상황 속에서 여성의 리더십과 법적 주체성이 어떻게 발휘되었는지를 보여 주는 생생한 증거라 할 수 있다. 나아가 이는 조선시대 가족과 사회, 국가의 질서 속에서 여성 리더십이 어떻게 제도화되고 현실에 작동했는지 그리고 신분제와 가족질서의 변화 속에서 여성의 권한과 법적 역량이 어떻게 발현되었는지를 입체적으로 보여 준다.

참고문헌

〈평해 황씨 해월종택 황여일 처 전주이씨 한글 유서〉(1651)

〈평해 황씨 해월종택 황여일 처 전주이씨 한글 소지〉(1656)

『仁祖實錄』

『光海君日記』

『承政院日記』

『日省錄』

『經國大典』

『別繼後謄錄』

『嘉梧藁略』

『平海黃氏世譜』

『東溟先生文集』

『南遷日錄』

『藥圃集』

『蒼雪齋先生文集』

『璿源譜』

『平海黃氏世譜』

『東溟先生文集』

『南遷日錄』

성백효, 『近思錄集解』

김정기 옮김, 『국역 동명선생문집』 2, 한국국학진흥원, 2015

『국역 정간공일기』, 국립문화재연구소, 2019.

『조선시대 결송입안집성』, 민속원, 2022.

권경열, 「약포 정탁의 교유관계와 학문 형성 배경」, 『약포 정탁』, 예문서원, 2016.

김건태, 「18세기 초혼과 재혼의 사회사 : 단성호적을 중심으로」, 『역사와 현실』 51, 한국역사연구회, 2004.

김경숙, 「조선시대 결송입안과 여성의 소송 주체성」, 『한국사론』 64, 2019.

김봉좌, 「조선 후기 한글 청원서의 작성요건과 절차」, 『한국문화』 101, 서울대 규장각한국학연구원, 2023

김소은, 「고문서를 통해 본 조선시대 천첩자녀의 속량 사례」, 『고문서연구』 28호, 고문서학회, 2006.

김지수, 김대홍 옮김, 『정의의 감정들 : 조선 여성들의 소송』, 2020.

문숙자, 「조선 후기 제사승계 방식의 선택과 의미-형망제급을 선택한 청주정씨가의 사례-」, 『사학연구』 77, 2005.

박희진, 「양반의 혼인연령 : 1535~1945-혼서를 중심으로-」, 『경제사학』 40, 경제사학회, 2006.

안승준, 「嫡庶 사이 名分과 利害의 分岐와 아우성」, 『장서각소리 금요강독회』, 한국학중앙연구원 장서각, 2016.

오용원, 『대를 이은 문장과 절의, 울진 해월 황여일 종가』, 예문서원, 2015.

이상규, 「17세기 황여일의 숙부인 완산 이씨 한글 유서와 소지」, 『동아인문학』 16, 2009.

이수건, 「영남사림파의 재지적 기반-조선 전기 안동지방을 중심으로」, 『新羅伽倻文化』 12, 영남대학교 신라가야문화연구소, 1981.

이정옥, 「완산 이씨 유언고」, 『문학과 언어』 3집, 1982.

임상혁, 「18세기 한 도매 소송에 나타난 분쟁 양상」, 『정신문화연구』 제37-1호, 한국학중앙연구회, 2014.

정긍식, 「조선시대의 가계계승법제」, 『법학』 51, 서울대학교 법학연구소, 2010.

정해은, 『조선의 무관과 양반사회』, 역사산책, 2020.

한국학중앙연구원 장서각, 『한글-소통과 배려의 문자』, 한국학중앙연구원 출판부, 2016.

한상권, 「조선시대 사송재판의 두 양태」, 『고문서연구』 40, 2014.

한효정, 「조선 전기 사족부녀 대송代訟의 성격과 소송양상」, 『여성과 역사』 32, 2020.

_____, 「조선 후기 양반 여성의 모권母權과 입후 분쟁」, 『여성과 역사』 38, 2023.

한효정 역주, 「1686년 해남현 결급입안」, 『조선시대 결송입안집성』, 2022.

한국학중앙연구원 디지털인문학연구소 https://dh.aks.ac.kr/

한국국학진흥원 https://www.koreastudy.or.kr/

유교넷

한국고전번역원 DB

주

1. 황여일 처 전주 이씨의 한글 유서와 소지 원본은 1980년 경북 울진 황의석黃義錫 댁에서 발굴되어 현재 한국국학진흥원에 소장되어 있다. 관련 연구와 탈초·번역본은 다음과 같다. 이정옥,「완산 이씨 유언고」,『문학과 언어』3집, 1982; 이상규,「17세기 황여일의 숙부인 완산 이씨 한글 유서와 소지」,『동아인문학』16, 2009; 안승준,「嫡庶 사이 名分과 利害의 分岐와 아우성」,『장서각소리 금요강독회』, 한국학중앙연구원 장서각, 2016; 한국학중앙연구원 디지털인문학연구소(http://dh.aks.ac.kr/) 본 연구에서는 이상규의 번역을 주로 참고하였다.
2. 李裕元,『嘉梧藁略』15책. 神道碑, 工曹參議海月黃公神道碑, "(…) 後公四十七年卒. 壽八十九."
3. 오용원,『대를 이은 문장과 절의, 울진 해월 황여일 종가』, 예문서원, 2015, 20~23쪽 참조.
4. 오용원, 위의 책, 35쪽.
5. 李裕元,『嘉梧藁略』15책. 神道碑, 工曹參議海月黃公神道碑.
6. 권경열,「약포 정탁의 교유관계와 학문 형성 배경」,『약포 정탁』, 예문서원, 2016.
7. 오용원, 위의 책 참조.
8. 李裕元,『嘉梧藁略』15책. 神道碑, 工曹參議海月黃公神道碑.
9. 『藥圃集』續集 卷之四, 附錄.
10. 한국국학진흥원 연구넷 탈초, 최연숙 옮김,『국역 정간공일기』, 국립문화재연구소, 2019.
11. 『藥圃集』續集 卷之四, 附錄.
12. 『광해군일기(정초본)』187권, 광해 15년 3월 13일 癸卯;『인조실록』2권, 인조 1년 7월 6일 甲午.
13. 정해은,『조선의 무관과 양반사회』, 역사산책, 2020, 176쪽.
14. 『蒼雪齋先生文集』권15,〈曾祖妣淑人禮安金氏墓誌〉.
15. 『蒼雪齋先生文集』권15,〈曾祖妣淑人完山李氏墓誌〉.
16. 『璿源譜』에 이추의 생몰년이 미상이나 이추 형제들의 생년으로 추산해 볼 때 1552~1554년 사이에 출생한 것으로 보인다.
17. 박희진,「양반의 혼인연령 : 1535~1945-혼서를 중심으로-」,『경제사학』40, 경제사학회, 2006; 김건태,「18세기 초혼과 재혼의 사회사 : 단성호적을 중심으로」,『역사와 현실』51, 한국역사연구회, 2004.
18. 이수건,「영남사림파의 재지적 기반-조선 전기 안동지방을 중심으로」,『新羅伽倻文化』12, 영남대학교 신라가야문화연구소, 1981, 29쪽.
19. 『蒼雪齋集』卷15, 墓誌銘,〈曾祖妣淑人完山李氏墓誌〉.
20. 李裕元,『嘉梧藁略』15책. 神道碑, 工曹參議海月黃公神道碑.
21. 『平海黃氏世譜』권6.
22. 오용원, 위의 책, 65쪽.
23. 김정기 옮김,『(국역)동명선생문집 2』, 한국국학진흥원, 2015, 320쪽.
24. 김정기 옮김, 위의 책, 243쪽.
25. 황여일 처 전주 이씨 한글 소지(1656)

26	"子石心:字子和 天啓己酉生 有文武才登武科 行折衝將軍 (…)"(『平海黃氏世譜』권6).
27	황여일 처 전주 이씨 한글 소지(1656)
28	『(국역)동명선생문집 2』, 320쪽.
29	황여일 처 전주 이씨 한글 소지(1656)
30	황여일 처 전주 이씨 한글 소지(1656)
31	문숙자,「조선 후기 제사승계 방식의 선택과 의미-형망제급을 선택한 청주정씨가의 사례-」, 『사학연구』77, 2005.
32	『平海黃氏世譜』권6.
33	한효정,「조선 후기 양반 여성의 모권母權과 입후 분쟁」,『여성과 역사』38, 2023.
34	"幹母之蠱니 不可貞이라 하니 子之於母에 當以柔巽輔導之하야 使得於義니 不順而致敗蠱면 則子之罪也"(성백효,『近思錄集解』2, 권6, 家道).
35	『승정원일기』202책(탈초본 10책) 현종 8년 5월 13일 병진;『승정원일기』203책(탈초본 10 책) 현종 8년 8월 13일 을유).
36	"(…) 至如立後, 則大事不可不相議以定, 豈不議於其妻, 擅以其孼子爲後, 此甚不可"(『승정원 일기』203책(탈초본 10책) 현종 8년 8월 13일 을유).
37	황여일 처 전주 이씨 한글 유서(1651).
38	『日省錄』, 정조 18년 12월 4일 "命田在豊妻李氏原情置之, (…) 是豈婦女之所爲, 必是渠家男 人之所慫慂"(김봉좌,「조선 후기 한글 청원서의 작성요건과 절차」,『한국문화』101, 서울대 규장각한국학연구원, 2023, 272쪽 재인용).
39	황여일 처 전주 이씨 한글 유서(1651).
40	한상권,「조선시대 사송재판의 두 양태」,『고문서연구』40, 2014, 44쪽.
41	한효정 역주,「1686년 해남현 결급입안」,『조선시대 결송입안집성』, 2022, 766~775쪽.
42	김경숙,「조선시대 결송입안과 여성의 소송 주체성」,『한국사론』64, 2019, 338쪽.
43	김지수, 김대홍 옮김,『정의의 감정들 : 조선 여성들의 소송』, 2020.
44	한효정,「조선 전기 사족부녀 대송代訟의 성격과 소송양상」,『여성과 역사』32, 2020.
45	김경숙, 위의 논문.
46	"(…) 中允之婢妾子石右等 不有其嫡祖母與嫡三村等 完定之事(…)"(『別繼後謄錄』권1, 壬辰 四月十九日).
47	황여일 처 전주 이씨 한글 소지(1656).
48	"(…) 向前 黃中允孼子 石友石心等이 因其上言 中允養子石來 應爲承祀與否 本道查覈辭緣 詳細考見則 中允以黃汝一之長子無嫡子 當其生存時 以其弟中憲之子石來稱爲養子 至於婚書 中 以子石來書壻 使其孼子石友書廛 其養母之喪事段 彼此一樣無異是白去等 黃中允生前欲 令石來繼後之意 據此可知是白呼旀 黃汝一之妻李氏尙存願以其介子之子入承長子之後 仍爲 傳係宗祀 呈上言該曹覈啟時 家依願施行云 判下受出立案"(『別繼後謄錄』권1, 壬辰四月十九 日).
49	『平海黃氏世譜』.
50	황여일 처 전주 이씨 한글 소지(1656).
51	"二品以上有子女公私賤妾, 許以自己婢告掌隸院贖身. 私賤, 則從本主情願"(『經國大典』刑 典賤妾). "宗親總麻以上·外姓小功以上親賤妾子女, 竝從良, 無贖身·立役親功臣賤妾子女 同"(『經國大典』刑典 賤妻妾子女). "大小員人文武官·生員·進士·錄事·有蔭子孫及無嫡子孫 者之妾子孫承重者 (…) 自己婢·妻婢所生外, 皆贖身"(『經國大典』刑典 賤妻妾子女).

52 황여일 처 전주 이씨 한글 소지(1656).
53 위의 문서.
54 임상혁, 「18세기 한 도매 소송에 나타난 분쟁 양상」, 『정신문화연구』 제37-1호, 한국학중앙연구회, 2014, 56쪽.

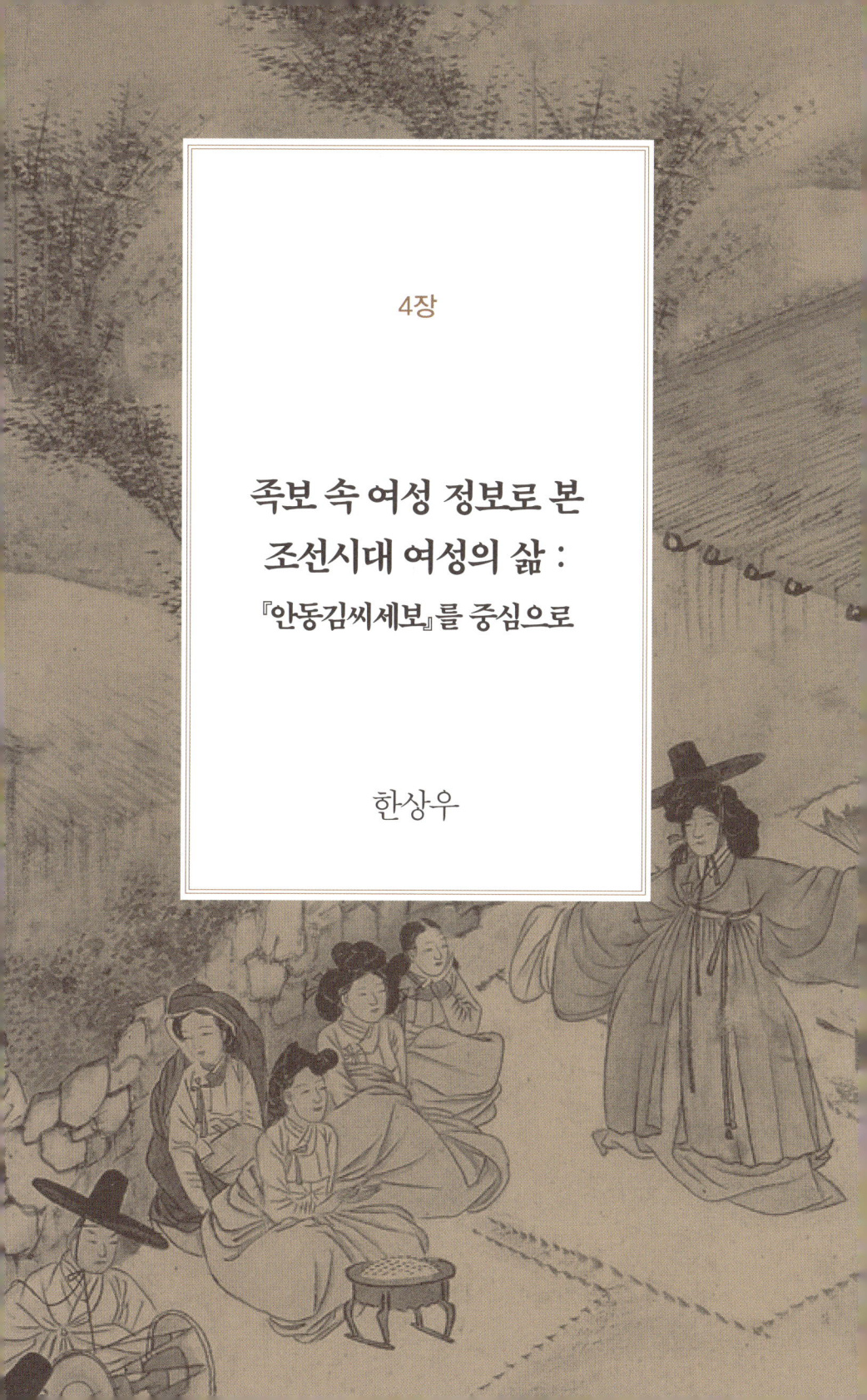

4장

족보 속 여성 정보로 본 조선시대 여성의 삶 : 『안동김씨세보』를 중심으로

한상우

머리말

다양하고 방대한 국가 기록을 남긴 조선은 '기록의 나라'라고 불리기도 한다. 그러나 그 기록은 양반, 그 가운데서도 남성들의 이야기를 주로 담고 있기에 이 기록으로 여성들의 삶을 그려내기란 쉽지 않다. 최근 다양한 고문서가 발굴되고 그 가치가 인식되면서 그 속에 담긴 여성의 삶이 조명되기도 하지만, 이렇게 구성된 여성의 이야기는 파편적이고 단편적이라는 한계가 있다.

본 연구는 조선시대 여성들의 삶을 조명하기 위한 자료로서 족보에 주목하였다. 족보는 그 종류와 양에서 다른 전근대 사료를 압도한다. 그러나 다른 한편으로 족보는 인물의 모록冒錄이나 부정확한 선조 비정比定 등으로 인해 발생하는 정확성 문제 때문에 사료로서의 가치를 의심받아 왔다.[1] 친족 내부의 이해관계나 적서嫡庶 갈등, 정치적 성향 차이 등으로 인해 족보가 아예 특정 계파를 수록하지 않을 수도 있다는 문제도 지적되었다.² 그 결과 족보 그 자체나, 족보 속 다양한 정보는 연구의 주된 대상으로 다루어지지 못했다.

족보의 사료적 가치는 한국 족보의 유형과 발달 과정, 편찬의 배경에 관한 본격적인 연구가 진행되면서 조명되기 시작하였다.³ 사료로서 족보의 가치는 족보에 기재된 정보를 활용한 양적 연구를 통해 더 부각되었다. 전근대 족보 속 정보의 가치는 사회학과 경제학 분야에서 먼저 주목받았다.⁴ 전근대 개인의 출생과 사망은 물론, 혼인과 출산 같은 인구학적 행위를 한눈에 장기간 관찰할 수 있다는 점에서 족보가 인구학적 분석에 유리하였기 때문이다. 이후 역사학계에서도 족보 데이터를 기반으로 개인의 사회적 성공과 친족 및 혼인의 상관성을 확인한 양적 연구가 진행되었다.⁵ 그러나 족보 데이터를 이용한 기존의 연구는 대부분 상대적으로 내용이 풍부한 정확한 남성의 기록을 이용해 왔다. 비록 족보 속 여성 정보를 이용하여 여성의 출산 양상 등을 규명하려는 시도가 있었으나,⁶ 족보 속 여성 정보의 차이와 변화, 의미에 대한 기초적인 관심과 분석은 최근에야 시작되었다.⁷

전근대 다른 사료를 통해서 여성들의 삶을 그려내기 어렵다는 점을 생각하면 족보 속 여성 정보의 가치는 더 두드러진다. 물론 기록된 인물은 주로 양반층에 한정되어 있으며 정보가 단편적이라는 단점이 있으나, 족보는 다른 사료와는 비교할 수 없을 정도로 많은 여성의 생애 정보를 장기간 보여 준다는 점에서 탁월하다.

본 연구는 족보 속 여성 정보를 이용하기 위해 선행되어야 할 여성 정보의 특징과 변화에 대한 분석을 우선 진행한다. 족보에 실린 여성들의 기록이 시기에 따라 어떻게 변화하는지, 그리고 친족 구성원들의 위상이 여성 정보의 종류와 양에 어떤 영향을 미치는지를 확인한다. 아울러 족보 데이터를 이용하여 여성들의 생사生死, 출산 등 당대 여성들의 생애 정보를 시계열적으로 관찰한다. 이를 통해 족보 속 여성 정보의 가치와 한계를 명확히 하고, 더 나아가 여성 정보의 구성과 특징을 제시하는 것을 목표로 한다. 연구 대상은 조선 후기 정치사에서 중요한 역할을 한 신新안동 김씨(이하 안동 김씨)의 족보와 그로부터 추출한 데이터다.

여성 정보, 한국 족보의 특징

한국의 족보는 중국에 기원을 두고 있다. 그러나 조선시대 족보의 모습은 중국에서 발전한 종보宗譜(이하 중국 족보)와는 차이가 있다. 대표적으로 중국 명·청대 족보는 후손 수록 범위, 세표世表라는 표기 방법의 존재, 서자 기재 방식 등 여러 면에서 조선의 족보와는 차이가 있다. 물론 본 연구에서 주목하는 여성 정보에서도 중국 족보는 조선시대 족보와는 큰 차이를 보인다.

명·청대 중국 족보에 기록된 여성 정보는 조선 족보에 비해 소략하다. 시집간 딸의 정보는 물론, 아들의 배우자 정보마저도 소략하다.[8] 지금까지 한국에 소개된 중국 족보 가운데 『피씨오수족보皮氏五修族譜』의 사례를 보면, 이 족보는 여성의 성씨와 생몰년, 아들 수, 무덤의 위치를 기록하는 형식을 취하였다. 낳은 아들의 수를 기록하였다는 점에서는 의미가 있지만, 이 족보는 딸을 기록하지 않았으며 대부분 여성의 출생과 사망 정보를 기록되지도 않았다. 또 다른 족보인 『오씨칠수족보吳氏七修族譜』의 사례도 살펴보자. 이 족보에는 처의 성관, 생년월일, 수명, 졸년월일시, 묘(비) 위치, 자녀 정보가 기록되었다. 사망 시간까지 기록되었다는 점에서는 한국의 족보보다 나은 면이 있으나, 처의 가족 배경에 대해서는 아무런 기록이 없다. 중국의 두 족보 모두 시집온 여성들의 가족 배경에 대한 정보는 전무하거나 소략하다. 물론 중국 족보 중에서도 여성 배우자의 부친 정보가 기록되는 경우가 간혹 있으나,[9] 그 정보의 양과 질에서는 조선시대 족보와 비교가 되지 않는다. 시집온 여성의 가계 정보는 조선 족보가 가지는 큰 장점 가운데 하나라고 할 수 있다.

다른 나라의 전근대 족보와 비교하더라도, 족보 속 여성 정보의 다양함과 풍부함이 조선 족보의 장점이라는 점은 잘 드러난다. 부계와 모계가 모두 중요한 양계兩系 사회의 특징이 족보에도 강하게 나타나는 베트남에서조차 족보 속 여성의 정보는 매우 제한적이다.[10] 그나마 조선과 유사하게 여성의 정보가 풍부한 족보로는 류큐 왕국(현 일본 오키나와)의 족보가 있으나,[11] 현전하는 족보의 종과 양에서는 조선의 족보에 비할 바가 아니다.

하지만 조선시대 족보에 처음부터 여성, 특히 배우자의 정보가 풍부했던 것은 아니다. 1467년 편찬되어 현전하는 가장 오래된 족보인 『안동권씨세보(일명 『성화보成化譜』)』에서는 여성의 정보, 특히 배우자의 정보를 찾기 어렵다. 대부분 여성이 "부夫"라고 표기된 남편의 이름으로만 그 존재가 증명될 뿐, 그들의 개인 정보는 찾아보기 힘들었다. 그러나 [그림 3]은 『성화보』 속 매우 드물게 나타나는 여성 정보를 보여 준

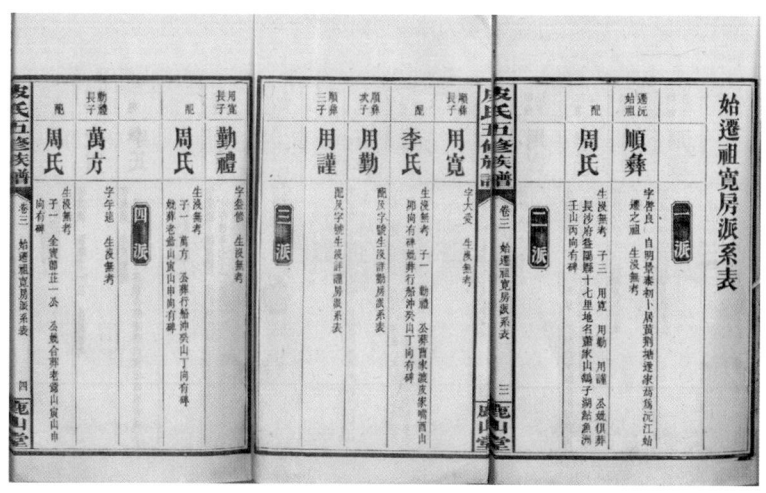

[그림 1] 『피씨오수족보』 료경록,
「中國族譜의 譜式과 書法」, 2012, 49쪽에서 재인용

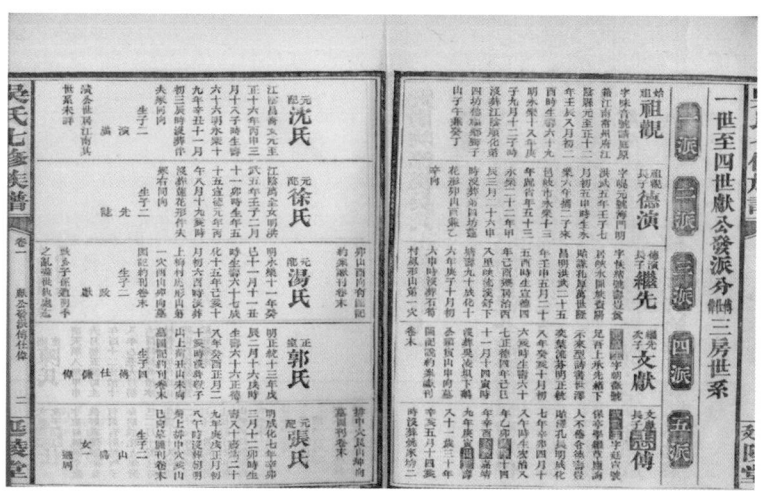

[그림 2] 『오씨칠수족보』 료경록,
「中國族譜의 譜式과 書法」, 2012, 51쪽에서 재인용

다. 이는 그들이 특수한 존재였기 때문인데, 그들은 한명회韓明澮의 딸들이자 왕후가 된 장순왕후章順王后와 공혜왕후恭惠王后였다. 장순왕후는 1445년 출생하여 1462년 16세의 나이로 사망한 예종의 첫 왕비였으며, 공혜왕후는 성종의 첫 번째 왕비로 1456년 태어나 1474년에 17세에 사망하였다. 물론『성화보』가 기록한 정보는 시호諡號와 현 왕비라는 의미의 '중궁中宮' 정도에 불과하였으나, 이 정도의 정보도『성화보』속 다른 여성들은 가지지 못한 매우 이례적인 것이라 할 수 있다. 이처럼『성화보』는 매우 특별한 존재가 아닌 이상, 여성들의 정보를 제공하지 않았다.

이 족보를 이용한 연구들도 지금까지는 그 속의 여성 정보에 큰 관심을 기울이지 않았다. 오히려 족보 속 여성 정보 변화를 부계 친족의 강화와 가족 및 사회 규범 변화라는 측면에서 조명하는 것이 주된 흐름이었다.[12] 조선시대 족보의 정보 기재 방식의 변화 가운데 본 연구에서 주목하는 부분은 처 정보의 증가 현상이다. 1565년 편찬되어 두 번째로 오래된 족보인『문화류씨세보(일명『가정보嘉靖譜』)』에는『성화보』에는 등장하지 않았던 처의 정보가 등장하기 시작한다. [그림 4]의『가정보』의 상단에는 류인기柳仁琦의 처 김씨金氏의 정보가 등장한다. 비록 다음 절에서 우리가 살펴볼 안동 김씨 족보를 비롯한 조선 후기 족보에 비해서는 소략하지만, 이 족보에는 그녀 부친의 이름과 관직이 기록되어 있다. 그 정보는 "취첨의중찬광절공김지숙녀娶僉議中贊光節公金之淑女", 즉 첨의중찬광절공인 김지숙의 딸에게 장가들었다는 내용이다. 이를 통해 우리는 류인기 장인 성명과 관력을 알 수 있다. 안동 권씨의 족보에서 나타나는 경향처럼, 문화 류씨의 족보들도 점차 처

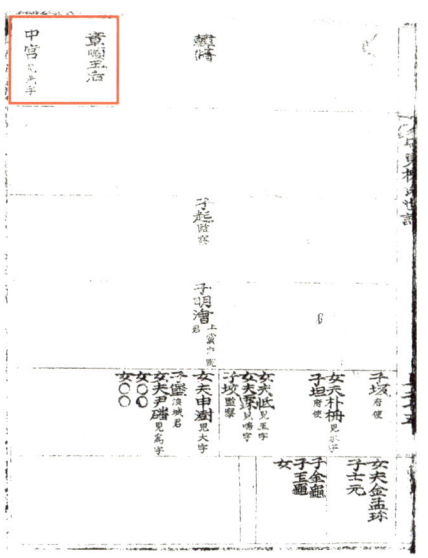

[그림 3] 『성화보』 속 장순왕후, 공혜왕후

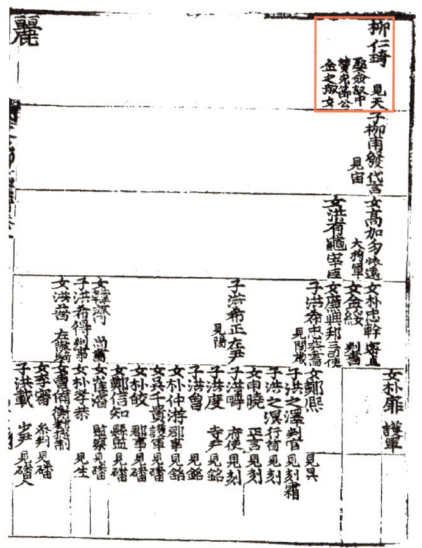

[그림 4] 『가정보』 속 류인기 처 광주 김씨

정보를 충실하게 기록하기 시작하였다. 류인기와 처 김씨의 정보 역시 훗날 더 충실해졌는데, 일례로 1910년 편찬된 『문화류씨파보文化柳氏派譜』에는 김씨의 부친은 물론, 조부와 증조부에 대한 이름과 관직 정보를 제공한다. "배우자는 해양군부인海陽郡夫人 광산 김씨光山金氏다. 부친은 첨의중찬광절공 지숙, 조부는 금자광록대부이부상서삼사사金紫光祿大夫吏部尙書三司事인 연련, 증조는 대장군大將軍 광정공匡靖公 용룡이다."

여러 가지 이유로 처 정보는 점차 풍부해졌다. 최근 안동 권씨의 첫 족보에서부터 20세기 초에 편찬된 족보까지 연속적으로 관찰하여 처 기록이 있는 남성들이 얼마나 증가하였는지를 보여 주는 연구가 발표되었다.[13] 본 연구는 안동 권씨 족보 내에서 보이는 처 정보의 기재 양상을 여성 정보를 통해 가계의 사회적 지위를 입증하기 위한 노력의 일환이라고 주장하였다. 이러한 주장은 개인의 사회적 성공에 부계뿐 아니라 외가와 처가가 중요하게 작용했기 때문에 여성과 관련된 정보가 증가했으리라는 주장과 그 맥을 같이한다.[14]

이러한 맥락에서 본 연구는 가장 흔한 전근대 사료이면서도 그동안 연구자들에게 외면받아 온 족보 그리고 그 속의 여성 정보를 통해 여성의 삶을 간단히 그려내 보고자 한다. 우선 족보가 제공하는 여성의 다양한 정보를 정리해야 한다. 이를 위해 안동 김씨의 족보에서 처 정보에 집중하여 그것이 시기나 개인, 가문에 따라 어떻게 달라졌는지를 확인한다.

안동 김씨는 조선 후기 정치사의 핵심 가문 중 하나로 김조순金祖淳의 딸이 왕비가 된 후 세 명의 왕비를 배출하여 수십 년간 세도勢道의 중심에 있었다고 알려져 있다. 하지만 안동 김씨 구성원 모두가 권력에 근접해 있었던 것은 아니다. 김상용金尙容과 김상헌金尙憲 형제의 후손으로 중앙 정계에서 활약한 일명 장동김문壯洞金門은 전체 안동 김씨 전체의 일부에 불과하다. 왕후의 부모·형제에서부터 향촌의 평범한 양반 가족 그리고 서자녀庶子女들까지 넓은 범위의 구성원이 속해 있다는 점에서 본 연구는 안동 김씨 족보가 담고 있는 정보의 다양성에 주목하였다. 이렇듯 족보는 하나의 뿌리에서 출발하면서도 점차 분화하여 그 사회적 계층이 다른 여러 가족 그리고 그 가족으로 시집온 여성들의 정보를 비교할 수 있다는 장점이 있다.

안동 김씨의 경우, 1719년 처음 족보를 편찬하여, 이후 1790년, 1833년, 1878년, 1926년, 1960년, 1984년에 족보를 편찬하였다. 여기서는 안동 김씨 족보 가운데 가장 이른 시기에 편찬된 세 종의 족보 속 개인 정보의 종류부터 확인해 보자. 18세기 이후 편찬된 족보답게 이 족보들은 안동 김씨 남성의 처 정보를 기재하였다. 분석대상 족보 속 18종에 달하는 여성 배우자 정보는 〈표 1〉과 같다. 특히 안동 김씨 족보는 여성 배우자의 사조四祖(부父, 조祖, 증조曾祖, 외조外祖) 정보를 담고 있는데, 이는 여성의 부계뿐 아니라 모계친의 혈통과 사회적 배경을 보여 준다는 점에서 유용하다.

족보와 개인에 따른 여성 정보의 차이를 보여 주는 〈표 2〉에서는 몇 가지 경향성이 확인된다. 여성 배우자들의 성관과 봉작, 부친 정보 등은 1719년 첫 족보부터 등장했다. 그러나 〈표 2〉는 두 번째인 1790년 족보에서 급격히 여성 배우자 정보의 종류와 양이 증가하였음을 보여 준다. 예를 들어 여성 배우자의 선조 정보 가운데 증조가 포함된 것은

<표 1> 『안동김씨세보』 속 여성 정보

정보의 주인	정보의 종류
안동 김씨 남성의 배우자	적嫡/서庶 구분: 배配/실室, 취聚 등으로 구분
	혼인 서차序次[15]
	외명부外命婦 봉작封爵
	성관姓貫
	사조四祖: 부父, 조祖, 증조曾祖, 외조外祖의 성명, 본관, 과환
	현조顯祖: 4대조 이상의 부계 현조
	출생 연월일
	사망 연월일
	수명
	사회적 활동: 순절, 열녀, 효부 등 정려 정보
	출산 자녀 수
	묘 위치 및 매장 방식: 매장 위치와 방향, 이장 정보
	기타: 행장 정보 등
안동 김씨 여성 본인	배우자(남편) 정보: 성명, 본관, 과환
	혼인 서차
	시부媤父 정보: 성명, 본관, 과환
	자子 정보: 성명, 본관, 과환, 배우자의 성, 본관
	여女 정보: 사위의 성명, 본관, 과환

두 번째 족보에서부터였다. 또 가장 핵심적인 생애 정보인 생졸년 역시 두 번째 족보에서부터 나타나기 시작했다.

또 한 가지 흥미로운 사실은 한 족보 내에서도 정보의 양이나 표기 방식이 개인에 따라 차이를 보인다는 점이다. 모든 여성 배우자 정보 가운데 가장 먼저 등장하는 기록은 "배" 기록이다. 이 정보는 해당 여성과 안동 김씨 남성의 관계를 규정하는 용어이자 일부일처, 신분제 사회였던 조선에서 중요한 의미를 가진다. "배"라는 기록은 안동 김씨 남성의 정식 배우자를 의미하며, 특히 적자 남성의 배우자에게 사용되었다. 남성이 두 번째 결혼으로 맞이한 여성은 "후배後配"라고 기록하였다. 다만 남편이 서자나 서파일 경우에는 "취娶"나 "실室"로 기록되었다.

모든 여성이 부여받은 또 다른 정보는 부친의 이름과 과환科宦이다. 여성의 이름을 기록하지 않던 조선의 족보에서 남편, 부친, 아들의 이름은 사회에서 여성을 식별하는 정보로 이용되었다. 하지만 중국의 족보는 대부분 처의 부친 이름을 기록하지 않았다는 점을 생각하면 여성의 혈통과 사회적 배경을 보여 주는 이 정보는 모변母邊의 중요성과 귀속적 신분제 사회로서 조선의 특징을 잘 보여 준다.

이러한 변화의 이유를 밝히는 것은 본 연구의 목표가 아니므로 여기서는 선행 연구의 설명을 간단히 소개하는 정도로 그치고자 한다. 우선, 처의 정보가 풍부해지는 경향은 부가夫家에 대한 여성의 종속과 혼인 네트워크를 드러내기 위한 목적 때문이었다는 설명이 있다.[16] 아울러 이러한 경향이 신분적 정통성을 증명하려는 의도에서 기인하였다는 주장도 제기되었다.[17] 조선 후기 족보 속 여성 정보의 증가 현상은 이상의 이유들이 복합적으로 작용하였을 것이나, 모든 족보에서 이러한 현상이 확인되는 것은 아니다. 족보 속 정보의 의미를 분석한 또 다른 연구는 중앙에서 다수의 관직자를 배출한 가계가 포함된 족보에서 배우자들의 가계 기록이 더 풍부한 경향이 있음을 밝혔다. 아울러 이 연구는 배우자의 선조를 기록하는 행위가 혈연적으로 가까운 직계 선조 가운데 관료가 다수 배출된, 우월한 사회적 위상의 가계에서나 효과를 가질 수 있었으리라고 지적하였다.[18]

같은 족보 안에서도 정보의 주인이 누구냐에 따라 기재 방식이나 정보의 격차가 다양했다. 여성의 성관도 두 가지 방식으로 기재되었다. 일반적으로 족보 속 여성 배우자는 본관 + 성姓 + '씨氏'의 기재 방식으로 기록되었다. 하지만 〈표 2〉의 사례 가운데 김광소金光熽 처의 경우, 1719년과 1790년 족보에는 "청주한희길서녀淸州韓喜吉庶女"라고 기록되었다. 이를 통해 우리는 그녀의 성관이 청주 한씨임을 유추할 수 있으나, 보통대로라면 그녀는 '청주 한씨'로 기록되어야 했다.[19] 그녀가 남다른 방식으로 기록된 이유는 본인이 서녀임과 동시에 남편이 서자였기 때문이다. 호적대장을 비롯한 조선 후기 공문서에서 '씨'는 양반 여성의 호칭이다. 따라서 족보는 서자의 배우자에게 '씨'를 기록하지 않음으로써 이들을 구분하고 싶었던 것으로 보인다.

유독 일부 여성들에게만 기록된 정보는 또 있었다. 대표적인 것이 향년(수명)과 소생 자녀 수였다. 〈표 2〉에서는 오직 김수항의 처 안정 나씨만 향년 정보를 가지고 있었다. 이 향년 정보 기재 의미에 대해서는 추가적인 고찰이 필요하다. 또 여성이 낳은 자녀 수는 김수빈의 처 전의 이씨만 가지고 있는데, 이는 전의 이씨가 전처인 온양 정씨 사망 후 들어온 후처였기 때문이다. 따라서 족보는 전처인 온양 정씨와 후처인 전의 이씨의 소생을 구분하기 위해 소생 정보를 기록한 것이다. 20세기에 들어와 서자녀에 대한 "서庶" 표기 경향이 줄어들면서, 족보

⟨표 2⟩ 편찬 시점 및 남편에 따른 안동 김씨 족보 속 여성 정보의 차이

편찬연도	1719				1790						1833				
배우자명	수항壽恒	수빈壽賓	시발時發	광소光熽(서庶)	수항	수빈	시발	연행	광소(서)	수원壽遠	수항	수빈	연행	광소(서)	수원
"배配" 기재	○	○	○	"취娶"	○	○	○	○	"취娶"	○	○	○	○	"실室"	○
봉작	○				○	○	○	○			○	○	○		
성관	○	○	○		○	○	○	○		○	○	○	○		○
"씨氏" 기재	○	○	○												
생년					○		○			○					
졸년															
향년(수명)					○						○				
자녀 수						○						○			
부父 관직	○	○	○	○	○	○	○	○	○		○	○	○	○	
부父 명															
조祖 관직	○	○			○	○	○				○	○	○		
조祖 명	○	○			○	○	○				○	○	○		
증조曾祖 관직					○	○	○				○	○	○		
증조曾祖명					○	○	○				○	○	○		
외조外祖 관직	○	○	○		○	○	○				○	○	○		
외조外祖명	○	○	○		○	○	○				○	○	○		
외본外本	○				○						○				
묘정보	○	○		○	○	○	○	○	○		○	○	○		

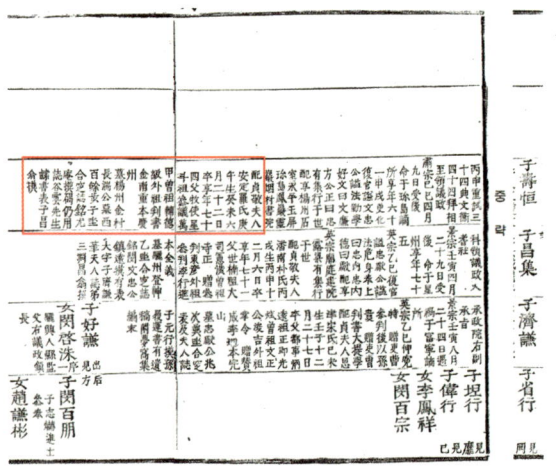

[그림 5] 『안동김씨세보』(1790) 권7 속 김수항의 처 안정 나씨 정보

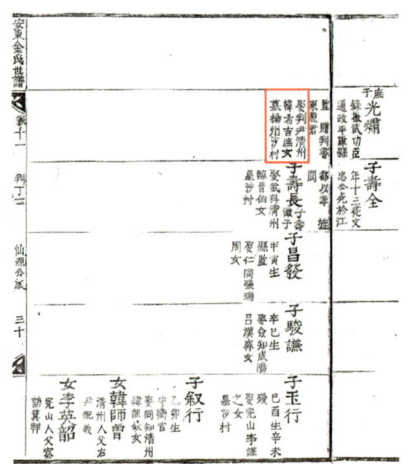 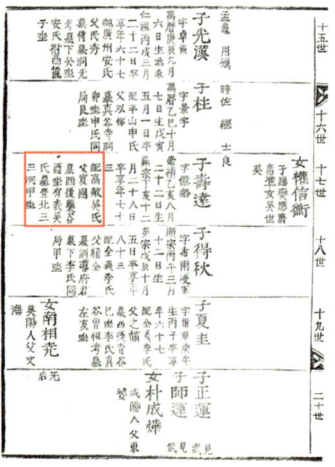

[그림 6] 『안동김씨세보』(1790)　　[그림 7] 『안동김씨세보』(1790)
  권11 김광소 처 청주 한씨　　　　권18 김수원 처 고창 오씨

에 따라서는 정실에게 자녀 수 정보를 기록하여 자녀 가운데 서자녀들을 추정할 수 있도록 하는 경우도 있었다.

이 장에서는 안동 김씨에서 편찬한 세 종의 족보만 살펴보았으나, 그 안에서도 여성 정보는 차이를 보였다. 이렇듯 정보뿐만 아니라 다양한 사회적 의미를 담고 있는 족보에 대한 이해는 추후 다른 가문의 족보와 비교함으로써 더 명확해질 수 있을 것이다.

족보 데이터의 구성과 여성 정보의 특징

족보는 그 자체로 연구 대상이지만, 질적 분석만으로는 족보에 기록된 정보를 충분히 활용할 수 없다. 이 절에서는 안동 김씨 전자 족보에서 추출한 데이터를 이용하여 족보 데이터 속 정보의 종류를 더 자세히 소개하고자 한다. 특히 여성 정보의 구조와 특징에 대해서 살펴보겠다.[20]

안동 김씨 전자 족보에서 수집한 데이터는 안동 김씨 9세 김삼근金三近(1405~1465)에서부터 2016년에 출생한 28세 지한祉翰과 도은到聞까지, 총 9만 8,457명으로 구성되었다. 그리고 이 인물들의 정보에는 대부분 배우자와 배우자의 가족, 자녀 등에 대한 정보가 포함되어 있다. 예를 들어 김삼근에게는 그의 처, 김전金腆의 딸 상락 김씨上洛金氏(1393~1488)에 대한 정보도 기재되어 있다. 이 절에서부터는 이 정보 가운데 안동 김씨 남성의 처 정보에 주목할 것이다.

데이터에는 안동 김씨에서 수적으로나 영향력으로나 가장 큰 비중을 차지하는 김계권金係權과 김계행金係行의 후손이 포함된다. 그 가운

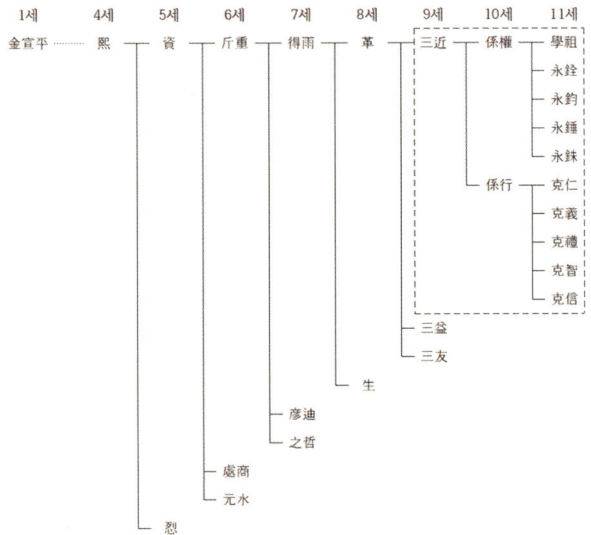

[그림 8] 안동 김씨 상계 가계도와 수집한 족보 데이터의 범위

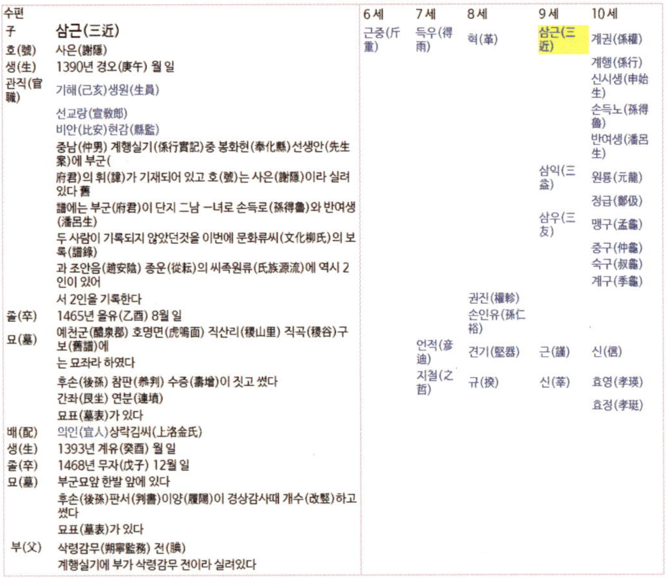

[그림 9] 안동 김씨 문중 홈페이지에서 제공하는 전자 족보의 모습

데는 세도가문으로 잘 알려진 김상헌과 김상용의 후손이 포함되어 있다. 결과적으로 이 데이터는 영의정을 비롯한 다양한 관직과 문·무과 및 사마시 합격자 정보를 다수 포함하여 과환과의 관련성을 분석하는 데 유용하다.

우선 족보 데이터 속 정보의 종류를 살펴보자. 데이터는 족보의 구조를 따라 안동 김씨 남성과 여성, 즉 아들과 딸(또는 사위)을 중심으로 구성된다. 족보 데이터 속 안동 김씨 약 9만 8,000명의 정보는 약 150개 항목에 따라 세분되며 대표적인 정보는 〈표 3〉과 같다.[21] 족보 데이터 속 9만 8,457명은 다시 안동 김씨 남성 6만 5,822명과 안동 김씨 여성 3만 2,635명으로 나눌 수 있다.

여성 정보의 관점에서 보면, 딸인 안동 김씨 여성들보다 안동 김씨 남성들 기록 속 배우자 정보가 더 풍부하다. 안동 김씨 남성의 경우, 기본적으로 생몰 정보와 자호字號, 과환, 묘 위치가 기재되며, 대부분 배우자 정보가 있다. 안동 김씨 남성의 하위 정보로 기재된 배우자, 즉 처의 정보는 기본적으로 성관과 생몰 정보, 묘의 위치 정보로 구성되며, 사조四祖로 대표되는 선조 정보를 기록한 경우가 많다. 따라서 이제부터는 안동 김씨 남성들의 배우자 정보에 집중하여 개별 정보의 특징을 확인하고자 한다.

여성 배우자의 정보 가운데 가장 먼저 그리고 모든 배우자에게 부여된 정보는 남편과의 관계를 규정하는 '배配'라는 표기다. 경제적으로 여유 있는 양반 남성들은 첩을 들이곤 했지만, 안동 김씨 족보는 물론 대부분의 족보는 첩을 기재하지 않았다. 첩의 존재는 그녀에게서 태어난 서자녀庶子女를 통해 드러난다. 그리고 이렇게 첩에게서 태어난 서

〈표 3〉 안동 김씨 족보 데이터 속 정보의 종류

안동 김씨 남성 본인			안동 김씨 남성의 배우자(처1)	
(데이터계통값)	생월	본본	처1 봉작	처1 졸일
(순번)	생일	출파出派	처1 성관	처1 묘
이름	관직	구보명舊譜名	처1 성명	처1 부관직
(본인 코드)	졸년	일명一名	(처1 출생 코호트)	처1 부명
대수	졸간지	학력	처1 생년	처1 조관직
(자녀 코드)	졸월	상훈賞勳	처1 생간지	처1 조명
(부친 코드)	졸일	직업	처1 생월	처1 증조관직
관계	수명	적명籍名	처1 생일	처1 증조명
자字	묘	모母	처1 졸년	처1 외조관직
호號	생부(生父)	비고	처1 수명	처1 외조성명
(출생 코호트)	시호(諡號)		(부부 연령차)	처1 외조성관
생년	저서(著書)		처1 졸간지	처1 기타
생간지	원파(元派)		처1 졸월	

* 괄호 안의 항목은 족보에 기재된 정보를 이용하여 필자가 가공하여 만든 정보다.

자와 혼인한 여성들은 그 자신이 첩이 아니었음에도 기록상 적자의 배우자와는 다른 대접을 받았다. 20세기 이전에 편찬된 안동 김씨 족보에서 서자의 배우자에게는 '배配'가 아닌 '취娶'나 '실室'이 붙었다. 다만 본 연구가 활용한 전자 족보는 서자녀들에게 '서庶'라고 기재하지 않았다.[22] 이는 차별적 기록의 해소라는 측면에서는 의미가 있으나, 가족 내에서나 사회적으로 위상이 낮았던 서자녀들을 데이터에서 구분할 수 없다는 점에서 아쉽다.[23]

하지만 적처라고 모두 같은 처지였던 것은 아니다. 재혼이 금지되었던 여성들과 달리 남성은 재혼이 가능하였기에, 남성 중에는 둘 이상의 처 정보를 가진 자들이 있었다. 본 연구에서 이용한 데이터에서는 김성규金星圭(1863~1936)의 사례가 흥미롭다. 족보상 그는 홍우주의 딸 풍산 홍씨, 박명화의 딸 순천 박씨, 김연배의 딸 김해 김씨, 김이호의 딸 김해 김씨 그리고 오윤상의 딸 동복 오씨와 무려 다섯 차례나 혼인하였다. 안동 김씨 족보가 일반적으로 첩을 기록하지 않았다는 것을 생각하면, 다섯 여성은 모두 김성규의 적처였을 가능성이 높다. 그 외에도 4명의 처 정보가 있는 남성은 18명, 3명의 처 정보가 있는 자는 247명이었다.

전근대 혼인에서 남성의 혼인 서차序次가 배우자 선택에 미치는 영향에 대해서는 아직 구체적으로 알려진 바가 없다. 그러나 초혼 남성과 혼인하는 여성과 네 번째, 다섯 번째 아내로 시집가는 여성의 입장과 위상은 달랐을 수 있다. 따라서 본 연구는 동일한 위상에 있었으리라 생각되는 첫 번째 배우자(이하 처1)의 정보에 집중하여 분석을 진행한다. 이렇게 안동 김씨 남성의 처1로 등장하는 여성은 모두 4만 4,987명이다.

조선시대 자료에는 여성의 이름이 등장하지 않는 것이 일반적이며, 족보 역시 여성들의 이름을 기록하지 않았다. 족보 속 처1은 대부분 이름 없이 성관만 기록되었다. 안동 김씨 전자 족보에 등장하는 처1의 성관은 총 1,513종에 달한다. 이 가운데는 경주 이씨-월성 이씨, 전주 이씨-완산 이씨처럼 이칭이 사용된 예도 있다. 또는 본관 없이 성만 기록된 일도 있어 실제 성관은 위의 수치보다 더 적으리라 생각된다.

〈표 4〉에서 보이는 안동 김씨로 시집온 처1의 성관 가운데 상위 20위 성관은 오늘날에도 그 인구가 많은 거성巨姓들이다. 처1의 성관 중 가장 많은 수를 차지하는 것은 김해 김씨로 2,632명(5.8퍼센트)에 달하며, 그 외에도 1천 명이 넘는 배우자를 배출한 성관으로는 밀양 박씨, 안동 권씨, 전주 이씨, 경주 김씨, 경주 이씨[24] 가 있다. 이들 성관은 대부분 지금까지도 한국에서 가장 인구가 많은 부류다. 다만 처1의 성관 중 7번째로 많은 의성 김씨와 12번째 진성 이씨는 상대적으로 인구가 많지 않다. 이는 이 성관이 안동 김씨의 주요 세거지였던 안동을 비롯한 경상도 북부 지역의 유력 성관이었다는 사실을 통해 설명될 수 있다.

시간이 지나면서 안동 김씨는 서울, 경기 지역에 머물며 중앙 정계에서 활약하던 경파京派와 안동을 비롯하여 향촌에 세거하던 향파鄕派로 분화하였다. 따라서 경파와 향파로 시집온 여성들은 그 배경이나 거주지는 물론 성관에서 차이를 보였다. 이 차이는 〈표 4〉와 〈표 5〉의 비교를 통해서도 잘 드러난다. 족보 데이터 가운데 관직 정보가 있는 안동 김씨 남성들의 배우자들만 모아 성관을 확인한 〈표 5〉의 주요 성관은 〈표 4〉와 크게 다르기 때문이다. 〈표 5〉의 성관들은 선행 연구에서 경파의 핵심 가계이자 장동파壯洞派로 알려진 안동 김씨 문정공파의 주요 혼인 대상과도 대부분 일치한다.[25]

공문서에 여성의 이름을 드러내지 않는 문화가 사라지면서, 오늘날 족보는 여성의 이름을 기록하고 있다. 그 결과 앞 절에서 분석한 족보들과 달리, 전자 족보에는 이름이 있는 여성들이 존재한다. 하지만 4만 5,000명이나 되는 처1 가운데 이름이 있는 여성은 7,069명에 불과

〈표 4〉 족보 데이터 속 처1의 성관 중 상위 20위 성관

순번	성관	인원(명)	비율(%)	순번	성관	인원(명)	비율(%)
1	김해 김	2,632	5.8	11	광산 김	663	1.5
2	밀양 박	2,620	5.8	12	진성 이	656	1.5
3	안동 권	2,513	5.6	13	평산 신	635	1.4
4	전주 이	1,891	4.2	14	동래 정	616	1.4
5	경주 김	1,366	3.0	15	인동 장	591	1.3
6	경주 이	1,154	2.6	16	순흥 안	563	1.3
7	의성 김	964	2.1	17	남양 홍	535	1.2
8	경주 최	926	2.1	18	월성 이	521	1.2
9	파평 윤	853	1.9	19	청주 한	489	1.1
10	진주 강	799	1.8	20	평해 황	468	1.0

〈표 5〉 족보 데이터 속 관직자의 처1 성관 중 상위 10위 성관

순번	성관	인원(명)	비율(%)	순번	성관	인원(명)	비율(%)
1	전주 이	39	7.1	6	청송 심	23	4.2
2	한산 이	33	6.0	7	은진 송	21	3.8
3	안동 권	28	5.1	8	남양 홍	20	3.6
4	연안 이	24	4.3	9	여흥 민	17	3.1
5	완산 이	23	4.2	10	덕수 이	14	2.5

하다. 가장 이른 시기에 족보에 이름을 기록한 처1은 1815년 태어난 의성 김씨 김인이金仁伊였으나, 처 정보로 이름을 올린 여성은 대부분 20세기 이후 출생한 자들이다.

대부분의 여성이 보유한 정보로는 묘 정보도 있다. 데이터에는 처1 전체의 46.2퍼센트에 달하는 여성 2만 890명이 사후 어디에 묻혔는지에 대한 정보가 있다. 묻힌 장소나 기재 방식 등이 다양하여 이를 활용하려면 후속 작업이 필요한 형편이다. 다만 가장 흔히 보이는 정보는 합폄合窆, 즉 남편과 함께 묻혔다는 기록으로 4,195명의 처1에게서 확인된다. 아울러 묘를 이장移葬한 정보는 322회 나타난다.

비록 일부 여성들에게만 나타나지만, 여성의 사회적 위상을 보여 주는 중요한 정보로 외명부外命婦 봉작封爵을 들 수 있다. 조선은 왕실 종친뿐 아니라 문무백관文武百官의 처에게 부친이나 남편의 관직에 상당한 봉작을 내리곤 했다. 안동 김씨 남성들의 첫 번째 배우자 가운데 이 봉작을 받은 자는 모두 1,062명이며, 그 가운데 사후 자손의 관직 진출 등의 이유로 받은 봉작, 즉 증직贈職을 받은 자는 370명이었다. 여성들의 봉작 가운데 가장 많은 경우는 정3품 숙부인淑夫人으로 362명에게서 확인된다. 다음으로 많은 봉작은 정2품의 정부인貞夫人이며 181명의 여성이 보유하고 있었다.

안동 김씨 족보는 1790년부터 처의 사조四祖 정보를 기재하도록 하였는데, 이 데이터에서 부친 정보가 있는 여성은 모두 3만 2,417명으로 전체 처1 가운데 72.1퍼센트에 달한다. 조 정보는 8,507명(18.9퍼센트), 증조 정보는 7,001명(15.6퍼센트), 외조 정보는 8,402명(18.7퍼센트)에게서 확인할 수 있었다. 조 정보 이상의 사조 정보는 상대적으로 유력한 가계의 인물과 혼인한 여성에게서 발견되는 경향이 있었다. 사조 정보를 제공하지 않는 처1 가운데는 현조顯祖를 기록함으로써 혈통을 증명하려는 경우도 적지 않았다. 예를 들어 김이대金履大의 처 벽진 이씨는 증조를 포함한 사조 정보를 모두 가지고도 "평정공平靖公 약동 후約東后"라는 정보를 기재하였다. 이는 그녀가 조선 초에 활약하여 평정공이라는 시호를 받은 이약동李約東의 후손임을 알리기 위한 정보였다. 비록 수백 년 전 선조라도 현조의 존재는 지역 내 개인의 사회적 위상에서 중요한 의미였음을 알 수 있다.

다음으로 살펴볼 정보는 여성들의 탁이卓異한 행적에 대한 기록이다. 사실 본 연구는 족보 속 여성들의 행적에 대한 서사에 관심을 가지고 시작하였다. 그러나 연구의 대상으로 삼은 안동 김씨 족보 속 여성의 활동에 대한 서술은 소수이면서 단편적이었다.

족보에 기록된 전근대 여성의 대표적인 행적은 열행烈行이었다. 하지만 이 데이터 속 처1 가운데 열행이 있거나, 그 결과로 열녀문烈女門 또는 열녀비烈女碑가 있다고 언급된 사례는 8차례에 불과하다. 김정서 金正叙의 처 완산 이씨完山李氏, 병석炳錫의 처 영해 박씨寧海朴氏, 병진 炳震의 처 영월 엄씨寧越嚴氏, 용진龍鎭의 처 영해 박씨寧海朴氏, 중한仲漢의 처 숙부인淑夫人 권열녀權烈女, 병육炳六의 처 남원 양씨南原梁氏, 응태應台의 처 평산 신씨平山申氏와 차민車旼의 처 김순남金順男 등이 바로 그들이다. 열행의 구체적인 내용이 기록된 경우는 보이지 않으며, 열행이 특이하여 여러 차례 도道에서 상계上啓되어 『오륜행실도五倫行實圖』에 실리게 되었다는 남원 양씨의 경우 정도가 그나마 상세한 편에 속한다. 열행의 구체적인 내용이 서술된 경우는 평산 신씨의 사례가

183

유일한데, 족보는 그녀가 남편의 삼년상을 치른 후 곡기穀氣를 끊고 자진自盡했다고 기록하였다.

열행과 유사한 정보로 정려旌閭 관련 기록도 족보에 보인다. 그러나 데이터에는 김기순金箕淳의 처 울산 박씨, 내순來舜의 처 한산 이씨, 원진源鎭의 처 증정경부인贈貞敬夫人 남양 홍씨의 세 사례만 등장했다. 역시 내용은 간략하였으며, 그나마 남양 홍씨의 경우는 "열행이 있어 정려비旌閭碑를 세웠으며 대사헌大司憲 서신보徐臣輔가 짓고 열행에 관한 내용은『속수삼강록續修三綱錄』에 나오고 정려비는 울진군 기성면 삼산리에 있다"라는 조금 더 구체적인 정보를 제공할 뿐이었다. 족보 속 여성 정보가 다른 사료에 비해 상대적으로 풍부하다고 할 수 있으나, 이를 통해 여성들의 삶을 자세히 그려내기에는 이처럼 한계가 있다.

짧지만 흥미로운 정보도 등장한다. 안동 김씨 족보는 역모에 연좌連坐되어 이이離異, 즉 이혼당한 두 명의 여성을 기록하였다. 우선 김호순金好淳의 처 능성 구씨는 구명겸具明謙의 딸이었는데 족보는 그녀가 연좌로 인해 이이되었다고 기록하였다. 1786년 역모로 고발된 구선복의 가까운 친족이었던 구명겸은 처형당했고 나머지 가족들은 유배당했는데, 딸인 능성 구씨도 이 과정에서 이혼을 당한 것으로 보인다. 또, 김이순金頤淳의 처 남양 홍씨의 부친은 정조의 즉위를 반대한 홍인한과 정후겸 무리의 일원으로 간주되어 유배되었다가 1777년 사망한 홍찬해洪纘海였다. 족보는 그녀 역시 연좌로 인해 이이되었다고 기록하였다.

조선시대 여성들의 정보를 제한적으로 제공하던 족보 데이터는 20세기 이후 출생한 여성들에 대해서는 조금 더 다양한 정보를 제공한다. 여성들이 본격적으로 교육받기 시작하면서 학력이 기록되었고,

직업 정보가 기재되기도 했다. 학력 정보의 사례는 다음과 같다. 김○동의 배우자 이○○ 씨[26]에게는 '○○여자대학교 졸업 ○○대학원 졸업' 그리고 김○동의 배우자 김○○ 씨에게는 '○○대학교 교육대학원 미술교육학과 졸업'이라는 매우 상세한 학력 정보가 기재되었다. 아울러 여성들의 직업이 소개되는 경우로는 김○동의 배우자 최○○ 씨에게 '대 졸업'이라는 학력과 '교사'라는 직업이 소개된 경우가 있었으며, 김○한의 배우자 장○○ 씨의 경우 출생, 부친 정보 등 가장 기초적인 정보 외에 '○○여자고 졸업' '○○우체국장'이라는 학력과 직업 정보가 기재되었다. 또 기존 족보가 사조 정보를 배우자의 남성 선조들만 기록한 것과 달리, 배우자의 모친 정보가 기록된 경우도 확인된다. 김○동의 배우자 이○○ 씨는 출생년과 부친 성명과 함께 '김해金海 김소분金小粉'이라고 모친의 성명과 본관까지 기록한 것이 그 예다.

또 근래에는 국제결혼이 많아지면서 일본인, 중국인, 베트남인 등 국적 정보가 족보에 기재되는 사례가 많아지고 있다. 일본인이라는 국적 정보를 가진 여성들의 이름은 "야마모토 교오코[山本恭子], 중천中川, 복전福田, 환산丸山, 나오코[直子] 등이고, 왕려연王麗娟"은 중국계 배우자의 이름이다. 팜티튀, 동티뜨엉, 닥티녹남은 베트남에서 시집온 배우자들의 이름으로, 그 가운데는 '베트남 하노이 상업경제대 졸업'이라는 학력 정보를 표시한 경우도 있었다. 다만, 한자어를 병기하였던 일본이나 중국계 배우자 성명과 달리 베트남어를 병기하지 않았다는 점은 추후 한국 족보가 고민해야 할 부분이기도 하다.

한국의 족보는 화석화된 자료가 아니라 여전히 생명력을 가지고 진화하고 있다. 그렇기에 시대의 변화에 따라 정보의 내용도 큰 변화를 보이는 것이다. 이러한 족보의 특성에 맞추어 정보의 종류와 내용을 정확히 이해하고, 그 특성에 맞는 연구를 진행해야 한다.

족보 데이터로 본 여성의 생사와 출산

한국의 족보가 여성들의 다양한 정보를 담고 있다는 점은 분명하다. 그러나 족보 속 단편적인 정보로는 여성들의 삶을 복원하는 데에 어려움이 있다. 어쩌면 족보와 그 데이터는 양적 분석을 통해 여성들의 삶을 살펴보는 데 큰 장점이 있을 수 있다. 이 절에서는 족보 데이터와 그 속의 여성 정보를 기반으로 기술통계記述統計 수준에서 조선시대 여성들의 삶과 죽음, 출산 문제를 살펴본다. 분석 대상은 조선시대에 출생한 여성으로 한정하여 분석을 진행한다.

여성들에 대한 족보 속 기록 가운데 가장 손쉽게 양적 분석을 시도할 수 있는 정보는 출생과 사망 정보다. 이 정보를 통해 조선시대 여성들의 가장 기초적인 인구학적 특징을 확인할 수 있으며, 다른 자료에서는 파악이 쉽지 않거나 정보를 대량으로 확보할 수 없다는 점 때문이다.[27] 아울러 족보 속 대부분의 정보와는 달리 숫자로 기록되거나 숫자로 변환이 용이하여 통계 분석에 유리하다. 이에 여기서는 처1의 출생 및 사망 정보를 이용하여 이 여성들의 생사生死에 대한 기초적인 분석을 시도해 보고자 한다.

족보 속 출생 및 사망 정보는 제사가 중요했던 조선에서 사망한 사람에게 제사를 올릴 시점을 확인하기 위한 목적으로 기록되었다. 그 결과 한국의 족보는 역사인구학 연구에 가장 기초적이면서도 필수적인 개인의 출생과 사망 정보를 풍부하게 보유하게 되었다.

여성의 출생 정보는 본 연구에서 활용한 족보 데이터 속 정보 가운데서도 가장 충실한 축에 속한다. 데이터 속 처1 정보 가운데 출생 간지 또는 출생년을 알 수 있는 경우는 1만 8,417명이며, 이는 처1 전체의 40.9퍼센트에 달한다. [그림 10]과 [표 6]은 출생년 정보를 가진 처1 가운데 서기로 기록되었으며, 대한제국 성립 이전인 1896년까지 태어난 1만 3,150명 여성의 출생 시점을 나타낸 것이다.

한편 여성의 생년 기재 여부는 남편의 사회적 위상과 관련이 있다. 남편이 관직이 있거나 문·무과 및 사마시에 합격하였거나 기타 관계官階 정보를 가졌을 경우, 그 배우자인 여성에게 출생 정보가 기록되었을 가능성은 그렇지 못한 남편을 둔 여성들보다 2배 정도 높았다. 이는 여성들의 생년 정보를 이용한 분석이 사회적으로나 경제적으로는 좀 더 유리한 위치에 있던 여성들에게 편중된 정보에 기초해 있을 가능성을 제시한다. 따라서 이 정보에 기초한 일반화는 주의해야 한다.

사망 시점인 졸년이 기록된 여성은 총 1만 5,134명으로 전체의 33.6퍼센트에 달하여 출생 정보보다는 적지만, 여성 정보 가운데 가장 충실한 것 중 하나다. 이 정보를 이용하여 조선시대에 출생하였으며 졸년이 서기로 기록된 9,045명의 사망년을 표시한 것이 [그림 11]과 〈표 7〉이다. 비록 20세기 이전에 출생한 여성들로 분석대상을 한정하였으나, 이 여성들의 사망년은 거의 한 세기 뒤인 1991년까지 확인된다.

여성의 출생년과 사망년의 분포 그래프는 흥미로운 결과를 보여 준다. 출생이 급감하거나 사망이 급증하는 시점이 특정 연도에 집중된

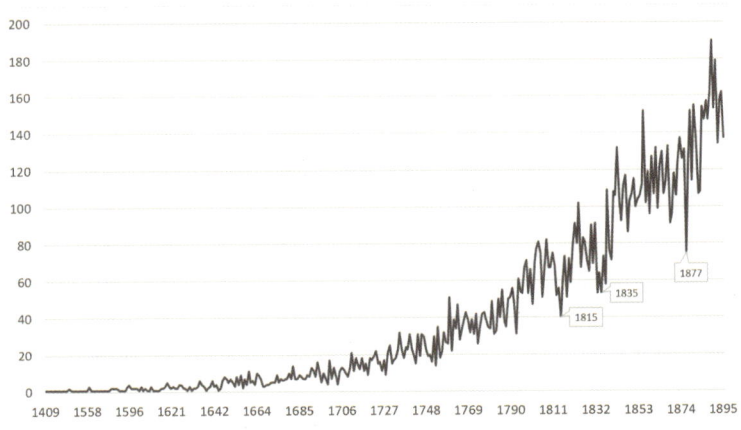

[그림 10] 처1의 출생년 분포(단위:명)

⟨표 6⟩ 처1의 출생 시기(단위:명)

15C	16C	17C 전반	17C 후반	18C 전반	18C 후반	19C 전반	19C 후반
9	54	125	365	874	1,985	3,880	5,858

다는 점에서 그렇다. 역사적으로 잘 알려진, 1814년 삼남을 강타한 기근과 홍수, 1815년 홍수 그리고 역병의 여파는 출생년 그래프에서 1815년 갑자기 낮아진 출생자 수와 치솟은 사망자 수를 설명해 준다. 또 1833년부터 몇 년 동안 이어진 출생과 사망의 변화는 이 시기 기근으로 설명할 수 있다. 이 기근은 도성의 쌀값이 폭등하여 한양 백성들이 폭동을 일으킨 사건을 불러일으키기도 했다. 더구나 이 시기는 바다 건너 일본에서 덴포 대기근[天保の大飢饉](1834~1837년)이라 불리는 기간과도 일치한다.

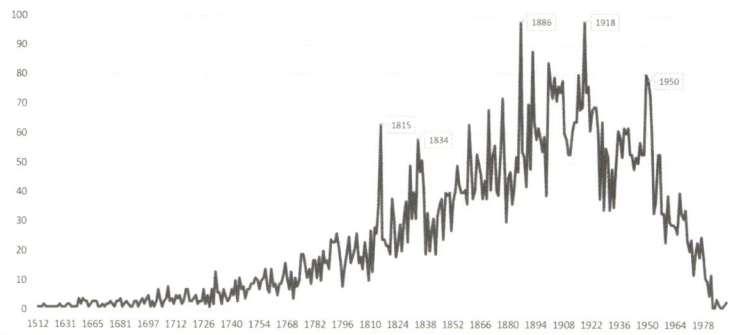

[그림 11] 처1의 사망년 분포(단위:명)

<표 7> 처1의 사망 시기(단위: 명)

16C	17C 전반	17C 후반	18C 전반	18C 후반	19C 전반	19C 후반	20C 전반	20C 후반
8	21	89	243	674	1,463	2,520	3,074	953

출생년은 1896년에 끝나지만, 이후의 사망년 분포는 여전히 시대적 상황을 잘 반영한다. 1918년의 급격한 사망자 증가는 당시 한반도뿐 아니라 세계적으로 유행한 일명 스페인 독감의 영향이 분명하다. 마지막으로 사망년 그래프에서 절정을 보인 시점은 1950년으로 한국전쟁의 여파를 나타낸다.

출생과 사망의 변화가 잘 해명되지 않는 부분도 있다. 1886년의 높은 사망자 수는 개항 이후 조선이 겪은 첫 콜레라 유행의 결과로 이해할 수 있다. 그러나 같은 해 출생한 처1의 수는 그 이전이나 다음 해와 10퍼센트 미만의 차이를 보였을 뿐이다. 콜레라가 일반적으로 영유아들에게 더 치명적이라는 사실을 생각해 보면, 이 부분은 좀 더 정확한 분석과 설명이 필요하다.

족보에 기록된 출생과 사망 정보를 이용하면 개인의 수명도 간단히 계산할 수 있다. 이러한 방식으로 계산한 수명의 평균값을 해당 여성이 출생한 시기에 따라 나타낸 것이 〈표 8〉이다. 족보에서 출생과 사망 시점이 모두 확인되어 수명을 확인할 수 있는 처1 여성은 모두 9,045명이며, 이들의 평균 수명은 57.3세다.

이처럼 족보 속 처1의 평균 수명은 생각보다 높은 편이다. 이를 설명하기 위해서는 족보 데이터의 문제에 대해 지적할 필요가 있겠다. 족보에 기재된 자들이 당대의 인구를 대표하지 않는다 족보 데이터의 큰 한계다. 족보 편찬은 19세기까지도 양반층의 문화였으므로 족보에 기재된 인물들은 양반층이거나 상대적으로 사회적 위상이 높은 자들이었다. 따라서 이들은 상대적으로 좋은 영양 상태를 보였으리라 여겨지며, 이는 긴 수명으로 이어졌을 가능성이 있다.

아울러 전근대 여성들이 출산 시 높은 사망 위험에 노출되었다는 일반적인 이해와 달리 19세기 전반 이전에 출생한 자들에게서도 20~30대 여성의 사망 비중이 높지 않은 것은 의아한 일이다.[28] 이상의 결과를 해석하기 이전에 자녀를 출산하지 못하고 사망한 여성을 기록하지 않았을 가능성을 염두에 두어야 한다.[29] 아울러 조선시대 여성들이 출산 시 사망할 가능성이 높았다는 사실은 재혼한 남성들만 모아 그들의 첫 배우자의 수명을 살펴볼 때 잘 드러난다. 이는 일부일처가 기본이었던 조선 사회에서 남성들은 처가 사망하였을 때나 재혼했기 때문이다. 이렇게 두 번 이상 혼인한 남성들의 첫 번째 처 가운데 수명을 계산할 수 있는 여성은 총 1,809명이며, 이들의 수명을 표로 나타낸

〈표 8〉 처1의 수명

수명	20세 미만	20~29	30~39	40~49	50~59	60~69	70~79	80~89	90세 이상	평균 수명
인원 (명)	106	752	1,005	1,117	1,337	2,261	1,501	825	141	57.3세

〈표 9〉 재혼한 남편의 처1 수명

수명	20세 미만	20~29	30~39	40~49	50~59	60세 이상	평균 수명
인원 (명)	134	690	534	199	94	158	34.2세

것이 〈표 9〉다. 이들의 평균 수명은 34.2세로 〈표 8〉의 57.3세와는 큰 차이가 나며, 여성의 가임기이자 가장 출산이 잦았을 40세 미만의 나이에 사망한 여성의 비율은 무려 75.1퍼센트에 달한다.

사실 본 연구에서 다룬 여성의 생애 데이터 가운데 가장 정확도가 높은 것은 사망월에 대한 정보다. 족보 속 사망월의 기록이 있는 9,694명 처1의 사망월 분포를 나타낸 것이 [그림 12]다.[30] 사망의 계절적 패턴, 즉 사망의 계절성은 사료를 이용하여 과거 인구 변화와 현상을 연구하는 역사인구학의 주요 연구 주제다. 이 부분은 기존의 연구 성과를 토대로 자세한 역사인구학적 분석과 비교를 통한 해석이 필요하겠지만, 이 연구의 목표와는 동떨어져 있으므로 여기서는 간단히 그래프를 설명하는 것으로 대신하고자 한다. [그림 12]에 따르면 조

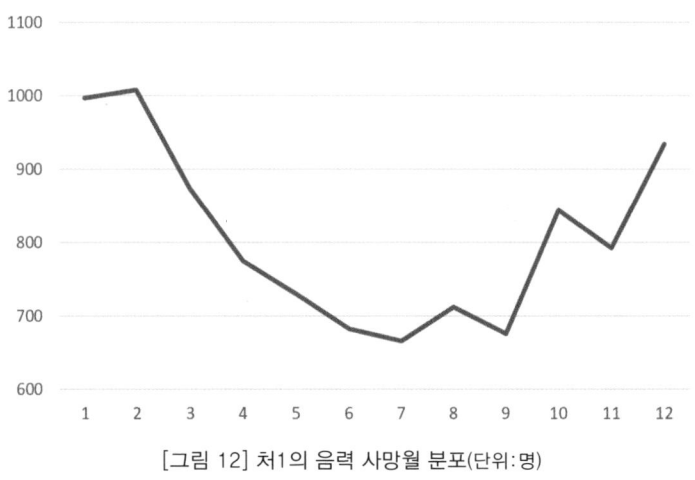

[그림 12] 처1의 음력 사망월 분포(단위:명)

선시대 여성들은 주로 음력 1, 2월과 12월, 즉 겨울에 사망했다. 이는 사망이 한반도의 극한 겨울 온도에 영향을 받기 때문이며, 특히 노인일수록 이러한 경향이 강하다고 알려져 있다. 또 선행 연구에서는 여성들이 남성들보다 계절의 변화에 좀 더 민감하게 반응한다고 평가했다.[31] 이러한 여성들의 사망 유형은 영국을 비롯한 서북유럽의 '한랭형'이라고 불리는 사망 유형과 흡사하다.[32]

마지막으로 살펴볼 것은 여성의 출산이다. 전근대 여성에게 가장 중요하게 요구된 것이 아마도 후계자의 생산이었을 것이다. 따라서 여기서는 족보 데이터로부터 여성이 낳은 자녀 수를 확인하고자 한다. 다만 자녀 수 정보는 그 정확도가 낮은 상태다. 우선 19세기까지 편찬된 족보와 달리, 전자 족보는 적자와 서자를 구분하지 않았으며, 자녀의 친모가 누구인지 소생 정보도 기재하지 않았다. 따라서 현재 족보 데이터를 통해 알 수 있는 것은 한 가족의 적처嫡妻의 수와 한 남성의 적서얼庶를 무론한 총 자녀 수다. 아울러 족보가 기본적으로 혼인하기 이전에 사망한 자녀를 기록하지 않으며, 딸들을 누락하곤 한다는 사실도 고려해야 한다. 따라서 이하에서 제시하는 자녀 수는 실제 자녀 수와는 차이가 있을 수 있음을 미리 밝힌다.

지금까지 이 절에서는 안동 김씨 남성의 첫 배우자를 중심으로 분석을 진행하였으나, 소생 정보가 없어 처1만의 자녀 수가 확보되지 않으므로 여기서는 분석대상을 다시 확대한다. 1896년까지 출생한 남성 1만 3,688명 그리고 그 배우자 1만 9,195명이 대상이다. 이를 토대로 부모의 출생 시기별 자녀 수의 평균값을 나타낸 것이 〈표 10〉이다. 아울러 남성 가운데 상대적으로 사회적·경제적으로 우월했으리라 여겨

〈표 10〉 부모 출생 시기별 자녀 수(단위: 명)

출생 시기	남성 기준	관직자 남성 기준	여성 기준
15세기	3.9	4.7	3.8
16세기 전반	2.6	3.2	1.5
16세기 후반	3.8	5.8	3.0
17세기 전반	3.7	6.1	3.4
17세기 후반	2.7	4.3	2.4
18세기 전반	2.5	3.9	2.4
18세기 후반	2.4	3.2	2.2
19세기 전반	2.4	2.9	2.1
19세기 후반	2.9	3.1	2.6
전체	2.7	3.5	2.4

지는 관직이나 과거 합격 정보가 있는 자 529명은 추가로 계산을 진행하였다.

쉽게 예상할 수 있듯이, 가장 많은 자녀 수를 보인 것은 관직이나 과거 정보가 있는 안동 김씨 남성들이었다. 이들은 평균 3.5명의 자녀를 두었으며, [그림 13]에서 볼 수 있듯이 전 시기에 걸쳐 다른 집단에 비해 많은 자녀를 낳았다. 다음으로 안동 김씨 남성 전체를 기준으로는 평균 2.7명, 여성 기준으로는 2.4명의 자녀를 둔 것으로 나타났다. 이는 남성들이 배우자의 사망 등으로 인해 두 번 이상 혼인하여 여러 아내를 두거나, 배우자가 아닌 첩에게서 서자를 얻는 경우가 있었기 때문으로 보인다.

한편 자녀 수는 시기에 따라서도 변화를 보인다. 16세기 전반에 출생한 자들에게서 자녀 수가 가장 적은데 이는 이들이 실제 자녀를 적게 낳았기 때문이라기보다는 왜란으로 인해 이들이 낳은 자녀의 다수가 사망하였기 때문이라고 보는 것이 합리적이다. 자녀 수는 17세기 후반 이후 출생한 부모들에게서 그 하락의 추세가 뚜렷하여 19세기 전반에 출생한 부모들에게서 가장 낮게 나타난다. 그러나 이러한 추세는 사회·경제적으로 우월했던 관직 정보를 가진 자에게서도 동일하게 나타나므로 경제적 문제로 인한 변화보다는 사회의 전반적인 분위기나 경향으로 이해해야 한다. 19세기 후반 이후 출생한 자들의 자녀 수 증가는 근대적 위생 개념의 도입과 서양 의학 기술의 도입이 가져온 변화로 인한 결과라 추정할 수 있다.

본 연구는 본격적으로 시작된 족보 연구의 범위를 확장하고, 여성이라는 관점에서 족보 이용의 가능성을 타진하기 위해 시론적인 분석을

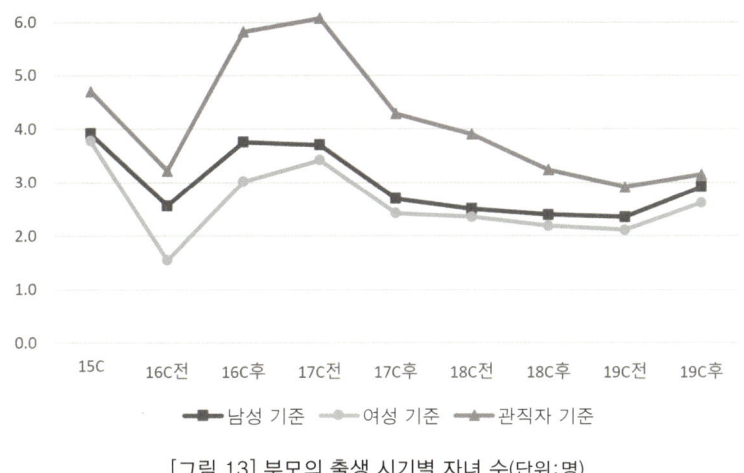

[그림 13] 부모의 출생 시기별 자녀 수(단위:명)

진행하였다. 그 결과, 비록 거칠지만 안동 김씨 남성들에게 시집온 조선시대 여성의 출생과 죽음 그리고 출산의 일면을 관찰할 수 있었다. 이처럼 다른 사료에서는 확인할 수 없는 많은 여성의 삶을 이렇게라도 복원할 수 있다는 점에서 족보는 사료로서의 가능성이 충분하다고 할 수 있다.

맺음말

한국의 족보는 연구자들로부터 그 자료적 신뢰도에 대한 문제 제기를 받아 왔다. 그러나 본 연구는 동아시아 다른 국가들과 비교했을 때 여성 정보가 풍부하게 기록되어 있으며, 이는 친족 관계뿐만 아니라 여성의 출생, 결혼, 사망, 사회적 위상을 파악하는 데 유용하다는 장점에 주목하였다. 하지만 이러한 장점을 살려 조선시대 여성들의 삶을 이해하려면 먼저 여성 정보의 특징에 대한 본격적인 검토가 필요하다.

이에 본 연구는 우선 안동 김씨 족보를 분석하여 조선 후기 족보 속 여성 정보가 어떻게 구성되며, 시기별로 어떻게 변화했는지 살펴보았다. 이를 통해 여성 배우자의 정보가 초기 족보에서는 거의 기록되지 않았으나, 점차 증가하여 18세기 후반부터는 여성의 출생과 사망 정보뿐만 아니라 가문의 사회적 위상까지 반영하게 되었음을 확인하였다. 특히, 여성 배우자의 사조四祖 정보는 점차 증가하였다. 처의 사조 정보까지 기록하는 족보가 전체 족보 가운데 얼마나 되는지는 정확히 알 수 없으나, 사조 정보를 기록함으로써 선조들의 과환을 더 잘 드러낼 수 있는 유력 가계가 속한 성관에서 이러한 기재 방식을 선호했을 가능성이 있다.

여성 정보가 점차 증가하는 경향 속에서도, 족보는 친족 내부의 기준에 따라 개인의 정보를 선별적으로 수록하였다. 동일한 족보 내에서도 안동 김씨 남성의 가족 및 친족 내 위상에 따라 여성의 정보의 양이나 기재 방식이 차이를 보이기도 했다. 안동 김씨 족보에서도 정보의 주인이 누구냐에 따라 정보의 양이나 기재 방식이 차이가 났으며, 서자와 그 배우자들의 정보는 가장 적은 편에 속했다. 심지어 서자의 처에게는 상층 여성의 호칭인 '씨' 표기를 하지 않으려는 시도도 발견되었다. 따라서 족보의 데이터를 활용한 연구에서는 이러한 기록상의 편향성은 물론 기재 방식의 차이를 고려해야 하며, 다른 사료와의 비교 연구도 필요하다.

본 연구는 안동 김씨 전자 족보에서 추출한 약 10만 명의 데이터를 기반으로 족보 데이터 속 여성 정보의 종류를 확인하였다. 족보 데이터 속 여성들의 정보는 봉작, 생몰 정보, 성관, 묘 정보, 사조 정보 등 일반적인 정보 외에도 다양한 정보를 담고 있었다. 열행烈行과 정려旌閭 등 여성들의 사회적 활동과 이이離異 등의 정보가 그것이다. 또 전자 족보는 20세기 이후에 출생한 자들까지 포함하여 족보에 기재된 여성 정보의 변화를 살펴볼 수 있다는 점에서 큰 장점이 있었다. 일례로 전자 족보는 전근대 족보에는 등장하지 않던 여성들의 이름이나 국제결혼 모습 등 변화를 보여 주었다. 그러나 전근대 족보는 물론 족보 데이터 역시 여성 정보를 단편적으로 제공하기 때문에 이를 기반으로 여성들의 삶을 풍부하게 그려내는 것은 쉽지 않다. 또 전자족보는 적자와 서자의 구분이나, 처와 첩의 구분 등 가족 내에서의 차별적인 구조를 반영하지 않는다는 점에서 신분제가 존재하던 조선사회를 바라보는 데는 오히려 약점이다.

비록 완성도가 높지 않은 데이터라는 한계가 있으나, 마지막으로 본 연구는 전자 족보 속 데이터를 이용하여 여성들의 출생과 죽음 그리고 출산에 대한 분석을 진행하였다. 여성의 출생과 사망의 큰 흐름을 확인하고, 기근과 전염병 등이 인구 현상에 끼친 영향을 간단히 관찰할 수 있었다. 전근대 여성들의 생사와 출산 정보를 장기간에 걸쳐 대량으로 확보할 수 있다는 점은 족보의 또 다른 장점이다.

본 연구는 족보 속 여성 정보를 이용한 초보적 연구로서 그 한계가 명확하다. 무엇보다 이 연구 마지막 부분의 분석에 대한 충분한 해석과 의미 부여가 제시되지 못했다. 이는 데이터가 충분히 정리되지 못했기 때문이기도 하지만, 여성의 정보만으로는 여성에 대해 이야기를 충분히 할 수 없기 때문이기도 하다. 조선시대 여성들의 삶과 죽음 그리고 출산 등에 대한 정확한 수치와 적극적인 의미 부여는 추후 족보 데이터와 전근대 족보의 대조를 통해 정제 및 보완된 이후에 제시될 수 있을 것이다. 아울러 추후 남성들과의 비교, 계층 및 지역 간 비교 등을 통해 도출된 수치를 기반으로 정확한 해석이 가능하리라 여겨진다. 향후 연구에서는 족보 데이터의 신뢰도를 더욱 향상시켜, 여성의 삶을 보다 입체적으로 분석하기 위해 정교한 접근을 시도할 필요가 있다.

조선시대 인구의 절반은 여성이었으나, 이들은 대부분의 사료에 등장하지 않기에 역사 서술을 통해 재현하기 어려웠다. 본 연구는 족보 속 여성 정보에 주목함으로써 이러한 한계를 돌파할 수 있는 단초를 찾아보고자 하였다. 앞으로 족보 속 여성 정보의 성격을 심층적으로 규명하고, 이를 활용할 수 있는 연구 방법론을 개발하는 작업이 필요하다. 이를 통해 한반도에 존재했으나 기록으로 남지 못한 여성들의 삶을 복원하고, 그들의 존재에 역사적 의미를 부여할 수 있을 것이다.

참고문헌

『安東權氏世譜』, 1476.

『文化柳氏世譜』, 1565.

『安東金氏世譜(花山金氏世譜)』, 1719, 1790, 1833.

강나은, 「조선 후기 족보의 여성 정보 등재 추이와 그 의미-安東權氏族譜(1476~1907)를 중심으로」, 『한국사론』 67, 2021.

권기석, 「조선시대 족보의 여성 등재 방식 변화-여성의 夫家 귀속과 다원적 계보의식의 축소」, 『조선시대사학보』 90, 2019.

_____, 「조선 후기 족보 入錄의 정치·사회적 의미-족보가 갖는 '화이트리스트' 또는 '블랙리스트'의 兩面性을 중심으로」, 『조선시대사학보』 92, 2020.

_____, 『족보와 조선사회』, 태학사, 2011.

김두얼, 「행장류 자료를 통해 본 조선시대 양반의 출산과 인구변동」, 『경제사학』 52, 2012.

김성오, 「朝鮮中期 族譜 編纂의 정치·사회적 성격 硏究 : 『晉陽河氏世譜-萬曆譜』(1606) 분석을 중심으로」, 성균관대 박사학위논문, 2024.

노명호, 「한국사 연구와 족보」, 『韓國史市民講座』 24, 1999.

료경류, 「中國族譜의 譜式과 書法」, 『대동문화연구』 77, 2012.

미야지마 히로시, 「동아시아세계 속의 한국 족보」, 『대동문화연구』 77, 2012.

_____, 「사망의 계절적 분포와 그 시기적 변화」, 『맛질의 농민들-한국근세촌락생활사』, 일조각, 2001.

박경숙·박희진·정일균·박준상,「《선원속보(璿源續譜)》자료에 기초한 조선 후기 출산율의 추이와 특성연구」,『한국인구학』46(4), 2023.

박희진,「조선 후기 가계당 평균구수 추세-족보를 이용한 가족재구성을 중심으로」,『경제사학』33, 2002.

_____,「족보의 계층성과 사망력-선원속보의 관직, 부부 및 적서를 중심으로」,『한국인구학』46(4), 2023.

박희진·차명수,「조선 후기와 일제시대의 인구변동-전주이씨 장천군파와 함양박씨 정랑공파 족보의 분석」,『경제사학』35, 2003.

박홍갑,「안강·기계 노씨를 통해서 본 족보자료의 실상과 허상」,『국학연구』16, 2010.

백광렬,「족보를 활용한 조선 후기 인구현상의 이해-전주이씨『선원속보(璿源續譜)』를 중심으로」,『사회와 역사』133, 2022.

_____,「17~19세기 한국 사망력의 계절적 패턴과 그 장기 추이: 족보 자료의 활용」,『한국인구학』46(4), 2023.

손병규,「20세기 초 한국의 族譜 편찬과 '同族集團' 구상-경상도 丹城地域 安東權氏 및 가계의 사례」,『대동문화연구』91, 2015.

_____,「琉球王國과 朝鮮王朝 族譜의 비교연구」,『대동문화연구』94, 2016.

Jan Kok,「역사인구학에서의 족보-논의와 전망」,『대동문화연구』94, 2016.

우대형,「역사인구학 지표로 살펴본 조선 후기 생활수준의 장기 추이, 1734~1910」,『사회와 역사』121, 2019.

유경래,「『文化柳氏 嘉靖譜』와『安東權氏 成化譜』에 나타난 貞顯王后의 人的 關係網」,『한중인문학연구』26, 2009.

이건천,「조선시대 족보에 대한 일 고찰」,『강원문화연구』29, 2010.

이수건·이수환,「조선시대 신분사 관련 자료조작 家系·人物 관련 僞造 자료와 僞書를 중심으로」, 『대구사학』 86, 2007.

조호연, 「19세기 베트남 자파(gia phả, 家譜)의 양계적 친족의식에 대한 일고-하노이 근교 흐우 타인 오아이(Hữu Thanh Oai, 右清威) 사 도안 족(Đoàn tộc, 段族)의 『단족보』를 중심으로」, 『베트남연구』 19(2), 2021.

차명수, 「조선 후기의 출산력, 사망력 및 인구증가 : 네 족보에 나타난 1700~1899년간 생몰 기록을 이용한 연구」, 『한국인구학』 32(1), 2009.

차장섭, 「조선시대 족보의 유형과 특징」, 『역사교육논집』 44, 2010.

최양규, 「족보 기록을 통해 본 朝·淸의 嫡庶 의식 비교」, 『백산학보』 87, 2010.

_____, 『한국 족보 발달사』, 혜안, 2011.

한상우, 「조선 후기 양반층의 친족 네트워크」, 성균관대 박사학위논문, 2015.

_____, 「족보의 계보를 통해 본 친족 결집의 이상과 현실-합천이씨 족보를 중심으로」, 『사림』 65, 2018.

_____, 「형만 한 아우 없다?-조선 후기 출생순위와 과거 급제의 관련성」, 『한국사연구』 188, 2020.

_____, 「조선 후기 족보와 호적 속 兩亂의 흔적-역사인구학 자료로서의 한계와 가능성」, 『사림』 87, 2024.

Han, Sangwoo, "The historical background of the popularity of genealogies in Korea," *Journal of Family History* 45(4), 2020.

Hong, Eunbin, Sangkuk Lee, and Jane Yoo, "Strengthening the inner circle: the marriage networks of elite families in Joseon Korea," *The History of the Family* 26(2), 2021.

Lee, Sangkuk, "The impacts of birth order and social status on the genealogy register in thirteenth-to fifteenth-century Korea," *Journal of Family History* 35(2), 2010.

Lee, Sangkuk, and Byung-giu Son. "Long-term patterns of seasonality of mortality in Korea from the seventeenth to the twentieth century," *Journal of Family History* 37(3), 2012

안동 김씨 진사공(영균)파 홈페이지 http://andongkim.net/

주

1 노명호, 「한국사 연구와 족보」, 『韓國史市民講座』 24, 1999; 이수건·이수환, 「조선시대 신분사 관련 자료조작 家系·人物 관련 僞造 자료와 僞書를 중심으로」, 『대구사학』 86, 2007; 박홍갑, 「안강·기계 노씨를 통해서 본 족보자료의 실상과 허상」, 『국학연구』 16, 2010.
2 손병규, 「20세기 초 한국의 族譜 편찬과 '同族集團' 구상-경상도 丹城地域 安東權氏 몇 가계의 사례」, 『대동문화연구』 91, 2015; 한상우, 「족보의 계보를 통해 본 친족 결집의 이상과 현실-합천이씨 족보를 중심으로」, 『사림』 65, 2018; 권기석, 「조선 후기 족보 入錄의 정치·사회적 의미-족보가 갖는 '화이트리스트' 또는 '블랙리스트'의 兩面性을 중심으로」, 『조선시대사학보』 92, 2020; 김성오, 「朝鮮中期 族譜 編纂의 정치·사회적 성격 研究 : 『晉陽河氏世譜-萬曆譜』(1606) 분석을 중심으로」, 성균관대 박사학위논문, 2024.
3 차장섭, 「조선시대 족보의 유형과 특징」, 『역사교육논집』 44, 2010; 권기석, 『족보와 조선사회』, 태학사, 2011; 최양규, 『한국 족보 발달사』, 혜안, 2011.
4 박희진, 「조선 후기 가계당 평균구수 추세-족보를 이용한 가족재구성을 중심으로」, 『경제사학』 33, 2002; 박희진·차명수, 「조선 후기와 일제시대의 인구변동-전주이씨 장천군파와 함양박씨 정랑공파 족보의 분석」, 『경제사학』 35, 2003; Jan Kok, 「역사인구학에서의 족보-논의와 전망」, 『대동문화연구』 94, 2016; 백광열, 「족보를 활용한 조선 후기 인구현상의 이해-전주이씨 『선원속보(璿源續譜)』를 중심으로」, 『사회와 역사』 133, 2022; 박희진, 「족보의 계층성과 사망력-선원속보의 관직, 부부 및 적서를 중심으로」, 『한국인구학』 46(4), 2023
5 한상우, 「형만 한 아우 없다?-조선 후기 출생순위와 과거 급제의 관련성」, 『한국사연구』 188, 2020; Hong, Eunbin, Sangkuk Lee, and Jane Yoo, "Strengthening the inner circle: the marriage networks of elite families in Joseon Korea," *The History of the Family* 26, 2, 2021.
6 차명수, 「조선 후기의 출산력, 사망력 및 인구증가 : 내 족보에 나타난 1700~1899년간 생몰기록을 이용한 연구」, 『한국인구학』 32(1), 2009; Lee, Sangkuk, "The impacts of birth order and social status on the genealogy register in thirteenth-to fifteenth-century Korea," *Journal of Family History* 35(2), 2010; 박경숙·박희진·정일균·박준상, 《『선원속보璿源續譜』 자료에 기초한 조선 후기 출산율의 추이와 특성연구』, 『한국인구학』 46(4), 2023; 우대형, 「역사인구학 지표로 살펴본 조선 후기 생활수준의 장기 추이, 1734~1910」, 『사회와 역사』 121, 2019.
7 권기석, 「조선시대 족보의 여성 등재 방식 변화-여성의 夫家 귀속과 다원적 계보의식의 축소」, 『조선시대사학보』 90, 2019; 강나은, 「조선 후기 족보의 여성 정보 등재 추이와 그 의미-安東權氏族譜(1476~1907)를 중심으로」, 『한국사론』 67, 2021; 한상우, 「조선 후기 족보와 호적 속 兩亂의 흔적-역사인구학 자료로서의 한계와 가능성」, 『사림』 87, 2024.
8 미야지마 히로시, 「동아시아세계 속의 한국 족보」, 『대동문화연구』 77, 2012.
9 최양규, 「족보 기록을 통해 본 朝·淸의 嫡庶 의식 비교」, 『백산학보』 87, 2010.
10 조호연, 「19세기 베트남 자파(gia phả, 家譜)의 양계적 친족의식에 대한 일고-하노이 근교 호우 타인 오아이(Hữu Thanh Oai, 右淸威) 사 도안 족(Đoàn tộc, 段族)의 『단족보』를 중심으로」, 『베트남연구』 19(2), 2021.

11 손병규, 「琉球王國과 朝鮮王朝 族譜의 비교연구」, 『대동문화연구』 94, 2016.
12 조선 후기에는 사실상 불가능했던 여성의 재혼을 족보 속 후부後夫 기록을 통해 확인하거나, 후기 족보와는 달리 외손의 기록이 풍부하다는 점이 이러한 맥락에서 주목받았다.
13 강나은, 앞의 논문, 2021.
14 한상우, 「조선 후기 양반층의 친족 네트워크」, 성균관대 박사학위논문, 2015; Han, Sangwoo, "The historical background of the popularity of genealogies in Korea," *Journal of Family History* 45(4), 2020, pp. 498~516; Hong, Eunbin, Sangkuk Lee, and Jane Yoo, 앞의 논문, 2021, pp. 313~335.
15 조선 후기에는 사실상 양반층 여성의 재가再嫁가 어려웠으므로, 여기서 말하는 혼인의 서차는 남편 관점에서의 혼인의 순서다.
16 권기석, 앞의 논문, 2020, 84~85쪽.
17 강나은, 위의 논문, 2021, 171쪽.
18 Han, Sangwoo, 위의 논문, 2020, pp. 509~510.
19 1833년 족보에서는 '실室'이라는 표기는 그대로 두었지만, 성관 표기는 적자의 배우자들과 동일한 방식으로 변경되었다.
20 본 연구의 데이터는 안동 김씨 진사공파 홈페이지(http://andongkim.net/)에서 제공하는 전자 족보에서 추출하였다. 홈페이지는 전자 족보에 대한 기초 정보를 제공하지 않아 정확히 알 수 없으나, 2016년 출생자가 기록된 것으로 보아 이 시기까지 정보가 업데이트된 것으로 보인다. 연구를 위해 1833년 족보와의 표본 대조를 통해 전자 족보 데이터의 신뢰도를 검증하였다. 다만 전자 족보는 이전 족보에 기재된 적서嫡庶 정보, 소생 자녀 수 정보 등이 빠져 있어 추후 연구에서는 전면적인 대조 및 보완을 진행할 예정이다.
21 현재 방대한 데이터를 적극적으로 활용하기에 앞서 서술식으로 기재된 개인 정보를 각 항목에 맞추어 분리하는 작업이 필요하다. 또 정보가 통일성을 가지도록 형태를 변환해야 하는데, 간지로 기록된 생졸년의 서기西紀 변환, 성명과 성관의 분리 및 생성 등의 작업이 대표적이다.
22 다만 데이터는 전근대 출생한 자들을 선남후녀先男後女 방식과 선적후서先嫡後庶 방식을 유지하였기에 딸들 뒤에 기재된 아들의 경우는 서자로 이해할 수 있다.
23 이를 극복하려면 전자 족보의 데이터를 서자녀에 대한 표기가 유지되던 20세기 이전에 편찬된 족보와 비교 대조해야 한다. 이러한 작업을 통해 데이터를 정제하는 데에는 추후 더 많은 시간과 노력이 들어가야 한다.
24 월성 이씨는 경주 이씨의 이칭으로 알려져 있으나, 안동 김씨 족보는 이 두 성관을 구분하여 기록하였다. 따라서 연구에서는 이를 구분하여 통계를 진행하였다.
25 한상우, 위의 논문, 2015, 184쪽.
26 20세기 이후 출생한 인물 가운데 직업, 출신 학교 정보 등을 언급해야 하는 경우에는 개인정보임을 고려하여 족보 속 해당 정보를 익명으로 처리하였다.
27 사료를 이용하여 과거의 인구 현상을 연구하는 분야를 역사인구학historical demography이라 한다. 국내에서는 족보와 호적 등 대량의 인구 데이터가 전산화되면서 본격적으로 시작되었다.
28 김두얼, 「행장류 자료를 통해 본 조선시대 양반의 출산과 인구변동」, 『경제사학』 52, 2012.
29 아울러 이상의 결과는 데이터 오류의 가능성을 암시한다. 간지로 표기된 전근대 족보의 연도 정보를 전자 족보가 서기西紀로 전환하면서 같은 간지를 사용하는 연도로 잘못 기재되면

서 적지 않은 개인의 수명이 ±60세로 오차가 났을 가능성이 있다. 추후 세대 간 출생 및 사망 정보를 상호 검증함으로써 데이터 오류를 바로잡고 더 정밀한 분석을 진행해야 한다.
30 족보는 20세기 이전에 출생한 자들의 기록을 음력을 기준으로 기재하였기에 본 연구에서도 음력을 기준으로 분석하였으며, 특히 사망월 분석에서는 총 27건의 윤달 사망 정보를 제외하고 분석을 진행하였다.
31 백광열, 「17~19세기 한국 사망력의 계절적 패턴과 그 장기 추이 : 족보 자료의 활용」, 『한국인구학』 46(4), 2023.
32 미야지마 히로시, 「사망의 계절적 분포와 그 시기적 변화」, 『맛질의 농민들-한국근세촌락생활사』, 일조각, 2001; Lee, Sangkuk, and Byung-giu Son, "Long-term patterns of seasonality of mortality in Korea from the seventeenth to the twentieth century," *Journal of Family History* 37(3), 2012; 백광열, 위의 논문, 2023, 69~71쪽.

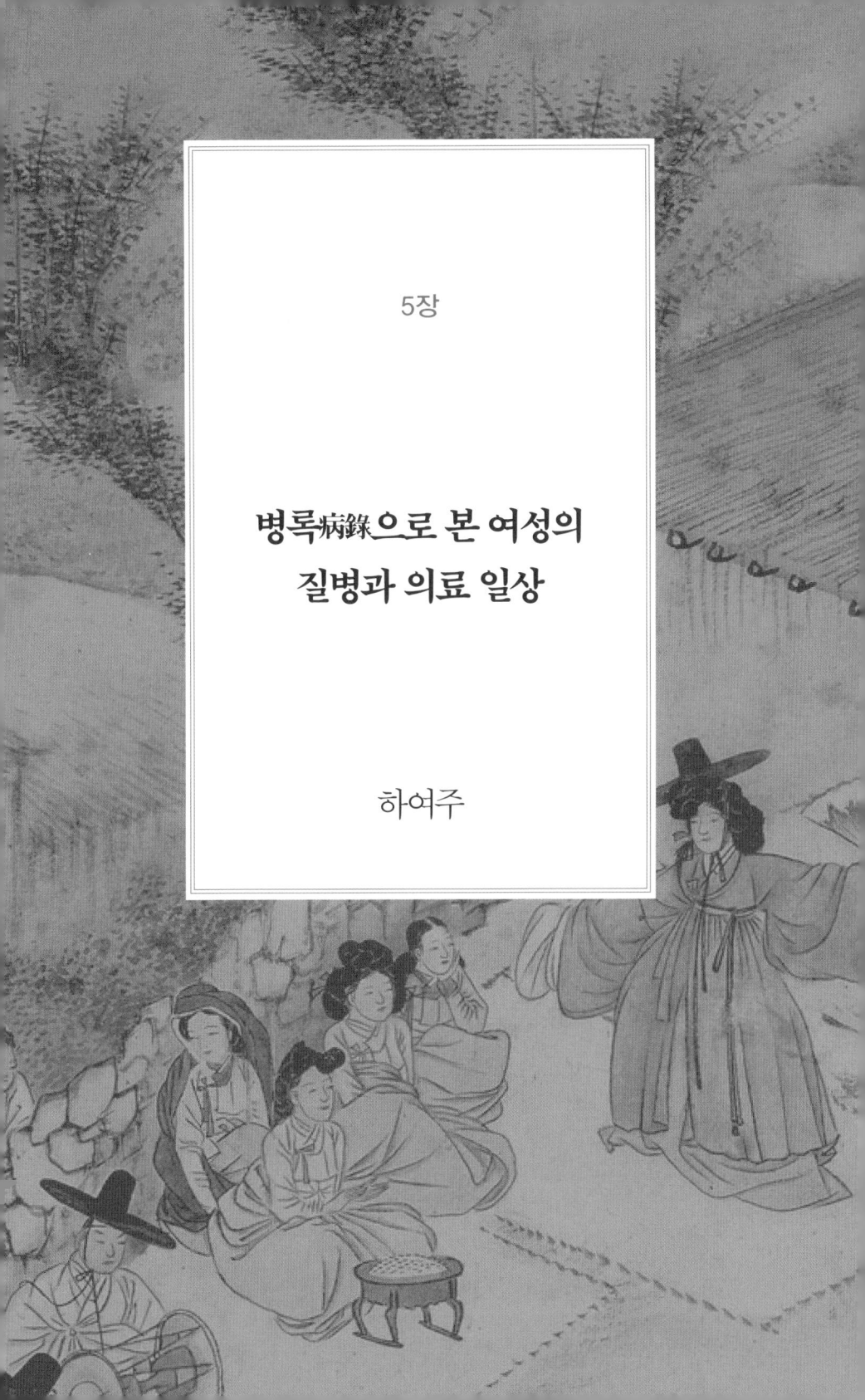

5장

병록病錄으로 본 여성의
질병과 의료 일상

하여주

병록, 남녀노소를 가리지 않은 조선의 '진료 차트'

이 연구의 목표는 병록病錄을 분석하여 조선 여성의 질병과 의료 일상을 파악하는 것이다. 병록은 환자의 질병과 증세, 그에 대한 처방 등을 담은 치료 기록으로 현대 의학에서 흔히 말하는 '진료 차트'와 유사한 점이 많다. 현대 한국 사회는 병원이 환자를 진료하고 그 사항을 기록하여 보관한다. 하지만 전근대 조선 사회에서는 그 반대였기에 이러한 기록물들이 환자 측에 남았다. 현전하는 병록은 대부분 조선 양반가에서 생산한 것으로, 고문서 연구기관이나 박물관이 특정 가문의 것을 수탁·소장하고 있는 경우가 많다. 병록은 질병에 대한 논의나 문약 등 당대의 의료 문화가 만든 산물로 주로 양반가 일상에서 일어난 의료 생활과 그 활동을 알려줄 좋은 자료다. 병록에는 한 명의 환자가 경험한 질병과 증상, 진료에 대한 모든 사항과 그 이력 등이 적혀 있다.

이러한 중요성에도 불구하고 병록은 학계에 그다지 많이 알려지지 않은 질병 관계 자료다. 선행 연구들은 병록을 부수적인 자료로 활용하였다. 유학자가 자기 몸을 돌보고 반성하는 모습을 파악하기 위하여 병록을 분석하거나,[1] 질병의 사적 연구에서 병록 이용 사례를 언급하였다.[2] 이 연구들은 병록의 단편적 소개에 머무른 한계를 가진다.

이후에는 기존 연구를 반성하며 한 걸음 나아가 기관별 병록 소장 현황을 파악하면서 개념과 운용 실태, 문서학적 특징과 성격을 규명하였다.[3] 하지만 질적으로는 문약問藥이라는 생산 목적에 해당하는 자료로만 연구 범위를 한정하였고, 양적으로는 자료에 대한 전방위적 조사와 확인이 다소 부족하였다. 특히 한국국학진흥원(이하 국학진흥원) 소장 자료에 대한 추적이 미비하다. 또한 병록의 이용 실태를 왕실과 민간, 즉 계층별 혹은 공간별로 나누어서 살폈는데, 이러한 구별이 필요했을지 의문이다.

이처럼 학계에서는 병록에 대한 분석과 활용이 상당히 부진하다. 이는 고문서 연구 분야에서도 주변부에 위치하면서 시기를 특정하기 어려운 경우가 많다는 점도 한몫하였다. 그러나 평범한 조선 사람의 질병과 치료에 나타나는 다양한 면면을 분석하는 것은 당시 일상에서 이루어진 의료 활동의 역사상을 규명하는 데에 큰 도움이 된다.

특히 이 연구는 병록에 기록된 환자 중에서도 여성에 주목한다. 병록에 기록되는 환자가 남녀노소를 가리지 않기에 가능한 것이다. 그동안 조선 여성 질병사 및 의료사 연구는 전문 의료인이 환자에게 행한 치료 과정을 담은 의안醫案이나 당대에 편찬된 전문 의학서를 분석하였다. 의안은 『조선왕조실록』이나 『승정원일기』에 많이 남아 있는 관계로 이러한 연구는 왕실 여성의 질병 분석에 치우쳐 있는 한계가 있다.⁴ 왕실 외에도 다양한 연령대의 양반 혹은 노비 여성들이 가진 질병과 치료에 대한 연구가 있었는데 이는 18세기에 활동한 의원이 쓴 의안을 분석 자료로 한 것이다.⁵ 또 다른 연구에서는 『동의보감』과 영조대 어의를 지내기도 했던 의원이 『동의보감』을 환자에게 적용한 과정을 분석하여 조선 사회에서 만들어진 여성 몸 담론을 밝히기도 하였다. 이를 통해 볼 때 그동안의 연구들에서 드러내지 못한 주제는 전문 의료인이 아닌 사람의 시선에서 바라본 여성 질병과 치료 과정이다. 병록은 여성 질병사 연구를 보완하면서도 여러 연령대 여성의 질병 서사뿐만 아니라 의료 환경에까지 관심의 영역을 넓힐 수 있다. 물론 문서에 기록된 환자가 대부분 양반일 가능성이 높기에 연구 대상이 한정적일 수는 있다.

본 연구가 검토 대상으로 삼은 병록은 앞선 연구에서 조사가 다소 미진하였던 국학진흥원이 소장한 자료다. 국학진흥원은 국내에서 최다 한국학 관계 자료를 소장·관리하면서도 누리집에서 양질의 고문서 데이터베이스를 서비스 중인 곳으로 타 기관보다 상대적으로 많은 자료를 갖고 있으며 그에 대한 접근도 쉽다.⁶

연구 방법과 내용은 ① 의료사 연구에 한 가지 실마리가 될 수 있는 병록에 대한 자료적 검토, ② 조선 의학이 정의 내린 여성의 몸에 대한 분석, ③ 국학진흥원에서 조사한 병록의 양적 데이터 소개, ④ 전수 조사한 자료 중에서 선별한 여성 환자 병록의 질적 사례 연구로 나뉜다. 본문 내용은 구체적으로 다음과 같다. 첫째, 병록의 개념을 확인하였다. 이를 위해 자료의 생산 배경과 용어에 대한 정의를 살폈다. 둘째, 기존 연구에서 병록이 차지하는 위상과 위치를 확인하였다. 셋째, 조선 의료 문화와 밀접한 관련이 있는 병록의 문서 및 내용상 특징을 알아보았다. 넷째, 조선의 대표 의학서인 『동의보감』과 그에 인용된 여러 의학서를 통해 여성 몸에 대한 정의를 알아보았다. 다섯째, 국학진흥원 소장 병록 현황을 파악하였다. 마지막으로 여성 환자 병록들을 제시하고 풀이하였다. 이로써 병록이 여성 질병사 연구, 더 나아가 조선 의료사 연구에 일정한 역할을 할 수 있는 자료로서 자격이 있음을 검토하고자 하였다. 이 연구는 조선 양반가에서 생산된 병록이라는 고문서가 조선시대 일상 의료의 실태를 알려주며 일상에서 드러났던 여성 '몸'의 역사를 보다 뚜렷하고 풍부하게 재현할 수 있으리라는 기대를 안고 그 학술 가치를 밝히려는 시도다.

병록의 개념과 특징

개념 검토와 용어에 대한 정의

병록의 개념은 꽤 광범위한데, 기록한 자가 붙인 대부분의 제목은 '병록'이나 '증록症錄'이다. 병록은 '질병을 기록한 것', 증록은 '질병에 걸려서 나타나는 증상에 대한 기록'이라는 뜻이다. 병록이 쓰인 사례와 그 개념에 대하여 분류하면 다음과 같다. 첫째, 환자 개인에 대한 일종의 경험방으로서 따로 보관해 둔 경우다. 국학진흥원에도 해당 유형의 자료들이 있는데, 이 문건들은 특별한 사안에 대해 기록해 두었다고 하는 치부기로 분류되어 있다. 완치 이후에 따로 그동안의 병 증세와 치료 과정 등을 기록해 둔 문건이다. 이러한 성격의 병록은 일기

자료에서도 찾을 수 있다. 가령, 이우석李愚錫은 일기 중 해당 연도 마지막에 '병록'이라고 쓰고, 같은 해 10월부터 시작되었던 본인 병의 증상을 일자별로 적어놓았다.7 책자 형태도 있는데, 제목은 '병력서病歷書'로서 병록이라는 큰 범주에 속한다고 볼 수 있다. 다양한 질병명과 그에 대한 적합한 치료법들을 적은 문서에서도 병록이라는 제목을 확인하였다. 물론 1장짜리 낱장의 문서에서도 이러한 경우를 찾았다.

둘째, 환자 측에서 약 처방을 맡기기 위하여 쓴 경우다. 환자 당사자 혹은 환자의 가족이나 지인이 기록한 병록을 써서 편지로서 전문 의료인 혹은 지인에게 보내면, 증상을 읽고 그에 맞춘 처방을 종이 여백에 쓰거나 새 종이에다 쓰고 그것을 붙여서 편지로 부쳤다. 일례를 들면, 노철盧澈은 어머니의 병환을 고치기 위하여 '용궁龍宮 이장李丈 의가醫家'에게 여러 차례 병록을 보내었는데, 그는 이장이라고 하는 의원에게서 처방을 거절당하는 일을 겪기도 하였다.8

환자 측이 처방을 맡긴 사람 중에는 지인도 있을 것이라고 상정한 것은 수취인이 명확히 드러나지 않을 뿐만 아니라 병록을 쓴 이가 의원의 처방을 받지 않았을 가능성도 염두에 두어야 하기 때문이다. 대체로 문약을 위한 편지를 의원, 즉 전문 의료인에게 보냈겠으나, 당시에는 '유의儒醫'라고 불릴 만큼 의학에 능통한 식자층이 존재하였던 점을 간과할 수 없다. 이는 다음 세 번째 경우와 이어지는 내용이다.

셋째, 문약뿐 아니라 질병과 증상을 논의하기 위하여 작성한 문서다. 이는 문약을 위한 병록처럼 편지의 형태를 취하고 있을 확률이 높다. 대표적인 사례로 장유張維가 공여장龔汝璋이라는 이에게 병록을 보내어 정확한 처방을 받았으니, 건강을 완전히 회복할 수 있겠다며 답

례의 물건을 드린다는 기록이 남아 있다.9 또 허목許穆은 지인들에게 처방을 자주 해 주었던 듯한데, "전의 병록은 다시 상의할 필요가 있으니 다시 보여 주기를 간절히 바란다"10라며 한오규韓五奎에게서 병록을 받기를 재차 요청하였다.

다음으로 용어에 대한 문제다. 국학진흥원은 자료명을 대체로 '병록病錄'이라고 부여하였으며, '증록症錄'인 것도 있다. 하지만 문서에 실제로 적힌 제목은 자료명과 같지 않은 것도 있고, 제목이 아예 없는 것도 있다. 그런데 국학진흥원에서는 이런 유의 자료를 '병록' 혹은 '증록'이라고 이름하였다. 이러한 사실을 바탕으로 자료를 문서학적으로 고찰하면서 '병증록病症錄'이라고 불러야 한다는 주장이 있다.11 해당 연구는 주로 문약을 위한 병록 분석에만 집중하였다. 그런데 무엇보다 과거 기록에 대하여 별도의 용어를 새롭게 만들어 쓰는 것에 대해서는 신중히 고민해 보아야 할 문제다. 당대 사람들이 쓴 용어를 활용하는 편이 역사성을 해치지 않는다. 게다가 현재까지 남아 있는 자료에 근거해 볼 때 '병증록'이라는 용어는 실제로 많이 쓰지 않았다. 다만 증症 이외에 증證이라는 한자가 문서에 더러 나타나기도 하였다. 개념 정의에 앞서 선행해야 할 작업은 당시 사람들이 병病, 증症, 증證을 어떤 의미로 인식하며 어떻게 썼는지 그에 대한 사례를 살펴보는 것이다.

한의학에서 정의하는 병病은 통념상의 질병이다. 그리고 증證은 본질이고 증症은 현상이다. 본질인 증證에 의해서 현상인 증症이 나타난다. 질병을 가리려면 근거 자료인 증症이 필요하며 의사는 증症이라는 현상을 통하여 본질인 증證을 알아낼 수 있어야 한다. 즉 증症은 질병

을 가리기 위하여 필요한 정보다.[12]

그런데 이 연구에서 확인하는 병록을 쓴 주체는 의원이라기보다 글을 읽고 쓸 줄 아는 일반인이 쓴 문서다. 의원이 쓴 처방문을 제외하고서 말이다. 조선시대에 읽고 쓸 줄 아는 문자가 한문이라면 식자층이라고 할 수 있다. 한 가지 사례를 들면, 문약 전 집안에서 만든 자체 처방법으로 환자를 구급하였지만, 증상이 호전되지 않아 문약하기 위하여 쓴 병록이 있다. 글쓴이를 비롯한 환자 주변인이 질병과 의약에 대한 기본적인 지식을 갖고 있었음을 뜻한다. 조선에서는 의원을 업으로 삼지 않으면서 자기 몸과 가족을 돌보기 위하여 의서를 연구하는 문화가 있었다.[13] 물론 병록을 쓴 자가 의학적 지식이 전혀 없을 수도 있다. 중요한 것은 다양한 경우의 수를 놓치지 말아야 한다는 것이다.

실제 문서에 붙여진 제목은 병록病錄, 병녹病錄, 집병록執病錄, 증록症錄, 병증록病症錄, 증록證錄이었다. 또 각종 문헌에서 확인한 병록을 지칭하는 용어에는 병록病錄,[14] 증록症錄,[15] 병증록病証錄,[16] 증록證錄[17]이 있었다. 따라서 환자의 병력, 현재 질병의 증상症狀, 병병, 증證, 증証 등의 건강 정보를 망라한 기록이라는 포괄적인 뜻을 담은 병록病錄이라는 명칭이 이 모든 용어를 포괄하는 가장 큰 범주라고 생각한다. 이 연구가 분석 대상을 '병록'으로 지칭하는 이유다.

생산 목적에 따라 바뀌는 고문서 분류상에서의 위치

병록의 성격은 한 가지로만 수렴되지 않아, 고문서 분류상 꽤 모호한 위치에 있다. 이는 본 연구가 국학진흥원 데이터베이스에서 병록의 양적 데이터를 모으기 위해 다양한 검색어를 시도한 근본적인 이유다.

한국 고문서의 분류 체계는 문서 형식, 발급자와 수취자, 문서 내용을 단일 기준으로 한 체계가 주류를 이루고 있다.[18]

첫째, 문서 형식에 따르면, 후일의 대비책으로 삼기 위해 남겼다고 하는 치부기류에 속한다. 치부기류는 기본적으로 논리적인 맥락을 토대로 구성하지 않고 형식의 유사성을 고려한 단순 집합체로 구성하였기 때문에 오히려 배열에 가까운 형태를 보인다. 소분류 항목을 설정하지 않은 것도 있다. 이러한 분류 방식은 개인의 질병사를 알아낼 수 있다는 병록의 내용적 특징을 간과하게 만든다.

둘째, 발급자 중심 분류에 따르면 사인문서私人文書 중에서도 간찰簡札에 속한다. 문약이나 질병에 대한 논의를 위해 기록한 문건들에 해당한다. 대표적 사례로서 심노숭沈魯崇의 문집에 실려 있는 '의원 정희태에게 보인 편지'라는 제목의 편지글을 들 수 있다.[19] 물론 문약은 전문 의료인뿐만 아니라 지인에게도 가능하였다. 약 처방이 아니더라도 환자 질환에 대한 의견을 서로 주고받기 위하여 질병의 증상을 기록하여 편지에 첨부하기도 하였다. 이는 병록을 조선의 의료 문화를 뒷받침하는 기록물로서 이해해야 하는 지점이다.

셋째, 내용 중심 분류 체계에서는 '기타'에 속한다. 발급자 중심의 분류 체계와 형식 중심의 분류 체계는 각기 발급자와 수취자, 형식을 단일 분류 기준으로 설정하였기 때문에 분류된 결과를 통해서도 문서 내용을 파악할 수 없다는 단점이 있다. 병록은 생산 목적이 다양해 발급자나 형식 중심 분류보다는 문서의 내용적 측면에 집중한 분류 체계를 따르는 편이 합당할 것이다. 다시 말해 병록을 독자적 문서로 취급해야 한다는 뜻이다.

문서상 특징

국학진흥원을 전수조사한 결과, 병록이라고 불릴 만한 자료들은 대체로 낱장의 문서였다. 간혹 '병력서病歷書'라는 제목으로 책 형태를 가진 것도 있었다. 물론 대체로 한 사람의 질병 사례에 대한 기록이므로 단편적이라는 선입견이 있을 수 있다. 그러나 어떤 관점에서 얼마나 쓰느냐에 따라서, 분량이 많아져서 예상과 달리 많은 이야기를 담고 있기도 하였다. 책 형태를 제외하고, 낱장의 문서 형태를 가진 병록 중에서 가장 많은 내용을 담고 있는 문건의 가로 길이는 282.6센티미터였다.

병록을 기록한 문자는 한문인 경우가 많으므로 생산 주체는 대체로 남성일 것으로 추측한다. 하지만 병록을 기록한 사람을 남성이라고만 단정하지는 못한다. 환자가 직접 본인의 질병을 썼을 가능성도 있고 기록 문자가 한글인 경우도 있기 때문이다.

주요 기록 문자가 한문임에도 한글의 쓰임이 간간이 눈에 보였다. 한자로는 표현할 수 없는 증상이나 신체 부위를 한글로 적은 것이다. 증상의 경우, '메슥거리다', '까무러치다', '(상처가) 헤어지다', '쑤시고 저리다', '쓰리다', '쓰라리다' 등의 표현이다. 신체 부위로는 '엉치'라는 표현이 있다. 기록의 주요 문자는 한자이지만, 도중에 쓴 것이다. 한자로 천골薦骨을 쓸 수도 있었지만, 엉치라는 한글 표현을 쓴 것이 주목된다.

서체는 한자와 한글 모두 정갈하게 적혀 있다. 그 이유는 생산 목적과 직결되는 것으로 정보를 정확하게 남기고자 함이었을 것이다. 그런데 문약 후 처방이 함께 적혀 있는 문서일 경우, 의원이 쓴 처방 부분은 초서로 되어 있다.

내용상 특징

내용상 구성 요소에는 제목, 환자 신상에 관한 정보, 환자의 성향, 과거 병력, 현재 질병에 대한 증상, 처방문 등으로 이루어져 있다. 문약을 위해 병록을 쓰는 사람의 입장이 되어 유추하면, 상대에게 정보를 많이 주면 줄수록 보다 적절한 처방을 받을 수 있기에 되도록 많은 정보를 썼을 것이다. 기록 순서에 따른 내용상 특징은 다음과 같다.

- 환자의 성별과 연령 분포

환자는 남녀노소를 가리지 않았는데, 여성의 경우 11세, 19세, 21세, 23세, 24세, 27세, 53세, 59세, 63세였고, 남성의 경우 6세, 19세, 20세, 31세, 41세, 55세, 68세였다.

- 문서 제목

단순히 '병록' 혹은 '증록'이라고 붙인 사례가 대부분이었다. 글쓴이에 따라서 제목에서부터 환자에 대한 구체적인 정보를 주는 경우도 있었다. '을사년' 혹은 '갑자년' 등 태어난 해의 간지가 드러나기도 하였다. 이에 더해 성별이나 환자 나이, 그의 사회적 정체성까지 알 수 있는 호칭을 붙였다. 남자男子, 부인婦人, 청상靑孀, 남아男兒 등 다양한 제목을 만들었다. 남자가 태어난 해를 뜻하는 건명乾命이 붙어 있기도 했다. 제목이 없는 경우, 글을 읽어가다 보면 내용상 특징을 통해 자연스레 환자의 성별이나 나이를 구별할 수 있다.

- 환자 신상에 관한 정보

제목 다음으로는 환자 신상 정보가 등장한다. 성별과 연령대가 드러나지 않는 경우도 더러 있지만, 대부분은 대략적인 연령대를 가늠할 수 있도록 적어 놓았다. 환자가 선천적으로 타고난 기질이나 원래부터 가진 체력 등의 정보도 있다. 이처럼 연령대별, 성별에 따라 조선시대 민간에서 발생한 질병을 확인할 수 있는 점은 병록의 큰 장점이다. 환자 나이에 따라 기록의 양이 달라지게 마련인데, 나이가 적을수록 병록이 드러내는 정보는 적고 나이가 많을수록 적힌 정보는 많아진다.

- 병력

병력의 내용은 쓰기 나름일 수밖에 없다. 글쓴이가 판단하건대 질병의 빌미가 되는 것이 무엇이냐에 따라 다르기 때문이다. 과거 병력이 현재 질병의 원인이라고 꼽고 있는 경우, 어린 시절에 걸렸던 질병에서부터 현재의 질병 및 증세까지 모두 기록하고 있다. 그러므로 병록 기록의 주체는 환자의 쾌유를 좌우할 수 있는 중요한 역할을 맡고 있다. 특히 여성 환자의 경우 월경을 언제부터 시작하였는지 적은 경우가 대부분이었다. 또한 출산 경험의 유무, 현재 출산이 가능한지 등, 임신과 출산과 관련한 사항을 빠짐없이 서술하였다. 이로써 여성의 병록은 명확히 판단된다는 특징이 있다. 월경과 출산 관련 정보를 기록했다는 점은 "남녀의 병인을 밝히려면 무릇 병은 남자는 반드시 성생활을 살피고, 여자는 먼저 월경과 임신을 물어야 한다"[20]라는 당시의 의학 지식이 반영된 결과로도 볼 수 있다. 혹은 여성 질병의 원인을 월경과 출산에 돌렸던 이유일 수도 있다.

- 현재 질병과 직접적으로 연관된 첫 증상

　병록을 쓰고 있는 당시로부터 가장 가까운 시점으로 돌아가 현재 질병과 직접적으로 연관되는 첫 증상을 기술하였다. 여기에는 당시에 환자가 어떤 상황에 놓여 있었는지, 생활은 어떠하였는지, 신변에 어떠한 변화가 있었는지 등 그때의 정황을 상세히 서술하였다.

- 현재 질병과 증상에 대한 기록

　그리하여 만약 건강에 문제가 생겨 전문 의료인에게 문약하여 처방받았거나, 자체적으로 처방하여 약 복용을 하였다면 그것이 무엇인지 서술하였다. 하루 중 어느 시점에, 하루에 몇 번을 복용하였고, 어느 정도의 기간을 복용하였는지 등 아주 상세하다. 자체 처방을 시험한 경우도 있고 전문 의료인의 처방약을 복용하지 않기도 하였다. 물론 글쓴이는 가장 많은 지면을 할애하여 현재 당면한 질병과 그 증상에 대하여 쓰고 있다.

- 작성 일자 및 글쓴이

　문서의 작성 일자나 글쓴이를 기술하는데, 없는 경우가 대부분이었다. 앞으로 각종 기관에서 소장 중인 병록을 전수 조사하여 살피겠지만, 병록은 환자의 생년을 특정하기 어렵고 작성 일자도 명확히 드러나지 않아 연대기적 해석이 쉽지 않다는 한계점이 있다.

- 약 처방을 요청하는 말 및 처방문

　글을 쓴 목적이 문약일 경우 약 처방을 요청하는 문구가 정형화되어 등장하고[21] 마지막으로 경우에 따라 처방문이 따라온다.

조선 사회가 여성의 몸을 읽는 방식

음의 성질, 질병에 쉽게 걸리는 몸

음양론陰陽論은 동아시아 의학의 근간으로서 인체와 만물, 나아가 우주 형성 원리의 개념 틀이다. 또한 우주 운행 원리이기도 하여서 음과 양이 조화를 이루어야 평화로운 기운으로 우주가 움직인다고 봤다. 음양론은 성性 정체성에 단단히 연결되어 있었다. 예로부터 동아시아 사회에서는 인간을 두 개의 성, 즉 남성과 여성으로 나누고 이성애자만이 존재한다고 믿었다. 이렇게 나눈 성별에 음과 양을 연결하였는데, 음은 여성이고 양은 남성이다. 물론 음양은 우주를 움직이는 원리이므로 여성에게도 양의 기운이 작용하며, 양의 환경에도 노출된다. 남성의 몸에도 양의 기운만 있는 것이 아니라, 음의 기운이 나타난다. 하지만 이는 부수적인 작용일 뿐, 성차의 기초 개념은 확고하였다. 남녀로 나눈 성별의 기본적인 '성향'은 반드시 각각 양과 음의 성질을 바탕으로 한다는 것이다. 시간이 흐르면서 인체를 통한 음양의 성차 개념 설명은 더욱더 풍부해졌다.

『정전』에, "남자는 양이니 기氣를 얻으면 흩어지기 쉽고, 여자는 음이니 기를 만나면 대부분 울체鬱滯가 된다. 그래서 일반적으로 남자는 기병이 적고 여자는 기병이 많다. 그러므로 치료법에서 '여자는 혈血을 고르게

하여 기를 소모해야 하고, 남자는 기를 고르게 하여 혈을 길러야 한다'라고 한 것이다"라 하였다.²²

남자는 음경이 중요하고, 부인은 젖가슴이 중요하다. 위아래로 위치는 다르지만, 모두 성명性命의 근본인 것은 매한가지다.
여자는 음에 속한다. 음이 극에 이르면 반드시 밑에서 위로 올라오기 때문에 젖가슴은 커지고 음문[陰戶]은 오므라진다. 남자는 양에 속한다. 양이 극에 이르면 반드시 위에서 아래로 내려가기 때문에 음경은 늘어지고 젖꼭지는 오그라든다.²³

포는 혈실血室이다. 충맥衝脈은 혈해血海로서 모든 경맥이 흘러들어 모이는 곳이다. 남자는 이것을 운행하게 하고, 여자는 이것을 머물게 한다. 남자는 운행하게 하므로 쌓이지 않아 가득 차지 않고, 여자는 머물게 하므로 쌓여서 가득 차게 된다. 차 있던 것이 때를 맞추어 넘치는 것을 '신信'이라 하니 곧 월수月水를 말한다. 달이 차면 이지러지는 것을 본뜬 것이다.²⁴

이처럼 몸을 탐구해서 질병을 예방하거나 고치려 했던 경험을 모아 놓은 의서를 통해서 당시 사람들이 가졌던 몸에 대한 이해를 확인할 수 있다. 조선 사회의 대표적인 의서라고 한다면 최초로 인체론을 정리한『동의보감東醫寶鑑』(1613)을 들 수 있다.『동의보감』은 간행 이래 조선의 대표 의서로 손꼽혔으며 현대까지도 한의학의 고전으로서 자리하고 있다.²⁵ 이 책은 기원전 2세기 이전 중국 전통 의학의 이론과 실제를 요약한『황제내경黃帝內經』부터 명대明代『의학입문醫學入門』에 이르기까지 다양한 의서를 두루 모았고,『향약집성방鄕藥集成方』(1433) 및『의방유취醫方類聚』(1445) 등 한반도에서 발전한 의학 전통을 이었다. 조선 정부가 주도한 국가 사업의 일환이었기에 막대한 분량과 내용을 담아 완성할 수 있었다.[26]

광해군 대에는『동의보감』의 하삼도下三道 보급을 추진하였다. 권질이 많고 목숨과 관련된 내용이기 때문에 다른 서적에 비해 간행이 어려웠지만 출간을 장려하였다. 완성 당시부터 어느 정도 지방 사회에 보급되었으며, 이후로도 꾸준히 공급된 끝에, 조선 후기에는 서울은 물론이고 지방의 양반들에게까지 보급되었다. 이에 양반층과 의자醫者들은『동의보감』을 발췌하거나 정리하며 나름대로 소화하는 단계에까지 나아갈 수 있었다. 17세기와 18세기를 거치는 동안에는『동의보감』을 간편하게 정리한 의서들이 여러 종 간행되며 그 영향력을 넓혀 갔다.[27] 이후『동의보감』은 18세기 후반에 이르러『상례비요喪禮備要』,『삼운성휘三韻聲彙』,『경국대전』과 함께 사대부가에서 갖추어야 할 4대 서목書目에 포함되기까지 하였다.[28] 대표적인 사례로 이덕무는 이서구李書九(1754~1825)에게 책을 추천하면서 "조선에는 세 가지 좋은 책이 있다고 생각하는데 그것은 바로『성학집요聖學輯要』·『반계수록磻溪隨錄』·『동의보감』으로 하나는 도학道學, 하나는 경제經濟, 하나는 사람을 살리는 방술로 모두 유자儒者가 할 만한 것"[29]이라고 하며『동의보감』의 중요성을 강조하였다.

이처럼 조선 의학사에서 중요한 위치에 있는『동의보감』은 음양론을 기초로 한 우주관 및 인체관을 서두에 밝힌 것이 특징이다.[30] 남성-

양, 여성-음이라는 성별화된 몸의 대전제는 각자 다른 신체 요소와 결부되어 분명한 차이점을 드러냈는데 문제는 이를 근거로 성별에 위계를 창출했다는 것이다. 대표적 '이론'을 들자면, 여성의 몸을 '질병에 걸리기 쉬운 몸'이라고 정의한 것이다. 여성의 몸에 작용하는 음의 운행 원리가 질병의 주요 원인이었다.

> 부인에게는 수많은 음陰이 모여 늘 습濕과 더불어 산다. 15세 이후에는 음기가 넘쳐흘러 온갖 생각이 나서 안으로는 오장을 상하고 겉으로는 외모를 상하며, 월경이 없거나, 오래 끌거나, 월경이 전후로 일정하지 않거나, 어혈이 머물러 엉겨 월경이 중도에 끝나거나, 유산이 되는 등, 이루 다 말할 수 없다. 부인의 병에 따로 처방을 세운 것은 기혈이 고르지 않고 임신·출산·하혈이 남자와 다르기 때문이다. 부인의 병이 남자의 병보다 열 배로 치료하기 어려운 것은 남자보다 즐기고 좋아하는 욕심이 많아 남자보다 병이 배로 잘 걸리고, 질투·걱정·성냄·자식을 사랑하는 마음·그리워하는 마음·애증이 깊고 감정을 스스로 억제하지 못하므로 병의 뿌리가 깊기 때문이다.[31]

음양론과 이어진 여성 질병의 첫 번째 원인은 음기라는 성질 그 자체다. 그런데 여기서도 주목할 만한 부분은 질병의 원인에 음기만 작용하지 않는다는 점이다. 여성 몸속에 항상 모여 있는 음의 기운이 과다해짐에 따라 생각이라는 것이 추가된다. 여성은 15세 이후로 음기가 급격히 많아지고 흘러넘쳐서 월경을 시작한다.『동의보감』에서 발췌한 해당 내용은 원전인『태평성혜방』에서 부인의 몸이 허손虛損할 때

대처하는 처방을 수록해 놓은 항목의 머리말 부분이다. 여성은 조화를 방해하는 음과 공존하기 때문에 쉽게 몸이 수척해지고 온갖 병이 생겨 난다고 보았다.[32] 그렇다면 남성은 어떠했을까? 물론 기의 순환에도 음양의 논리가 작용했으므로 여성과는 달랐을 것이다.

> 남자는 양에 속하므로 기울氣鬱이 생겨도 쉽게 흩어지지만, 여자는 음에 속하므로 기울을 만나면 흔히 울체鬱滯된다. 그래서 남자는 기병氣病이 대체로 적고 여자는 기병氣病이 대체로 많다.[33]

사람은 기울, 즉 기의 순환이 원활하지 않을 때 기병이 생긴다. 그런데 남자가 가진 양은 움직임을, 여자가 가진 음은 막힘·머무름의 성질이다. 음에 속하는 여성은 기가 막히면 쉽게 흩어지지 못하고 막히거나 정체되어 기병이 많은 몸을 가지게 된다. 이처럼 음양론은 남과 여가 '다른' 성질의 몸을 가졌음을 규정하여 젠더를 만들어 냈다.

음양론과 연결된 여성 질병의 두 번째 원인은 감정이다. 음기 때문에 여성에게는 온갖 생각이 일어나서 몸 전체에 영향을 미친다. 이러한 생각은 다시 말해 칠정七情, 감정과 이어진다고 여겼다.[34] 여성의 음기는 칠정을 제대로 조절할 수 없는 근본적인 원인이다. 그리고 여성에게만 일어나는 대표적인 일상의 일인 월경을 순조롭게 경험하면 아무런 문제가 없겠지만 칠정이 문제가 되어 월경이 고르지 못하고 어혈, 붕루 등 각종 '부인병'을 만들어 내고야 만다고 보았다. 때문에 여성은 남성보다 질병이 쉽게 발생하면서도 독특한 병이 있을 수밖에 없으며 남성의 병보다 치료하기 매우 어렵다. 이러한 병은 모두 음기와 공존하는 여성 스스로가 만들어 내는 것이므로 원인은 음기 그 자체로, 여성 내부에 있었다.

칠정七情을 여성의 몸과 연계하고 문제 삼은 이유는 무엇일까? 성리학에서는 정情을 이理의 실현에 방해되는 것으로 보았다. 만약 정情을 잘 다스리면 선善이 되지만 잘 다스리지 못하면 불선不善이나 악惡이 되고 비도덕이 되는 것이다.35 그런데 의학서에 따르면 여성은 자신의 감정을 잘 조절하고 억제할 수 없는 존재로 규정되어 있다. 왜냐하면 여성은 남성보다 욕심, 질투, 노여움, 집착, 미워함 등의 감정이 훨씬 강하기 때문이다. 여성이 자식을 사랑하는 마음 또한 이러한 감정을 끌어내는 데에 일조한다. 여성이 임신과 출산을 하기 때문이다. 결과적으로 여성은 불선不善의 감정적 존재가 되었다.

이는 음양론이 부여한 감정 수양의 내용을 여성 신체에 그대로 대입한 것이다. 중국 한 대 이후 조선 성리학에 이르기까지의 유학 사상은 여성들에게만 특별한 동기적 요소, 평가적 요소, 인지적 요소를 부여함으로써 여성적 감정 능력과 남성적 감정 능력을 구별하려고 했다. 음의 존재인 여성은 사랑과 소심 계열의 감정을 활성화하고 미움과 긍지 계열의 감정을 억제해야 하는 존재로서 규정되었다. 쉽게 말하여 음양론에서 여성들은 타인에 대한 부정적 감정 및 자신에 대한 긍정적 감정을 억제하고, 타인에 대한 긍정적 감정 및 자신에 대한 부정적 감정을 표현하는 데 익숙할 것을 권유받았다. 그중에서 긍지 계열의 감정과 미움 계열의 감정에 대한 제약은 여성의 주체성 형성 과정에 일부 부정적인 영향을 주었다.36

한편 칠정은 혈을 움직이는 동력이자 내상을 일으키는 원인이었다.

"『내경內經』에, '모든 혈병은 다 심心에 속한다'라고 하였다. 또, '크게 성내면 형形과 기氣가 끊어져서 혈이 상부에서 뭉치므로 박궐薄厥이 생긴다'라고 하였다. '성내면 기가 거슬러 오르고 심하면 피를 토한다'라고 하였다." 또, "칠정으로 내상을 입는 것은 다음과 같다. 갑자기 기뻐하면 심이 흔들려 혈을 만들지 못한다. 갑자기 성내면 간이 상하여 혈을 간직하지 못한다. 근심이 쌓이면 폐가 상하고, 생각을 많이 하면 비脾가 상하며, 뜻대로 되지 않으면 신腎이 상하는데, 이것은 모두 혈을 움직인다."[37] 칠정이 남성보다 과하게 많은 여성 신체는 혈의 움직임에 장애를 만든다. 여성은 월경이 고르지 못한 '질병'에 걸리면서 복잡한 상황에 놓이는 것이다.

사람에게 칠정 조절이 중요한 이유는 기의 조화를 깨는 근본 원인이기 때문이다. 사람이 감정을 잘 다스리지 못하면 기가 막혀 내상이 몸 밖으로 드러나게 된다.[38] 이는 한 사람의 몸은 한 국가의 모습과 같다고 정의한 내용과 일맥상통한다고 볼 수 있다.[39] 기는 온몸을 돌면서 생을 유지하게 해 준다. 모든 병은 다 기에서 생기고, 모든 통증도 다 기에서 생긴다. "사람이 기 속에서 사는 것은 물고기가 물속에서 사는 것과 같다. 물이 흐리면 물고기가 여위듯, 기가 흐리면 사람이 병든다."[40] 기가 뭉치면 담이 생기고 이것이 몸에 적체되면 걷잡을 수 없는 큰 병으로 발전한다. 왜냐하면 몸 안의 오행과 음양의 순환을 막기 때문이다.[41] 『동의보감』은 감정을 다스리지 못하면 기가 어떻게 반응하는지 서술했다. "모든 병은 기에서 생긴다고 알고 있다. 성내면 기가 거슬러 오르고, 기뻐하면 기가 느슨해지며, 슬퍼하면 기가 사그라지고, 두려워하면 기가 내려가며, 추우면 기가 수렴되고, 열이 나면 기가 빠져나가며, 놀라면 기가 어지러워지고, 피로하면 기가 소모되며, 생각을 하면 기가 맺힌다."[42]

사람은 몸의 조화, 즉 음양과 오행의 조화, 기의 순환 등을 항상 유지해야만 병에 걸리지 않았다. 어느 것 하나도 더해지거나 적어지면 안 되었다. 그런데 남성은 양의 성질로 기가 흩어지기 쉽고 여성은 음의 성질로 기가 울체되기 쉬웠다. 감정은 몸의 근간이 되는 기를 변하게 하는 요인이 되었다. 여성의 경우 감정이 남성보다 지나치게 많아서 몸의 기를 다스리는 데에 부족함이 많았다. 감정은 혈을 움직인다. 여성에게 혈은 몸의 조화를 깨는 주요 원인이다. 그렇기에 월경이라는 경험을 했다. 이러한 이유로 여성의 몸은 조화를 유지하기에 힘들었고, 쉽게 질병에 노출될 수 있는 위험성을 담보한 몸이었다.

출산하는 몸

조선 사회에서는 여성의 임신과 출산이 단순한 종족의 보존과 번성이라는 의미를 넘어, 조상의 생명이 후손의 몸을 통하여 대대로 이어진다는 유교적 인식에 따라 중시되었다. 유교에서는 '하늘의 큰 덕을 일러 생生이라 한다'라고 하면서 생명의 원리를 강조하였다. 이러한 생의 원리는 서로 이어져 그치지 않는 영원한 연속의 과정을 의미하며, 이 원리를 계속해서 지속시키는 것이 곧 선善이라고 인식되었다. 그리고 인간이 그 연속의 과정에 참여하여 선을 실현하는 방법은 혼인과 출산이었다. 혼인은 생민生民의 시작이며 만복의 근원으로 이해되었고, 혼인의 목적은 바로 생물生物의 근원을 막아서 끊지 않기 위한 것, 곧 출산이 되어야 했기 때문이다. 이를 통해 인간은 과거의 선조들과 미래의 후손들에게 연결되는 영속적인 존재 가치를 가지는 한편, 제사를 통해 효를 실현할 수도 있었다. 따라서 혼인하고 자식을 낳는 일은 조선시대 사람들에게는 선택이 아니라, 누구나 우선 수행해야 하는 당연한 의무였다. 게다가 조선 중기 이후 성리학의 고착으로 여성들의 출산을 더욱 중시하고 촉구하는 방향으로 나아갔다. 남성 위주의 가부장적 질서가 자리 잡게 되면서 가계를 계승할 아들의 출산에 대한 의무와 부담이 더욱 커졌다.[43] 물론 아들을 출산하지 않더라도 입후立後라는 차선책이 있었다. 그러나 기혼 여성에게 일차적으로 주어지는 역할은 출산이었고 딸이 아닌 아들을 얻는 방법에 집중할 수밖에 없었다.

의학에서는 출산이라는 과업의 중요성으로 인하여 여성 질병을 오랫동안 탐구해 왔다. '부인과'는 여성 관련 질병에 대한 독립된 개념의 분과 항목이다. 조선은 건국 초부터 원元의 진자명陳子明이 1237년에 간행한 『부인대전양방婦人大全良方』을 의과醫科 시험과목으로 채택하였으며, 『경국대전經國大典』에서도 초시·복시에 모두 이 책을 포함하고 있다. 의학교육기관인 전의감典醫監과 혜민서惠民署에서는 이 책을 교재로 사용하였다.[44] 『부인대전양방』의 첫머리는 "부인을 진료할 때는 먼저 월경을 고르게 해야 하므로 제일 먼저 두었다"라는 구절로 시작한다.[45] 조선의 의서 『동의보감』에서도 마찬가지다. 질병의 원인을 찾으려면 여성의 경우 월경과 임신 여부에 초점을 맞춘다. "모든 병에 (…) 여자는 먼저 월경과 임신을 물어야 한다"[46]라고 밝혔다.

『동의보감』부인편의 가장 첫 번째 항목인 '여자를 보는 법'은 대체로 출산과 관련된 내용으로 이루어져 있다.

15세가 되지 않은 여자는 음기가 완전하지 않고, 욕심이 많은 여자는 딸을 많이 낳는다. 품성과 행실이 좋은 여자는 월경을 고르게 하기 쉽고, 질투하는 여자는 월경이 고르지 않다. 악惡하게 생긴 여자는 형벌이 무겁고, 얼굴이 예쁜 여자는 복이 적다. 너무 비만하면 자궁에 기름이 끼고 너무 야위면 자궁에 혈血이 없어 모두 자식을 갖지 못하니 이것을 꼭 알아야 한다.47

의서라는 책자의 특성 때문이기도 하나, '여자를 보는 법'은 곧 출산에 적합한 여자의 몸을 보는 법이라고 보아도 무방할 정도다. 또한 임신할 수 있게 하는 법에 대해서도 자세히 기술하였는데, 여기에는 여성뿐만 아니라 남성의 몸에도 집중하였다.

사람이 태어나는 것은 자식을 얻는 데서 시작하고, 자식을 얻으려면 먼저 월경을 고르게 해야 한다. 자식이 없는 부인을 보면 월경이 빠르거나 늦고, 양이 많거나 적으며, 월경 바로 전이나 후에 통증이 있고, 색이 자줏빛이거나 검고, 묽거나 덩어리져서 고르지 못하다. 월경이 고르지 않으면 혈기가 어그러져서 임신할 수 없다. 자식을 얻으려면 부인은 월경을 고르게 해야 하고 남자는 신神이 넉넉해야 한다. 또한 욕망을 줄이고 마음을 맑게 하는 것이 가장 좋다. 욕망을 줄이면 함부로 성교하지 않고 기氣와 정精을 모아 때가 되어 움직이니 자식을 가질 수 있는 것이다. 이렇듯 욕망을 줄이면 신神이 온전해져 자식이 많을 뿐만 아니라 오래 살 수 있는 것이다.48

남성은 여성에게 없는 '정精'이라는 생명의 원천을 가지고 있다. "두 사람의 신神이 서로 부딪쳐 하나가 되어 형형形을 만드는데, 항상 몸이 생기기 전에 먼저 생겨나는 것을 정精이라고 한다. 정은 몸의 근본이다."[49] 혹은 "사람에게 정은 가장 귀한데 그 양은 매우 적다. 몸속에는 모두 1되 6홉이 있는데 16세의 남자가 아직 정을 내보내기 전의 양이며 질량은 1근이다. 이것을 모아서 가득 채우면 3되가 되지만 덜어내어 축내면 1되도 되지 않는다"[50]라고 했다. 몸의 근본이 되는 '정'은 남성의 정액이다.[51]

정은 남자의 일생을 지키는 가장 중요한 요소다. "음양의 도에서는 정액을 보배로 여긴다. 조심조심 지키면 나이를 천천히 먹는다. 「경송經頌」에 '도는 정을 보배로 여기니 보배를 지킬 때는 은밀히 간직하여야 한다. 다른 사람에게 이것을 주면 사람을 낳고, 자신에게 남기면 자신을 살린다. 자식을 만드는 데 써도 좋지 않은데 어떻게 헛되이 버릴 수 있겠는가? 함부로 버리고도 깨닫지 못하면 노쇠하여 수명이 줄어들 것이다"[52]라고 하였다. 따라서 남성 질병의 원인을 찾을 때 의원은 성생활을 가장 먼저 살폈다.[53]

그렇다면 생명은 어떻게 어디에서 형성되는가? 포포라는 신체기관이다. "포포는 적궁赤宮, 단전丹田, 명문命門이라고도 한다. 남자는 여기에 정정精을 저장하였다가 퍼뜨려 변화시키고, 부인은 포포가 있어야 임신할 수 있다. 모두 사람을 낳고 기르는 원천이다. 오행도 아니며 수水도 아니고 화火도 아니다. 천지의 다른 이름이고 곤토坤土가 만물을 낳는 것을 본뜬 것이다"[54]라고 하였다. 남성은 양이기 때문에 정액을 밖으로 분출할 수 있다. 양의 성질을 가진 남자의 포는 기의 순환이 가능하므로 별다른 이상이 나타나지 않는다.

 반면 여성의 포는 음의 머무르는 성질 때문에 문제가 생긴다. 따라서 혈실은 피의 순환을 잘 운영하지 못하고 월경을 경험하는 것이다. 『동의보감』에 따르면 "충맥은 혈해로서 모든 경맥이 흘러들어 모이는 곳이다. 남자는 이것을 운행하게 하고, 여자는 이것을 머물게 한다. 남자는 운행하게 하므로 쌓이지 않아 가득 차지 않고, 여자는 머물게 하므로 쌓여서 가득 차게 된다. 차 있던 것이 때를 맞추어 넘치는 것을 '신信이라 하니 곧 월수月水를 말한다. 달이 차면 이지러지는 것을 본뜬 것이다."[55] 여성은 남성과는 달리 정액이 없는 관계로 포의 순환이 불가능하므로 혈이 정지하여 몸속에 쌓여 있다가 한 달에 한 번씩만 밖으로 나온다.

 남녀 모두에게 생화의 근원인 포가 있다는 정의는 포 항목의 가장 앞부분에만 나온다. 남자가 가지고 있다는 포 위치는 구체적으로 설명해 주지 않았다. 사실상 포는 태胎가 있는 곳으로 여성의 자궁子宮이다.[56] 포 항목은 자궁, 월경과 관련된 병과 그것을 치료하기 위한 약 처방들로만 이루어져 있다.[57] 여성은 남성의 정을 받아 포를 통해 잉태를 할 수 있다. 잉태할 때 필요한 매개물은 피다. 포를 혈실血室이라 하고 여성만이 경험하는 월경을 설명하는 이유가 여기에 있다.[58] 여성의 질병을 진단할 때 의원은 월경과 임신에 대한 것을 맨 처음 물어보는 것이 원칙이었다.[59] 여성은 음의 성질을 갖고 포(자궁)를 매개로 양과 연동된 정액을 받아서 생명을 잉태해 출산하는 몸이었다. 『동의보감』에서 여성은 부인으로 호명되었다. 목차 구성에 부인편을 따로 둔 것이 그 증거다.[60]

남녀가 생명을 만드는 것은 상호작용으로 이루어지므로 대등한 것처럼 해석할 수 있다. 그런데 여성이 생명을 잉태했다고 하더라도 사람을 살아가게 하는 동력인 기氣가 필요하다. 기氣는 태어남과 동시에 자연스럽게 생겨난다. "사람이 처음 생명을 받을 때는 어머니의 뱃속에서 어머니를 따라 호흡한다. 세상에 태어난 후에 탯줄을 끊으면 조그만 진령眞靈의 기氣가 배꼽 아래에 모인다"[61]라고 했다. 여성은 태아의 호흡을 돕는 존재로 탄생과 동시에 그 역할은 사라진다. 여성의 몸은 정액을 바탕으로 삼아 생명을 잉태해서 태아를 기르고 세상으로 내보내는 장소였다. 이처럼 조선 사회가 상정하는 여성의 몸은 수동성을 가진, 출산하는 몸이었다.

한국국학진흥원 소장 병록 현황

병록은 내용상 분류에서만 독립적인 문서로서 정의할 수 있다. 하지만 앞서 확인하였듯이 대부분의 한국 고문서 소장 기관에서는 형식상 분류 체계를 따르고 있다. 이는 국학진흥원도 마찬가지다. 따라서 병록 소장 현황을 파악하려면 여러 단계를 거쳐야 하고 다양한 방법을 시도해야 한다. 국학진흥원은 형식상 분류 체계를 따르면서도 소장 고문서의 자료적 성격을 고려하여 소분류 항목을 폭넓게 설정하는 방식을 취하고 있다. 국학진흥원은 병록을 '치부기置簿記'와 '간찰簡札'로 분류하여 데이터베이스DB화 해놓았다. 자료의 양적 추출 측면에서 가장 큰 관건은 검색어 설정이었다. 다양한 단어를 조합하여 검색을 시도하였는데, 한자어로는 병록病錄, 증록症錄, 병증록病症錄, 병증록病證錄, 병病, 증症, 증證, 증証을 활용하였으며, 한글로는 '병녹', '증녹'을 썼다.

2차 단계로는 치부기와 간찰을 모두 확인하는, 포괄적인 방법을 시행하였다. 2025년 기준으로 국학진흥원 소장 자료 DB의 치부기는 2만 1,660건, 간찰은 19만 7,414건이다. 그런데 병록은 실제로 문서에 제목이 없는 경우도 많아서 자료 검색만으로 문서를 찾아내기에는 한계가 있었다. 결국 실제 문서를 읽어서 내용을 파악하여 병록인지 병록이 아닌지를 분별하였다. 물론 국학진흥원 소장 자료의 DB 수량은 탁월하지만, 검색 서비스 측면에서는 아쉬움이 남았다. 이는 앞에서 살폈듯이 병록이라는 자료를 이중으로 분류한 탓이 컸다. 전수 조사로 파악한 국학진흥원 소장 병록은 총 85건이다. 이는 기존 연구가 조사한 병록 수량보다는 조금 더 나아간 결과다.[62]

〈표1〉 한국국학진흥원 소장 병록病錄 데이터 일괄

번호	제목	환자정보		작성정보				기탁처
		성별(나이)	성별 키워드	발급	수급	생산일	문자	
1	병록病錄*						한문	경주 최씨 칠계 백불암종중
2	증록症錄	여	부인 婦人	이조영李祚永			한문	고창 오씨 춘당공파
3	증록症錄	여	부인	이윤영李胤永			한문	고창 오씨 춘당공파
4	증록症錄	여	부인				한문	광산 김씨 예안파 후조당종택
5	병록	미상		박영진朴英鎭	김대규金大奎 신남愼南		한문	달성 서씨 낙동정사

번호	제목	환자정보		작성 정보				기탁처
		성별(나이)	성별키워드	발급	수급	생산일	문자	
6	증록症錄	남(68)	남자男子			임진壬辰 12월 16일	한문	동래 정씨 석문공파 종택
7	증록症錄	미상					한문	동래 정씨 석문공파 종택
8	화제和劑	여	부인	김낙헌金洛憲	김金 생원生員 대규大奎 씨氏		한문	봉화 반남 박씨 낙한정파
9	집병록執病錄	미상					한글 및 한문	봉화 금씨 군위공종택
10	십육일소록十六日所錄	미상					한문	순천 박씨 충정공파 운경정사
11	이십사일소二十四日所錄	미상					한문	순천 박씨 충정공파 운경정사
12	육월이십일소록六月卄一日所錄	미상					한문	순천 박씨 충정공파 운경정사
13	육세남자아병록六歲男子兒病錄	남(6)	남자아男子兒				한문	순천 박씨 충정공파 운경정사
14	-	여	산욕産欲				한문	순천 박씨 충정공파 운경정사
15	-	여	청상靑孀				한문	순천 박씨 충정공파 운경정사
16	임자생부인병록壬子生婦人病錄	여	부인				한문	순천 박씨 충정공파 운경정사
17	-	여	해태解胎				한문	순천 박씨 충정공파 운경정사
18	무오생부인증록戊午生婦人症錄	여	부인				한문	순천 박씨 충정공파 운경정사

번호	제목	환자 정보		작성 정보				기탁처
		성별(나이)	성별 키워드	발급	수급	생산일	문자	
19	임자생상부병록壬子生孀婦病錄	여	부인				한문	순천 박씨 충정공파 운경정사
20	신사생남자증록辛巳生男子症錄	남	부인				한문	순천 박씨 충정공파 운경정사
21	육십삼세부인병록六十三歲婦人病錄	여(63)	부인				한글 및 한문	순천 박씨 충정공파 운경정사
22	육십삼세부인병록六十三歲婦人病錄	여(63)	부인				한문	순천 박씨 충정공파 운경정사
23	삼십이세부인증록三十二歲婦人症錄	여(32)	부인				국문	순천 박씨 충정공파 운경정사
24	무인생부인증록戊寅生婦人症錄	여	부인				한글 및 한문	순천 박씨 충정공파 운경정사
25	계유생상부증록癸酉生孀婦症錄	여	상부 孀婦				한문	순천 박씨 충정공파 운경정사
26	-	여	단경 斷經				한문	순천 박씨 충정공파 운경정사
27	무인생병녹	여	통경 通經				한글	순천 박씨 충정공파 운경정사
28	경자생남자증록庚子生男子症錄	남	남자 男子				한글 및 한문	순천 박씨 충정공파 운경정사
29	무인생병녹	여	생산 生産				한글	순천 박씨 충정공파 운경정사
30	-	미상					한글 및 한문	안동 김씨 학하(김병천)가

번호	제목	환자정보		작성정보				기탁처
		성별(나이)	성별 키워드	발급	수급	생산일	문자	
31	병록	남	남男	인질姻姪 남리만南履萬		경오庚午8월	한문	영양 남씨 영해난고 종택
32	○○ 풍산댁상 豊山宅相○○	남	손자 孫子				한문	영양 남씨 해촌고택
33	경자생건명 병록庚子生乾命病錄	남	건명 乾命				한문	영일 정씨 매산종택
34	기해생건명 병록己亥生乾命病錄	남	건명			정사丁巳 5월 15일	한문	영일 정씨 매산종택
35	경자생건명 병록庚子生乾命病錄	남	건명			신사辛巳8월	한문	영일 정씨 매산종택
36	-	미상(13)					한문	영일 정씨 매산종택
37	경자생건명 병록庚子生乾命病錄	남	건명			무술戊戌9월 16일	한문	영일 정씨 매산종택
38	-	미상(13)					한문	영일 정씨 매산종택
39	임자생부인 증록壬子生婦人症錄	여	수태 受胎				한문	영일 정씨 호수종택
40	육십삼세 남자증록六十三歲男子症錄	남	남자				한문	의성 김씨 제산종택
41	십오세동남 증록十五歲童男症錄	남(15)	동남 童男				한문	의성 김씨 제산종택
42	이십팔세 건명병록 二十八歲乾命病錄	남(28)	건명				한문	의성 김씨 제산종택

번호	제목	환자정보		작성정보				기탁처
		성별(나이)	성별키워드	발급	수급	생산일	문자	
43	병증*							재령 이씨 눌와고택
44	병증*							재령 이씨 눌와고택
45	계해생남자병록癸亥生男子病錄	남	남자			경진庚辰하夏	한문	재령 이씨 존재종택
46	경오생십구세신부인庚午生十九歲新婦人	여	부인				한글 및 한문	전주 이씨 송월재종택
47	-	여	산후産後				한문	진성 이씨 하계파 수석정
48	치병治病	미상					한문	창녕 조씨 지산종택
49	병력서病歷書	미상					한문	청도 밀양박씨 병재문중
50	진증診證						한문	청송 심씨 칠회당고택
51	증록症錄*						한문	풍산 김씨 노봉문중 김재혁가
52	증록症錄*					정미丁未 윤3월 24일	한문	풍산 김씨 노봉문중 김재혁가
53	증록症錄*					계묘癸卯4월 12일	한문	풍산 김씨 노봉문중 김재혁가
54	증록症錄	남(31) 여(53)				갑인 정월 초2일	한문	풍산 김씨 영감댁
55	증록證錄	여(24)	여자女子	김종석金宗錫		무술 3월 일	한문	풍산 김씨 영감댁

번호	제목	환자정보		작성 정보				기탁처
		성별(나이)	성별 키워드	발급	수급	생산일	문자	
56	-	미상		제弟 [김]인흠 [金]寅欽	김대규씨 金大奎氏		한문	풍산 김씨 장암파 김재천가
57	-	미상		제 [김]인흠	김金 신암愼庵 대규大奎		한글 및 한문	풍산 김씨 장암파 김재천가
58	병록	여(23)	부인	제 [김]인흠	김金 대규大奎 신암댁愼庵宅		한문	풍산 김씨 장암파 김재천가
59	병록	남(20)		제 [김]인흠	김 대규 신암댁		한글 및 한문	풍산 김씨 장암파 김재천가
60	병록	여(21)	부인	생生 김낙헌 金洛憲	생원 대규씨	계해 癸亥 2월	한문	풍산 김씨 장암파 김재천가
61	병록	미상		생生 박영진 朴英鎭	김대규 金大奎 신남愼南		한문	풍산 김씨 장암파 김재천가
62	병록	미상		생 박영진	김대규씨 金大奎氏		한문	풍산 김씨 장암파 김재천가
63	증록症錄	여(59)	부인	제弟 김낙진金洛晉	신암愼庵 대형大兄 [김대규金大奎]		한문	풍산 김씨 장암파 김재천가
64	병록	여(11)	손녀孫女	제 [김]인흠	김 신암 대규		한문	풍산 김씨 장암파 김재천가
65	-	미상		류후창 柳後昌		무신 戊申 11월 23일	한문	풍산 류씨 대종택 양진당
66	십구세남 十九歲男 증록症錄	남(19)	남				한문	풍산 류씨 대종택 양진당
67	증록症錄	여(27)	부인				한문	풍산 류씨 서애파문중

번호	제목	환자정보		작성 정보				기탁처
		성별(나이)	성별 키워드	발급	수급	생산일	문자	
68	사십일세 남자증록 四十一歲男子症錄	남 (41)	남자				한문	풍산 류씨 서애파문중
69	병록	남 (19)	남자			신사 辛巳8월	한문	풍산 류씨 우천문중
70	경신생병록 庚申生病錄*						한문	풍산 류씨 우천문중
71		미상				무술 戊戌9월 16일	한문	풍산 류씨 우천문중
72	계미생병록 癸未生病錄	미상					한글 및 한문	풍산 류씨 하회마을 화경당
73	-	미상					한문	풍산 류씨 하회마을 화경당
74	증록症錄	미상		이영발 李永發		경오 庚午4월 19일	한문	한산이씨 소산종가
75	증록症錄	남	남자				한문	한산이씨 소산종가
76	증록症錄	남	남자				한문	한산이씨 소산종가
77	증록症錄	미상					한글 및 한문	한산이씨 소산종가
78	-	미상				을미 乙未 11월	한글 및 한문	한산이씨 수은종가
79	증록症錄	미상					한글 및 한문	한산이씨 수은종가
80	-	미상					한글 및 한문	한산이씨 수은종가
81	증록症錄	미상		이상정 李象靖		기미 己未 4월 2일	한글 및 한문	한산이씨 수은종가

번호	제목	환자정보		작성 정보				기탁처
		성별(나이)	성별 키워드	발급	수급	생산일	문자	
82	기묘생병녹	미상					한글	함안 조씨 해창 조병국가
83	증록症錄	남	남자	송기준 宋基俊		임진 壬辰 5월 26일	한문	함안 조씨 해창 조병국가
84	병증상담용지病症狀談用紙*			조규설 曹奎卨			한문	함안 조씨 해창 조병국가
85	증록症錄	남 (55)	남자	배한주 裵翰周		경오 庚午 5월 17일	한문	흥해 배씨 임연재종택

*이미지 서비스 미제공 건으로, 한국국학진흥원이 부여한 제목을 기입함. 열람 이후 보완할 예정.

양반 여성의 질병과 의료 일상

사례 1

첫 번째로 살펴볼 자료는 어느 양반가 여성 환자의 사례다. 국학진흥원에서는 해당 문건을 치부기로 분류해 놓았다. 해제에 따르면, 환자의 병에 대한 증세와 치료하기 위한 과정을 기록한 병록이다. 환자는 19세의 새 신부로서, 시집온 이래 음식을 먹지 않은 이후 식도에 문제가 생겨 여러 가지 어려움을 겪은 증세를 기록했다. 식도에 발생한 병과 소화기 장애를 치료하기 위한 방안으로, 그동안의 병 증세를 기록해 둔 문건이다. '치료하기 위한 방안'이라는 설명을 보면 알겠지만, 이 자료는 문약을 위하여 생산한 것이 아니라, 훗날 같거나 비슷한 질병이 발생하면 그것을 대처하기 위하여 따로 기록해 둔 문건이다. 판독한 자료를 자세히 분석하며 19세 신부인新婦人이 질환에 시달리게 된 경위부터 이를 극복하기까지의 과정을 추적한다.

(가) 경오생 19세 신부인이다. 올해 10월 가문에 들어왔다. 그런데 그가 친정에 있을 때는 마음과 몸이 안락한 부인이었다.

경오생이며 나이는 19세로, '신부인'이라고 지칭하며 혼인한 지 그리 오랜 시간이 지나지 않았다고 밝혔다. 여성의 신상 정보를 밝히면서 혼인 전에는 친정에서 건강하게 편히 잘 지냈다고 기술하였다.

(나) 가문에 왔을 때부터 힘든 임무에 골몰하였는데 먹는 것을 감당해 내지 못하였다.

환자는 식사를 제대로 하지 못하였다. 그녀는 기혼 여성이 해야 하는 '힘든 임무에 골몰하였기' 때문이다. 이 대목에서는 조선시대 양반 남성이 딸이나 며느리 등을 위하여 사적으로 집필하였던 여성 교훈서의 내용을 참고할 수 있다. 이들이 양반 여성의 성역할을 정교하게 담은 글은 문집에 남아 있으며, 주로 한문본이나 한글 필사본의 책자로 전해지고 있다.[63] 교훈서에 담긴 주요 내용은 송시열이 썼다고 전해지는 『우암선생계녀서』의 목차에 압축적으로 잘 드러나 있다.[64]

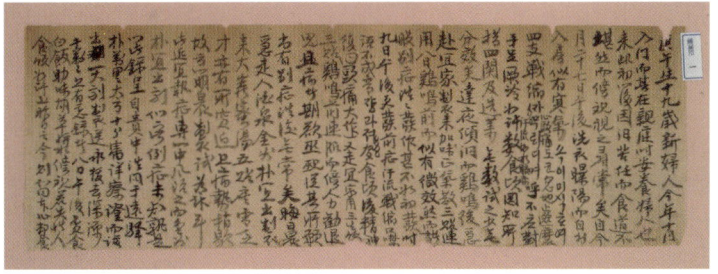

[그림 1] 무오생 19세 신부인 병록
한국국학진흥원소장–전주 이씨 송월재종택 기탁 자료

(다) 하지만 곁에서는 그것을 분명히 보고서도 대수롭지 않게 여겼다.

그런데 혼인한 후 감당해야 할 수많은 임무로 힘들어하여 먹는 것을 감당하지 못하는 신부인을 보고도 시가의 사람들이 대수롭지 않게 여겼다. 이러한 사실로부터 시집살이를 하는, 시가에서 갓 혼인한 여성이 가지는 위치를 예상할 수 있다. 경오생 19세 신부인은 시가 사람들에게 본인의 힘든 사정을 전하거나 고민을 해결할 수 없었다.

(라) 이번 달 27일 오후부터 뜨겁게 내리쬐는 볕에서 옷을 빨고 밖에서 방으로 들어오는데 한기가 있는 것 같고 속이 메슥하여 사지가 떨리고 오그라들며 땀이 물같이 흐르고 눈이 빨개지고 두통이 생기고 갑자기 이를 갈고 까무러치며, 숨을 쉴 수가 없었다. 아주 잠깐 사이에 팔다리가 차가워졌다.

신부인은 시집살이를 막 시작하여 각종 규범에 따라야 하는 생활에 적응해야 했다. 그런데 그녀는 음식을 제대로 먹지 못하고 있었던 차였다. 그러던 와중에 그녀는 햇볕이 강한 어느 날 빨래 일에 몰두하고 나서부터 한기가 들면서 비로소 증상이 시작되었다. 빨래는 그녀가 해야 하는 '임무' 중 하나였을 것이다. 환자는 팔다리가 차지고 호흡도 불가능하여 이를 갈고 까무러치는 등, 거의 죽을 지경에 다다랐다.

(마) 너무 당황하고 급해서 어찌할 줄을 몰라 갈팡질팡하며 사관四關[65]에 이르는 약을 만들어서 무수히 그것을 시험하였으나 조금도 효과가 없었다.

급박한 상황 속에서도 집안에서는 자체적으로 치료를 감행하였다. 응급 환자를 살려야 한다는 판단에서 갈팡질팡하면서도 치료에 최선을 다하였다. 사관에 이르는 약을 만들어서 복용하게 하였는데 의식을 잃게 생겼으니 이러한 처방을 시행한 듯하다. 그러나 나아질 기미는 전혀 보이지 않았다.

(바) 밤을 새워 마을을 이동하여 닭이 운 후에서야 급히 다다른 의가에서 (약을) 제조해 와서 가미정기산 3첩을 연달아 8일 복용하였다. 닭이 울기 전에는 미미한 효과가 있는 것 같았는데 제반의 또 다른 증상이 왕왕 일어나니, 그 심함이 초반에 발생한 것과 같지는 않았다. 9일째 되는 오후, 다시 전의 증상이 발생하니, 땀이 흐르고 떨리고 오그라들며, 입을 다물어 말이 나오지 않고, □□□, 두통이 크게 일어났다. 잠깐 후에 정신이 다시 돌아왔다. 또 의가宜家에 달려가서 삼생음 3첩을 만들어 왔고 닭이 울기 전에 연달아 복용하였다.

처음 처방을 의뢰한 곳은 '의가宜家'였다. 밤을 새워 의원에게 갔는데 닭이 운 후에, 즉 동이 틀 무렵에 다다라서야 제조한 약을 갖고 돌아왔다. 곧바로 8일 동안 약 복용을 하였는데 효험이 있는 듯했다. 닭이 울기 전인 밤에는 잠깐 좋아지는 기미를 보였던 것이다. 그러나 발병 9일째가 된 날 오후부터 예전의 증상이 재발하였다. 한기가 들고 땀이 흐르고 두통을 겪으면서 말소리도 나오지 않았고, 잠깐 동안이었지만, 기절까지 하고 말았다. 다시 첫 번째 문약한 곳인 '의가'에서 다른 약을 제조해 와서 닭이 울기 전에 재빨리 복용하였다.

(사) 방인傍人이 퇴귀退鬼를 힘써 권하였다. 또 병자는 무당이 원하는 대로 하자고 하였는데, 아직도 다른 증세가 있어 오가는 것이 일정치 않았다.

약 복용 중에도 증세는 여전하였는지 주위에서 권하는 대로 굿으로 귀신을 물리치기로 하였다. 신부인은 무당이 원하는 대로 하였지만, 다른 증세가 생기기도 하고 증상이 나타나는 것이 일정하지 않았다. 퇴귀는 별다른 효과가 없었던 것 같다.

(아) 그믐날 새벽 급히 주인이 주천酒泉 금곡金谷 박의朴宜에게 나가서 약을 제조하였으니, 대암밀탕 5첩이었다. 자리에 눈이 내려 있고 재주는 부족하여 또한 일의 형세가 매우 급박한 바가 있었지만, 또한 병세는 점점 그쳤다.

그믐날이라는 기록으로 볼 때 첫 증상이 이번 달 27일에 일어났으므로, 병이 발생한 지 30일 정도 지났을 때 새로운 처방으로 약을 지어 왔다. 이번에 접촉한 의원은 주천 금곡 박의였다. 박의는 첫 번째로 문약을 위하여 방문하였던 '의가'의 의원과는 다른 인물이다. 새 처방 이후로 환자에게 극심한 증상이 나타나기도 하였으나 다행히 병세가 점점 그치고 있었다.

(자) 고로 방도는 새벽녘에 제조하여 시험하는 계획이 될 뿐이니, 이것은 근래에 마땅히 증세를 잡아서 오로지 한 가지, 중풍으로서 치료해야 하는 것이지만 금곡의 박의가 제조하여 내어오는 것이 □예의 증세인 듯한데, 어느 것이 옳은지 몰랐다.

그러나 병록을 기록한 자는 그동안의 경험으로 보았을 때 지금까지의 약은 사실 소용이 없다고 보았다. 질병에 약간의 차도가 있다가 다시 심해져서 또 약을 지어 오는 일이 반복되고 있으므로 지금 처방이 적절한지 잘 모르겠다면서 주천 금곡 박의의 제조약을 신뢰하기를 주저하였다.

(차) 이것을 기록함으로써, 먼 역참에 있는 박만리에게 보내어 가서 물어보고 자세히 살펴 증거로 삼아서 한 가지로 좋은 약제를 내도록 꾀하여, 제조하여 보내었으니, 깊은 근원을 제거하여 영원히 구원하였다. 천만 천만하였다.

그리하여 지금까지의 모든 상황과 증상을 기록하여서 먼 역참에 있는 박만리에게 보내어 좋은 약을 제조해 와서 병의 뿌리를 뽑았다. 세 번째 약 처방이었고, 결과는 완치였다. 그런데 첫 번째, 두 번째 처방과는 다르게 약 명칭이나 약 제조에 어떤 약재를 썼는지 자세히 드러나 있지 않아 다소 아쉬운 점이 있다. 다만 훗날 같은 질병이 발생한다면, 의가나 박의가 아니라 먼 역참의 박만리에게 곧바로 처방을 맡길 것이라 예상할 수 있다.

> (타) 또한 기록하기를 잊은 것이 있는데 8일째 되는 날 오후에 흰쌀밥 먹기를 찾으니 후추와 간장수로 맛을 냈다. 곁에서 보니 실성한 사람 같았다. 어제까지는 조금 먹었는데, 지금은 원래의 마음을 돌려서 음식을 물리친 것 같다. 원래 먹는 방도에 문제가 있다가 심한 증세가 나타난 것인데, 실성한 사람처럼 흰쌀밥에다가 후추와 간장으로 맛을 내어서 조금 먹었다.

끝으로 중간에 기록하지 않은 증상을 덧붙였다. 훗날의 방안으로 삼기 위한 목적으로 이 문서를 작성하였음을 보여 주는 대목이기도 하다. 마지막 문장을 통하여 짐작하건대 병록을 쓴 이는 질병 발생 원인을 그녀가 잘 먹지 못하였던 것, 즉 소화기 계통의 문제라고 하였다.

사례 2

두 번째로 살펴볼 사례는 63세 여성 환자다. 문서의 제목이 '육십삼세부인증록六十三歲婦人症錄'이다. 그런데 해당 자료를 문약을 위해 쓴 문서로 판단하기에는 어려움이 있을 듯하다. 마지막에 처방을 구하는 문구가 없고 완치까지는 아니지만, 제반 증상이 진정됨을 얻었다고 한다. 다음은 자료의 판독과 내용에 대한 분석이다.

(가) 스스로 타고난 기질이 청약淸弱한데, 또한 아이를 많이 낳은 까닭이다.

먼저 글쓴이는 63세 여성 환자가 타고나기를 약하다고 하였다. 또한 이에 덧붙여 아이를 많이 낳았던 경험을 문제 삼았다. 글쓴이가 꼽은 부인 질병의 원인은 두 가지로, 기질과 다산多産 경험이었다. '본래부터 청약하였다'라고 하는 표현은 항상 질병을 앓고 살았다고 하는 관용구와 같은 것이다.66 그런데 여성의 경우에는 달리 쓰여서, '차고 약하다'라고 해석하기도 하였다.67 타고나기를 차고 약한 기운인데다 질병을 앓고 살았음에도 다산을 감행하였던 63세 여성 환자였던 것이다. 사실 병록이 여성에 대하여 제목에 '부인'이라는 표현을 쓴 것은 당시 사회가 여성을 혼인하여 출산하는 몸으로 정의하였기 때문이다. 남자의 경우는 '남자' 혹은 '건명'이라는 표현을 쓰지만 여성은 그렇지 않았다.

(나) 30세쯤 기운이 빠진 이후로 강건함이 끊기고 없어지는 날이 이어질 뿐이었다. 즉 몸을 일으켜 움직이는 것이 항상 밤과 같았는데 급작스레 통증이 발생하여 무엇이든지 준비하는 바가 늘 어려우니 늙고 먼저 쇠하지 않은 것 같았지만 단지 일단의 억지로 끊고 제하고 막는 것에 힘입어 대개는 주요하게 아픈 곳이 있었다. 또한 누워 있지 못하고 머리가 아프니, 이미 젊을 때부터 치통이 특히 심하였고 두통, 귀통증, 어지럼증 등의 증상은 수시로 생겼다. 50세 전후에 이미 질환으로 귀에 소리가 들리고 이

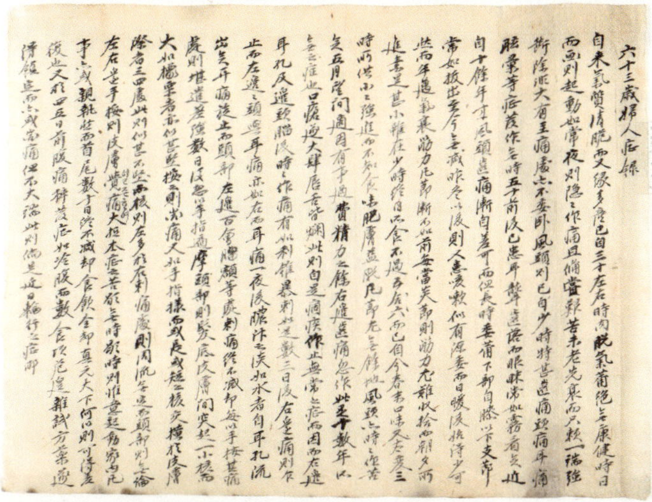
六十三歲婦人病錄

[그림 2] 치부기置簿記 0038(육십삼세부인병록六十三歲婦人病錄)

한국국학진흥원 소장-순천 박씨 홍정공파 운경정사 기탁 자료

가 떨어졌으며 눈이 어두워서 항상 간호에 힘썼다.

환자의 건강에 이상이 생겼을 때는 30세 정도부터였다. 그때부터 기운이 떨어지고 강건함이 끊어졌다. 몸을 일으켜 움직이는 것이 항상 밤과 같았다는 비유가 그것이다. 여러 통증이 너무 급작스럽게 일어나 그것을 방비할 수도 없었다. 치통이 가장 심하였으며 두통, 귀통증, 어지럼증 등이 아무때나 나타났다. 그 후 시간이 흘러 50세 전후에 이명 현상도 생겼고 치아에 많은 손상이 생겼으며 시력도 많이 떨어져서 곁에서 항상 간호하였다.

(다) 근래 10여 년 전부터 본래의 두통과 치통이 점차 저절로 차도가 있었다. 다만 오랜 시간 위좆□하면 하부에 무릎으로부터 하지 관절이 항상 발출하는 것 같았고 지금에 이르러 감하는 것이 없다.

그런데 53세가 되던 해부터는 본래부터 겪고 있던 두통과 치통에는 '저절로 차도가 있었다.' '저절로'라는 대목에서 그간 곁에서 간호만 하였지, 약 처방 등의 다른 조치는 없었던 것이 아닐지 조심스레 짐작해 본다. 그런데 두통과 치통은 줄었지만 환자는 새로운 질병에 노출되는데, 무릎 쪽 관절에 적신호가 왔다.

(라) 지난겨울 이후 또 기침병에 걸려 근원이 된 것 같은데 날이 따뜻해진 후 비로소 조금 괜찮아졌다.

엎친 데 덮친 격으로 지난겨울 이후로 기침병에도 걸렸는데 날이 따뜻해지고부터는 조금 차도를 보였다.

(마) 그러나 올해부터 기가 쇠하고 근력은 무릇 관절이 점차 매번 당하여 전과 같지 않았다. 관절은, 즉 근력이니 한층 수습하기 힘들었다.

하지만 올해부터 다시금 다리 쪽 관절 문제가 불거졌다. 기가 쇠하고 근력이 현저히 줄어들기에 이르렀으니, 근력은 나이가 들수록 떨어지니 해결하기 어려울 뿐이었다.

(바) 아침저녁의 식사를 심히 적게 먹었는데 조금씩 먹는 때도 있었다. 종일 먹지 못하는데 불과 5~6홉뿐이었다. 이번 봄부터 입맛이 없는 것이 또 크게 변하여 삼시 먹는 바가 소소하게 억지로 먹는데, 식미를 알지 못한다. 피부가 대개 벗겨져 무릇 관절이 더욱 (나을) 여지가 없고 두통은 또한 때때로 일어나 괴로워하였다.

이러한 증상들과 더불어서 먹는 것도 부실해졌다. 종일 거의 먹지 못하는 수준으로 하루에 먹는 양은 5~6홉 정도가 전부였다. 조선시대 성인 여성의 한 끼 식사량이 6홉 정도였던 것에 비하면 상당히 적은 양이었다. 그나마 올해 봄부터 억지로라도 삼시 세끼를 챙겨 먹고 있지만 음식 맛을 알지 못한다는 기록으로 보아 그녀의 식사량은 여전히 적었다. 줄어들었던 두통이 다시 생겼고 피부가 벗겨지고 있었으며 관절은 여전히 나을 기미가 없었다.

(사) 5월 보름 사이에 마침 일이 생김으로 인하여 지나치게 정력精力을 소비한 나머지 오른편에 치통이 홀연히 일어났다. 이것은 지난 십수 년 동안 없었던 증상이다.

그런데 그녀에게 어떤 일이 생겨 지나치게 정력精力을 소비한 나머지, 나아졌던 치통이 다시 발현되었다. 앞서 밝혔듯이 치통은 저절로 나았던 질병이었다.

(아) 구창이 생겨 입술과 혀가 심하게 문드러졌다. 이것은, 즉 다리의 고질

병으로부터 일어나 그침이 없어 항상 있는 증상이었다. 오른쪽 귓구멍과 머리의 통증 후에 때때로 발생하는 통증이 날카로운 송곳처럼 다리를 사납게 찌르는 것과 같다.

또한 입 안에 부스럼이 심하게 생겨 문드러졌는데 그 원인에 대한 분석의 근거를 알 수는 없으나 여하튼 글쓴이는 구창, 즉 입안 부스럼이 다리 관절의 고질병 때문에 힘들어서 생긴 병이라고 보았다. 또한 귓구멍과 머리 통증을 겪고 나면 다리에도 통증이 연달아 일어났는데 송곳이 사납게 찌르는 것과 같았다.

(자) 수삼일 후에 오른쪽 통증이 잠깐 멈추고 왼쪽에 두통과 더불어 귀에 일어난 통증이 역시 오른쪽과 같았는데 귀통증은 하룻밤만 지나면 고름이 차서 물과 같이 된 것이 귓구멍에서 흘러나온다. 양쪽에 번갈아 생기는데 줄거나 없어지지는 않았다. 머리 부위 왼편의 경우 머릿골과 이마 등에 찌르는 통증이 생겼고 이것이 줄어들거나 없어지지 않는다. 매번 손으로 심한 통증 부위를 어루만졌는데 얼마간은 든든하게 참을 수 있었다.

삼일 정도 후에 두통과 귀통증이 극심하게 일어났다. 특히 귀통증은 고름이 차서 흘러나올 정도였고 번갈아 생기면서 줄어들거나 없어지지 않았다. 머리 쪽 통증의 경우에는 매번 손으로 통증 부위를 어루만질 뿐이었는데 다소 참을 만하였던 것 같다.

(차) 수일 후 홀연히 손가락으로 머리 한쪽을 문지르니 머리카락 밑 피부

사이에 돌연히 하나의 작은 핵이 돋아 나왔는데 큰 것은 모양이 불똥 같고 또한 심하게 딱딱한 것 같은데 그것을 문지르면 심하게 아팠다. 또 손가락 모양과도 같은데 혹 길고 혹 짧은 핵이 피부 간에 가로로 교차하여 서너 곳이다. 이것은, 즉 심하게 딱딱하지 않은 것 같았는데, 핵은, 즉 왼쪽에 많고, 오른쪽에 찌르는 통증이 있는 곳이, 즉 주위에 흐르는 것이 정해져 있지 않은데 머리 부위는 좌우를 논하지 않고 손으로 쓰다듬으면 피부 □통증이 얼얼하였다.

며칠 후에 머리 한쪽에 작은 돌기들이 돋아 나왔다. 불똥이나 손가락 같은 모양이었다. 심하게 딱딱하지는 않은 것 같았는데 역시 통증이 심하여 손으로 만지는 것이 힘들었다.

    (타) 대저 본래 증상의 고통은 그침이 없고 때도 없었다. 그런데 오직 생각은 집안 모든 일에 몸을 일으켜 움직이는 데에 있었다. 또한 혹 친히 모은 머리털이 수십 날에도 끝내 줄어들지 않았다. 먹고 마시는 것을 모조리 물리쳤다. 진실로 큰 문제이니 차도와 회복할 수 있겠는가.

증상은 시도 때도 없이 일어났다. 하지만 그녀의 생각은 집안일에 머물러 있을 뿐으로, 아픈 몸을 일으켜 움직였다. 집안의 경제를 관장하고 경영해야 하는 63세 노부인의 상황이 드러나는 대목이다. 또한 이유는 알 수 없으나 머리털을 모았다고 하는데 수십 일에 끝내 줄어들지 않았다고 한다. 결국 식음을 전폐함에 이르렀다. 글쓴이는 과연 환자가 쾌유할 수 있을지 자문한다.

(파) 또한 4~5일 전에 복통과 뻣뻣해지는 증상으로 신음하니 수 식경 방약을 시험하여 마침내 진정을 얻었는데 또한 혹 두통이 다만 대단하지는 않았다. 이것은, 즉 별안간 나타나는 것으로 근일 교대로 일어나는 증상인가.

그런데 병록을 쓰기 4~5일 전에 복통과 뻣뻣해지는 새로운 증상이 있어 신음하며 괴로워함에 여러 번 방약을 시험해 보았다. 그로 인하여 마침내 진정을 얻었다고 하니 혹 두통이 있었으나 예전만큼 대단하지 않았다. 이에 글쓴이는 요즘 갑자기 나타나는 증상이므로 관절통, 두통, 귀통증과 더불어서 교대로 일어나는 것인지 자문하며 글을 마쳤다. 환자가 겪고 있던 다양한 질병에 대한 완치는 아닌 듯하지만, 이어지는 기록이 없는 관계로 이후 환자의 건강 상태는 알 수 없다. 기질이 차고 약하면서 병약하기도 한 와중에 다산까지 한 63세의 여성 환자는 30년 넘게 다양한 질병으로 고생하였는데 자료상으로는 약 처방은 단 한 번만 보인다.

조선 (여성)의료사 연구와 병록

병록은 조선 사회의 평범한 사람들의 질병에 대한 이해와 의료 활동 모습 등을 파악할 수 있는 기록이다. 성별, 나이를 따지지 않고 다양한 처지에 있는 환자의 질병을 병록에 기록하였다는 점에서 조선 여성의 일상에 접근할 수 있는 중요한 통로다. 병록은 질병 혹은 질병에 의해 일어난 증상에 대한 기록이라는 의미를 담고 있으므로 다양한 이유로 문서가 생산되었다. 질병에 걸리게 된 경위와 완치까지의 치료 과정을 담아서 훗날의 대비책으로 삼은 경우, 의료인에게 문약을 하기 위한 경우, 지인 등과 질병에 대해 논의하기 위한 경우로 나뉜다. 이러한 이유로 고문서학에서 병록은 간찰이나 치부기로 간주되기도 한다.

연구 결과, 자료의 양적 데이터는 전국의 많은 고문서 연구기관 중에서도 앞선 연구가 제대로 다루지 않은 국학진흥원에서 추출하였는데 2025년 현재 총 85건이다. 문서의 형태는 대체로 낱장이지만, 책 형태인 경우도 있다. 글은 한자 혹은 한글로 매우 정갈하게 적혀 있는데, 이는 정확한 정보를 남기고자 함이었다. 반면 처방문은 한자 초서였다. 내용상 특징으로는 첫째, 병록에 기록된 환자는 남녀노소를 가리지 않았다. 둘째, 제목이 없기도 하며, 있다면 나이와 성별 등 자세히 표기한 경우도 있다. 셋째, 환자의 기질부터 살아온 내력을 상세하게 썼다. 넷째, 병력 부분은 글쓴이에 따라 다양하였다. 최근의 것만 쓴 경우가 있는가 하면, 어릴 때부터 현재까지 걸린 질병과 증세에 대해 자세히 밝혔다. 처방 이력이나 복용한 약도 기록하였다. 여성 환자의 경우 월경과 자녀 출산 정보를 반드시 반영하였다. 이러한 점에서 여성의 병록은 명확히 판단된다는 특징이 있다. 다섯째, 작성 일자 및 글쓴이가 드러난 경우는 대체로 적어서 연대기적 해석이 쉽지 않다는 한계점이 있다. 여섯째, 문약한 경우, 문서의 마지막 부분에 진단과 약 처방을 요청하는 문구를 썼고 그다음에 경우에 따라 전문 의료인의 처방이 붙어 있기도 했다.

이 연구에서는 병록의 장점을 활용하여 여성 환자의 사례를 확인하였다. 이를 위해 조선 사회에서 여성의 몸을 어떻게 정의하고 구성하였는지 알아보았다. 음양론은 우주 형성 원리로서 인체를 움직이는 논리였다. 음과 양의 이분법은 성별에 적용되어 젠더 형성에도 영향을 주었다. 사람은 몸의 조화, 즉 음양과 오행의 조화, 기의 순환 등을 항상 유지해야만 병에 걸리지 않았다. 어느 것 하나도 더해지거나 적어지면 안 되었다. 남성은 양의 성질로 생명의 동력인 기가 흩어지기 쉽고 여성은 음의 성질로 기가 울체되기 쉬웠다. 음의 성질이 양의 성질보다 신체에 미치는 부정적 영향이 매우 컸다. 여성의 몸은 음의 성질로 인하여 '비정상'처럼 보이는 월경을 겪는다. 그런데 월경조차 순환이 어려울 때가 많았다. 여성의 몸은 비정상에서 더욱 심한 비정상을 겪는다. 감정은 혈을 움직인다. 여성에게 혈은 몸의 조화를 깨는 주요 원인이었다. 그렇기에 '비정상'처럼 보이는 월경을 겪는다. 이러한 이유로 여성의 몸은 조화를 유지하기가 힘들었고, 질병에 쉽게 노출될 수 있는 위험성을 담보한 몸이었다.

또한 여성은 출산하는 몸으로서 사회의 중요한 역할을 담당하였다. 의학에서 만든 여성의 정체성은 부인이었다. 의서에서는 환자 진료의 첫 번째 원칙을 세웠는데 여성 환자의 경우, 가장 먼저 확인해 보아야 할 사항은 월경 및 임신 여부였다. 특히 『동의보감』은 부인편을 따로 두어 여성의 월경, 임신, 출산에 집중하였다. 또한 남성이 가진 정精에 생산성을 부여하고 우주의 기氣를 등장시켰다. 이로써 여성은 자궁을 갖고 생명을 잉태하여 출산까지 하는 몸이지만 수동성을 가진 몸으로 정의되었다.

마지막으로 두 건의 여성 환자의 상황을 기록한 병록을 분석하였다. 첫 번째 사례는 19세의 신부인新婦人이다. 그녀의 질병은 혼인 후 시가에서 생활하는 중에 발생하였다. 신부인이라는 호칭으로 보아 혼인 후 많은 시간이 흐르지 않은 듯하다. 그녀는 '시가에서의 임무'에 골몰하였는데, 처음에는 식이장애를 겪다가 나중에는 기절까지 하는 등 목숨을 잃을 뻔한 위험 상황을 겪었다. 무당을 불러 굿을 하고 의원을 바꿔가며 여러 차례 처방을 받아 약을 먹은 끝에 나을 수 있었다. 19세 신부인의 경우 병록을 기록한 자가 찾은 질병의 원인에 주목할 만하다. 그녀에게 주어진 시가에서의 임무들이란 곧 여성 교훈서에서 설파한 젠더 규범이었다. 하지만 주위 사람들은 대수롭지 않게 여겼으니 조선 사회에서 신부인이 감당해야 할 일상을 가까이서 확인할 수 있었다.

두 번째 사례는 63세의 노부인이다. 그녀는 치통을 비롯한 각종 통증부터 피부병, 관절 질환 등을 겪고 있었는데, 이러한 증상은 30세부터 조금씩 시작된 것이었다. 이처럼 다양한 질병에 시달렸던 노부인이었는데 병록에서는 한 번의 처방을 받았다는 기록뿐이었다. 이 사례도 역시 병록의 글쓴이가 지적한 발병 원인이 인상 깊다. 63세 여성 환자의 타고난 기질이 차고 약한 가운데 다산까지 한 것이 각종 질병을 겪게 된 이유였다.

그동안 조선 의료사는 의서나 왕실 의안 분석, 일기 자료를 통해 본 해당 지역의 의료 환경, 이른바 유의儒醫[68]라고 불리는 지식인층의 의료 활동에 초점을 맞춘 경향이 있다. 이는 현전하는 자료가 다양하지 못하여 나타날 수밖에 없는 현실적인 문제였다. 그런데 병록은 남녀노소를 모두 포괄하는, 조선 양반가의 평범한 사람들이 누리던 일상에 눈을 돌리게 한다. 그리고 그들이 행한 질병에 대한 대처와 해소 장면을 대면할 수 있다. 이 연구가 '조선 여성의 일상'이라는 주제에 가까이 다가갔던 이유다. 앞으로 병록이 여성사 연구뿐만 아니라 조선 의료사의 새로운 단면을 파악할 연구 자료로 거듭나기를 기대한다.

참고문헌

權相一, 『淸臺日記』.

南鵬, 『海州日錄』.

盧洊, 『盧洊日記』.

李德懋, 『靑莊館全書』.

李文楗, 『默齋日記』.

李愚錫, 『霞隱日錄』.

宋時烈 傳, 『우암선생계녀서』.

兪晩柱, 『欽英』.

朱熹, 『論語集註』.

陳自明, 『婦人大全良方』.

沈魯崇, 『南遷日錄』.

_____, 『孝田散稿』.

張維, 『谿谷集』.

許穆, 『記言別集』.

許浚, 『東醫寶鑑』.

국사편찬위원회, 『한국고문서입문 1』, 민속원, 2020.

김두종, 『한국의학사』, 탐구당, 1979.

김호, 『동의보감 연구』, 일지사, 2003.

신동원, 『조선의약생활사』, 들녘, 2014.

신동일·김남일·여인석,『한권으로 읽는 동의보감』, 들녘, 1999.

여인석·이현숙·김성수·신규환·김영수,『한국의학사』, 역사공간, 2018.

王怀隐 等,『太平聖惠方 下』, 人民卫生出版社, 1958.

한의병리학 교재편찬위원회,『한의병리학』, 한의문화사, 2016.

한의학대사전 편찬위원회,『한의학대사전』, 정담, 2001.

허준, 동의문헌연구실 옮김,『신증보대역 동의보감』, 법인문화사, 2017.

김남일,「『東醫寶鑑』의 七情(喜怒悲思憂驚恐)에 대한 一考察 -治療醫案을 중심으로-」,『비폭력연구』4, 경희대학교 비폭력연구소, 2010.

_____,「『東醫寶鑑』의 몸 인식에 대한 一考察」,『인문학연구』18, 경희대학교 인문학연구원, 2010.

김성수,「조선시대 儒醫의 형성과 변화」,『한국의사학회지』28, 한국의사학회, 2015.

金恩卿·申定湜·朴榮惠·金瞳一·李泰均,「朝鮮後期의 婦人科學 發達史에 關한 硏究」,『大韓韓方婦人科學會誌』14, 大韓韓方婦人科學會, 2001.

김정수,「조선시대 病症錄의 문서학적 고찰」,『고문서연구』59, 한국고문서학회, 2021.

김초영·장규태,「소아의방(小兒醫方)과 동의보감(東醫寶鑑)의 편제와 처방에 대한 연구」,『대한한방소아과학회지』24(1), 대한한방소아과학회, 2010.

문현아,「조선 후기 양반 여성의 질병과 죽음에 대한 사례 연구-『18세기 여성생활사 자료집』을 중심으로-」,『여성과 역사』30, 한국여성사학회, 2019.

박석준,「몸의 질서로서의 禮 :『동의보감』의 신체관」,『한국문화연구』6, 이화여자대학교 한국문화연구원, 2004.

박주영·차웅석·김남일(경희대학교 한의과대학 의사학교실),「조선 장렬왕후의 경련에 대한 치병기록 연구-『承政院日記』의 의안을 중심으로-」,『한국의사학회지』29(1), 한국의사학회, 2016.

백옥경, 「조선시대 출산에 대한 인식과 실제」, 『이화사학연구』 34, 이화여자대학교 이화사학연구소, 2007.

안득용, 「자기자신을 돌보기, 돌아보기로서 병의 기록」, 『한문학논집』 45, 근역한문학회, 2016.

이꽃메, 「『역시만필歷試漫筆』의 사례로 재구성한 조선 후기 여성의 삶과 질병」, 『의사학』 24(2), 대한의사학회, 2015.

이미선, 「조선시대 왕실여성의 사인死因 유형과 임종장소 변화-후궁을 중심으로-」, 『한국사연구』 195, 한국사연구회, 2021.

이숙인, 「감성과 표현 : 조선 유학에서 감성의 문제」, 『국학연구』 14, 한국국학진흥원, 2009.

丁福喆, 「조선조 의학 텍스트의 정치사상적 함의 : 『동의보감』과 『동의수세보원』을 중심으로」, 『大韓韓醫學原典學會誌』 23(1), 大韓韓醫學原典學會, 2010.

정용환, 「유교문화에서 음양론과 여성의 감정」, 『철학연구』 125, 대한철학회, 2013.

하여주, 「인조~현종 대 장렬왕후의 생애와 지위 변화」, 『여성과 역사』 28, 한국여성사학회, 2018.

_____, 「조선시대 의학서로 본 여성 몸 담론 : 『동의보감』과 『역시만필』을 중심으로」, 『역사와 경계』 109, 부산경남사학회, 2018.

_____, 「조선 후기 유교 젠더 규범과 양반 여성의 대응」, 부산대학교 박사학위논문, 2022.

동양고전종합DB db.cyberseodang.or.kr

한국고전종합DB db.itkc.or.kr

한국국학진흥원 소장자료검색 search.koreastudy.or.kr

한국사데이터베이스 db.history.go.kr

한의학고전DB www.mediclassics.kr

주

1. 안득용, 「자기자신을 돌보기, 돌아보기로서 병의 기록」, 『한문학논집』 45, 근역한문학회, 2016.
2. 신동원, 『조선의약생활사』, 들녘, 2014.
3. 김정수, 「조선시대 病症錄의 문서학적 고찰」, 『고문서연구』 59, 한국고문서학회, 2021.
4. 박주영·차웅석·김남일(경희대학교 한의과대학 의사학교실), 「조선 장렬왕후의 경련에 대한 치병기록 연구-『承政院日記』의 의안을 중심으로-」, 『한국의사학회지』 29(1), 한국의사학회, 2016; 하여주, 「인조~현종 대 장렬왕후의 생애와 지위 변화」, 『여성과 역사』 28, 한국여성사학회, 2018; 이미선, 「조선시대 왕실여성의 사인死因 유형과 임종장소 변화-후궁을 중심으로-」, 『한국사연구』 195, 한국사연구회, 2021.
5. 이꽃메, 「『역시만필歷試漫筆』의 사례로 재구성한 조선 후기 여성의 삶과 질병」, 『의사학』 24(2), 대한의사학회, 2015; 문현아, 「조선 후기 양반 여성의 질병과 죽음에 대한 사례 연구-『18세기 여성생활사 자료집』을 중심으로-」, 『여성과 역사』 30, 한국여성사학회, 2019.
6. 김정수는 대표적 고문서 기관인 한국학중앙연구원, 국사편찬위원회, 국학진흥원을 비롯하여 여러 기관과 개인의 기록물까지 전수 조사하여 총 87건의 병록을 소개하였다. 그러나 아직 확인하지 못한 상당수의 병증록이 있음을 서론에서 미리 밝혔다(김정수, 위의 논문, 38~39쪽).
7. 李愚錫, 『霞隱日錄』 1897년 12월, "病錄 十月初三夜深 而腹別症猝發 至念八日連此矣 至月初七日夜 右脇裏似有鷄子樣者 一塊出而衝上衝下 晝宵陞降無度數 又至八日 望日夜轉移 臍傍留住 作亂毋常 亦至五六日 念二夜之昏 痰塊直上命門 充塞門口時 精神漸黯無所思 但恨子與弟姪不得團會之歎而已 其后事 漠然不知 平明後命門疏通 漸下一脂 至左脇姑停神不定 午后始以開眼 趙鄭兩息來 而昨昏身羌添極 亥子丑寅氣塞四時間 謂之不省人事 而平明后始辦陽界可知 有何再生世緣其若是耶 其后病始知火痰云 而餘崇黏朔 間侵發作 多病之人許多 而如我怔狀 莫知其病裡記也 歲前佳汀之行 心計久矣 偶以除夜迫頭 過歲于耕隱精舍."
8. 盧洰, 『盧洰日記』 英宗十六年 5월 24일, "晴往問龍宮爲計追修症錄 慈氏患候終無藥治顯效伏悶難狀." 5월 25일 "陰而或賜渡太祖津踰十嶺渡三江夕陽達于武夷候李丈溟氏止宿獻症錄." 5월 26일, "陰而晩晴朝前進候李丈告症錄不許命題朝後自三江踰十嶺渡太祖津還家尙州金相麟來到."
9. 張維, 『谿谷集』 卷24, 龔汝璋謝帖, "所示病錄 深中賤患源委 謹當按方服食 庶幾此身復作完人乎 感幸感幸 附便草謝 薄儀幸笑留 不宣."
10. 許穆, 『記言別集』 卷6, "與韓君五奎文瑞 前病錄更須商議 還示甚望."
11. 김정수는 병록류를 '병증록'이라고 명명하면서 고문서학적 관점에서 분석하면서 그 사료적 가치를 환기시켰다. 다만 논의의 범주를 '낱장이나 첩련 형태로 환자 측에서 약방문이나 치료법을 받을 목적으로 의료인에게 전달한 문서'로 한정하였다고 밝혔다. 김정수가 말한 병증록이란 문서학적으로 시면始面에 문서명으로 '병록病錄·증록證錄·증록症錄·병증록病症錄·병녹'이 등장하거나, 문서명이 기록되어 있지 않더라도 환자 측에서 의료인에게 약방문을 받기 위한 목적으로 증상이 구체적으로 작성된 문서다(김정수, 위의 논문, 37쪽).

12 한의병리학 교재편찬위원회, 『한의병리학』, 한의문화사, 2016, 278~285쪽.
13 김성수, 「조선시대 儒醫의 형성과 변화」, 『한국의사학회지』 28, 한국의사학회, 2015.
14 沈魯崇, 『南遷日錄』 1801년 7월 초5일, "送傔奴花田鄭醫家 有書送病錄."
15 權相一, 『淸臺日記』 1709년 3월 20일, "季□叔□主自長川返駕. 送症錄于趙澄矣, 得加減平陳湯."
16 李文楗, 『默齋日記』 1563년 10월 초4일, "晉州 河沆以書問藥 送小文魚 爲答 又還昔來病証錄."
17 南鵬, 『海州日錄』 1928년 5월 2일, "耳鳴症大作不止 以證錄付姪兒建模 使廣詢京城高等醫院 朝後允初叔及養焉族弟 以尾閭治泏事來言 是日始服棗膏."
18 한국 고문서의 분류 체계의 종류와 내용에 대해서는 국사편찬위원회, 『한국고문서입문 1』, 민속원, 2020에 자세하게 나와 있다.
19 沈魯崇, 『孝田散稿』 7冊.
20 許浚, 『東醫寶鑑』 雜病篇 卷之一 辨證, "男女病因凡病男子必審房勞 女人先問經孕."
21 약처방을 요청하는 '종결어'로는 '~如何', '幸甚', '伏望', '幸~', '伏乞~(+良方/當劑 등)가 있다(김정수, 앞의 논문, 43쪽).
22 『東醫寶鑑』, 內景篇 卷之一 氣 用藥法, "正傳曰 男子屬陽 得氣易散 女人屬陰 遇氣多鬱 是以男子之氣病常少 女人之氣病常多 故治法曰 女人宜調其血 以耗其氣 男子宜調其氣 以養其血."
23 『東醫寶鑑』 外形篇 卷之三 乳 男女乳腎爲根本, "男子以腎爲重 婦人以乳爲重 上下不同 而性命之根一也 女人屬陰 陰極則必自下而上衝 故乳房大而陰戶縮也 男子屬陽 陽極則必自上而下降 故陰莖垂而乳頭縮也"(이하 한의학고전DB에서 발췌함).
24 『東醫寶鑑』 內景篇 卷之三 胞 胞爲血室, "衝脉爲血海 諸經朝會 男子則運而行之 女子則停而止 之 男旣運行 故無積而不滿 女旣停止 故有積而能滿 滿者以時而溢 謂之信 卽月水也 以象月盈則虧也."
25 여인석·이현숙·김성수·신규환·김영수, 『한국의학사』, 역사공간, 2018 참조.
26 丁福喆, 「조선조 의학 텍스트의 정치사상적 함의 : 『동의보감』과 『동의수세보원』을 중심으로」, 『大韓韓醫學原典學會誌』 23(1), 大韓韓醫學原典學會, 2010, 235~255쪽.
27 김호, 『동의보감 연구』, 일지사, 2003, 251쪽.
28 俞晩柱, 『欽英』 1786년 8월 17일, "或以 喪禮備要 東醫寶鑑 三韻聲彙 大典通編 爲號四大常書."
29 李德懋, 『靑莊館全書』 권20, 「雅亭遺稿」 권6 文 與李洛瑞書九書, "朝鮮有三部好書 曰聖學輯要 曰磻溪隧錄 曰東醫寶鑑 一則道學 一則經濟 則活人之方 皆儒者事也."
30 김남일, 「『東醫寶鑑』의 몸 인식에 대한 一考察」, 『인문학연구』 18, 경희대학교 인문학연구원, 2010; 박석준, 「몸의 질서로서의 禮 : 『동의보감』의 신체관」, 『한국문화연구』 6, 이화여자대학교 한국문화연구원, 2004 참조.
31 『東醫寶鑑』 雜病篇 卷之十 婦人 婦人雜病, "婦人者 衆陰之所集 常與濕居 十五以上 陰氣浮溢 百想經心 內傷五藏 外損姿容 月水去留 前後交牙 瘀血停凝 中道斷絶 其中傷тре 不可具論 所以婦人別立方者 以其氣血不調 胎妊産生崩傷之異故也 婦人之病 與男子 十倍難療 以其嗜慾多於丈夫 感病倍於男子 加以疾妬憂恚慈戀愛憎 深着堅牢 情不自抑 所以爲病根深也."
32 王懷隱 等, 『太平聖惠方 下』, 北京: 人民卫生出版社, 1958, 2183쪽. "夫人將攝順理 則血氣調和 風寒暑濕不能爲害 若勞傷氣血 便致虛損 則風冷乘虛而干之 乃生百病 可依證而治也."
33 『東醫寶鑑』 內景篇 卷之一 氣 用藥法, "男子屬陽 得氣易散 女人屬陰 遇氣多鬱 是以男子之氣

病常少 女人之氣病常多 故治法曰 女人宜調其血 以耗其氣 男子宜調其氣 以養其血."
34 칠정이라고 구체적으로 밝히고 있지 않지만, 한의학적 지식에 따라 욕심, 질투, 걱정하는 것, 성내는 것, 미워하는 것, 집착이 강한 것 등의 감정은 칠정의 희喜, 노怒, 비悲, 사思, 우憂, 경驚, 공恐과 일맥상통한다고 보았다.
35 이숙인,「감성과 표현 : 조선 유학에서 감성의 문제」『국학연구』14, 한국국학진흥원, 2009, 395~404쪽.
36 정용환,「유교문화에서 음양론과 여성의 감정」,『철학연구』125, 대한철학회, 2013, 286~287쪽.
37 『東醫寶鑑』內景篇卷之二 血 七情動血, "內經曰 諸血者 皆屬於心 又曰 大怒 則形氣絶而血菀於上 使人薄厥 怒則氣逆 甚則嘔血 (…) 內傷七情者 暴喜動心 不能生血 暴怒傷肝 不能藏血 積憂傷肺 過思傷脾 失志傷腎 皆能動血."
38 김남일,「『東醫寶鑑』의 七情(喜怒悲思憂驚恐)에 대한 一考察 -治療醫案을 중심으로-」『비폭력연구』4, 경희대학교 비폭력연구소, 2010, 99~119쪽.
39 『抱朴子』에, '한 사람의 몸은 한 국가의 모습과 같다. 가슴과 배는 궁궐과 같고, 사지四肢는 교외에 경계가 있는 것과 같다. 관절은 백관百官의 할 일이 나누어진 것과 같다. 신神은 임금이고 혈血은 신하이고 기氣는 백성이니, 몸을 다스릴 줄 알면 나라를 다스릴 수 있다. 백성을 아끼면 나라가 편안해지듯이 기를 아끼면 몸이 온전하게 된다. 백성이 흩어지면 나라가 망하듯이 기가 고갈되면 사람은 죽는다. 죽은 사람은 살릴 수 없고 망한 나라는 보전할 수 없다 (허준 편,『東醫寶鑑』內景篇 卷之一 身形 人身猶一國).
40 허준, 동의문헌연구실 옮김,『신증보대역 동의보감』, 법인문화사, 2017, 251쪽. "氣爲諸病 人生氣中如魚在水 水濁則魚瘦 氣昏則人病."
41 "『直指』에, '사람에게는 칠정이 있고 병은 칠기七氣에서 생긴다. 기가 뭉치면 담이 생기고, 담이 성하면 기가 더욱 맺힌다. 그러므로 기를 고르게 하려면 먼저 담을 없애야 한다'라고 하였다. 또, 칠기七氣가 서로 섞이고 담연이 엉겨 솜이나 얇은 막 같은 것이, 심하면 매실의 씨 같은 것이 인후 사이를 막아 뱉어도 나오지 않고 삼켜도 내려가지 않는다. 혹은 속이 그득하여 음식을 먹지 못하거나, 상기가 되어 숨이 차오른다. (…) 명치와 배에 덩어리가 생겨 아프고, 숨이 끊어지려고 하여 매우 위태로워진다"(『東醫寶鑑』內景篇 卷之一 氣 七氣).
42 『東醫寶鑑』內景篇 卷之一 氣 九氣, "黃帝問曰 余知百病生於氣也 怒則氣上 喜則氣緩 悲則氣消 恐則氣下 寒則氣收 炅則氣泄 驚則氣亂 勞則氣耗 思則氣結."
43 백옥경,「조선시대 출산에 대한 인식과 실제」,『이화사학연구』34, 이화여자대학교 이화사학연구소, 2007, 195쪽.
44 김두종,『한국의학사』, 탐구당, 1979 참조.
45 陳自明,『婦人大全良方』권1 調經門, "凡醫婦人先須調經 故以爲首."
46 『東醫寶鑑』雜病篇 卷之一 辨證, "病因病 (…) 女人先問經孕."
47 『東醫寶鑑』雜病篇 卷之十 婦人 相女法, "未笄之婦 陰氣未完 慾盛之婦 所生多女 性行和者 調經易挾 性行妬者 月水不勻 相貌惡者 刑重 顔容美者 福薄 太肥脂滿子宮 太瘦子宮無血 俱不宜子 不可不知."
48 『東醫寶鑑』雜病篇 卷之十 婦人 求嗣, "生人之道 始於求子 求子之法 莫先調經 每見婦人之無子者 其經必或前或後 或多或少 或將行作痛 或行後作痛 或紫或黑 或淡或凝而不調 不調則血氣乖爭 不能成孕 求嗣之道 婦人要經調 男子要神足 又寡慾淸心爲上策 寡慾則不妄交合 積氣儲精 待時而動 故能有子 是以慾寡則神完 不惟多子 抑亦多壽."

265

49 『東醫寶鑑』內景篇 卷之一 精 精爲身本. "兩神相薄 合而成形 常先身生 是謂精 精者 身之本 也."
50 『東醫寶鑑』內景篇 卷之一 精 精爲至寶, "人之精最貴而甚少 在身中通有一升六合 此男子 二八未泄之成數 稱得一斤 積而滿者至三升 損而喪之者不及一升."
51 신동일·김남일·여인석, 『한권으로 읽는 동의보감』, 들녘, 1999, 45쪽.
52 許浚, 『東醫寶鑑』內景篇 卷之一 精 精爲至寶, "陰陽之道 精液爲寶 謹而守之 後天而老 經頌 云 道以精爲寶 寶持宜秘密 施人卽生人 留己則生己 結嬰尙未可 何況空廢棄 棄損不覺多 衰老 而命墜."
53 『東醫寶鑑』內景篇 卷之一 辯證 男女病因, "凡病男子必審房勞 女人先問經孕."
54 『東醫寶鑑』內景篇卷之三 胞 胞形象, "胞者 一名赤宮 一名丹田 一名命門 男子藏精施化 婦人 繫胞有孕 俱爲生化之原 非五行也 非水 亦非火 此天地之異名也 象坤土之生萬物也."
55 『東醫寶鑑』內景篇 卷之三 胞 胞爲血室, "脈爲血海 諸經朝會 男子則運而行之 女子則停而止 之 男旣運行 故無積而不滿 女旣停止 故有積而能滿 滿者以時而溢 謂之信 卽月水也 以象月盈 則虧也."
56 『東醫寶鑑』內景篇 卷之三 胞 胞部位, "胞一名子宮."
57 내용을 순서대로 모으면 다음과 같다(허준, 『東醫寶鑑』內景篇 卷之三 胞).

1	포형상胞形象 포의 형상	7	화혈치법和血治法 월경색을 좋게하는 치료법	13	혈결성하혈결성瘀 피가 엉겨서 덩어리가 되는 것	19	오색대하五色帶下
2	포부위胞部位 포의 부위	8	월후부조月候不調 월경이 고르지 못한 것	14	혈고血枯	20	한입혈실寒入血室 한이 혈실에 들어간 것
3	포위혈실胞爲血室 포는 혈실이다	9	조혈치법調血治法 월경을 고르게 하는 치료법	15	혈붕·혈루血崩血漏 붕루	21	열입혈실熱入血室 열이 혈실에 들어간 것
4	맥법脈法	10	혈폐血閉 월경이 나오지 않는 것	16	붕루치법崩漏治法 붕루치료법	22	경단부행經斷復行 월경이 끊어졌다가 다시 나옴
5	경행유이經行有異 월경에 이상이 있는 것	11	통혈치법通血治法 월경을 나오게 하는 치료법	17	적백대하赤白帶下 여성 생식기에서 나오는 적색 혹은 백색의 분비물	23	단방單方
6	월후형색월후形色 월경의 형태와 색깔	12	실녀월경불행실녀月經不行 처녀의 무월경	18	대하치법帶下治法	24	침구법鍼灸法

58 『東醫寶鑑』內景篇 卷之三 胞 胞爲血室, "內經曰 女子二七 天癸至 任脈通 大衝脈盛 月事以時 下 故有子."
59 『東醫寶鑑』內景篇 卷之一 辯證 男女病因, "凡病男子必審房勞 女人先問經孕."
60 한편 의학사에서는 의서에 부인편의 증가에 대해 산부인과 및 소아과의 발전으로 보고 있다(金恩卿·申定渥·朴榮蕙·金瞳一·李泰均, 「朝鮮後期의 婦人科學 發達史에 關한 硏究」, 『大韓韓方婦人科學會誌』14, 大韓韓方婦人科學會, 2001, 241~253쪽; 김초영·장규태, 「소아의방小兒醫方 동의보감東醫寶鑑의 편제와 처방에 대한 연구」, 『대한한방소아과학회지』 24(1), 대한한방소아과학회, 2010, 65~76쪽). 또, 임산부와 신생아의 생명에 대한 존중 혹은 배려가 있다는 견해도 있다. 이에 더하여 나는 주로 식자층이 읽었던 의서에서 부인과 및 소아과의 실용적인 치료 방법 증가에는 다른 측면이 있다고 본다. 당시 임산부와 출생아의 사망률이 현저히 높았던 사실 등 가부장적 질서 강화의 영향으로 남아를 선호하면서 출산을 더 많이 해야 했던 사회적 분위기와 맞닿아 있다고 생각한다.

61 『東醫寶鑑』內景篇 卷之一 氣 "氣爲呼吸之根 人受生之初 在胞胎之內 隨母呼吸 及乎生下 剪去臍帶 則一點眞靈之氣 聚于臍下."
62 김정수가 파악한 전국 연구기관 등이 소장한 병록 건수는 한국국학진흥원 21건, 국사편찬위원회 33건, 한국학중앙연구원 27건, 기타 기관 및 개인 6건이었다[김정수, 앞의 논문, 39쪽, 〈표 1〉병증록 조사목록(총 85건)].
63 조선 후기 양반 여성 교훈서의 종류와 그 내용에 대해서는 하여주,「조선 후기 유교 젠더 규범과 양반 여성의 대응」, 부산대학교 박사학위논문, 2022에 자세하게 나와 있다.
64 宋時烈 傳,『우암선생계녀서』.

1	부모 섬기는 도리라	6	자식 가르치는 도리라	11	재물 존절이 쓰는 도리라	16	꾸며 받는 도리라
2	지아비 섬기는 도리라	7	제사 받드는 도리라	12	일 부지런히 하는 도리라	17	팔고 사는 도리라
3	시부모 섬기는 도리라	8	손님 대접하는 도리라	13	병환 모시는 도리라	18	비손하는 도리라
4	형제 화목하는 도리라	9	투기하지 말라는 도리라	14	의복 음식 하는 도리라	19	중요한 경계라
5	친척 화목하는 도리라	10	말씀을 조심하는 도리라	15	노비 부리는 도리라	20	옛사람 착한 행실 말이라

65 ① 경외기혈經外奇穴. 대장경大腸經의 합곡혈合谷穴과 간경肝經의 태충혈太衝穴을 합한 4개 혈. 소아 경풍驚風, 의식을 잃었을 때, 경련, 팔다리 진전 등에 쓴다. 주로 이기활혈理氣活血, 청열진경淸熱鎭驚 작용이 있으므로 기체어혈氣滯瘀血, 열증熱證, 경련 등이 있는 모든 증상에 쓴다. 그 밖에 풍한습비風寒濕痹에도 쓴다. 침은 5~8푼 깊이로 놓고 뜸은 5~7장씩 뜬다. ② 양쪽 팔꿈치와 슬관절을 합하여 사관이라 한다. ③ 양쪽 팔꿈치·겨드랑이·자개미(서혜부)·오금. ④ 팔꿈치와 무릎 아래에 있는 오수혈五腧穴(한의학대사전 편찬위원회,『한의학대사전』, 정담, 2001 참조).
66 『숙종실록』21년 3월 25일(병술), "灝素淸羸善病 傷於瘴癘 漸至沈劇 坐衙苽事 忽嘔血而死"; 李憲榮,『敬窩漫錄』卷6 祭文 祭外姑孺人海平尹氏文, "嗚呼痛矣 惟我外姑稟氣 外雖淸弱 內則持剛 且於恒日 旣無宿疴 故期頣之壽 尙可希 而未甲之年 胡爲然也."
67 周命新,『醫門寶鑑』卷4 經驗, "어떤 부인이 평소 체질이 차고 약했는데, 며칠간 심하게 설사를 한 후 혼수로 누워 인사불성이 되었고, 땀이 온몸에 나는데 얼굴은 평소에 비해 약간 붓고 붉으면서 윤기가 있었다[一婦人 質素淸弱 患大泄數日 昏臥不知人事 汗流遍身 面部比常稍大且紅潤]."
68 김성수, 앞의 논문.

조선 여성의 일상

1판 1쇄 발행 2025년 11월 29일

지은이 · 정해은 정기선 한효정 한상우 하여주
펴낸이 · 주연선

(주)은행나무
04035 서울특별시 마포구 양화로11길 54
전화 · 02)3143-0651~3 | 팩스 · 02)3143-0654
신고번호 · 제1997-000168호(1997. 12. 12)
www.ehbook.co.kr
ehbook@ehbook.co.kr

ISBN 979-11-6737-615-2 (93910)

ⓒ 한국국학진흥원 인문융합본부, 문화체육관광부

- 이 책의 한국어판 저작권은 한국국학진흥원과 문화체육관광부에 있습니다. 신저작권법에 의해 보호받는 저작물이므로 무단 전재와 복제를 금합니다.

- 잘못된 책은 구입처에서 바꿔드립니다.